JN073126

*Helping People Change*

Coaching with Compassion
*for*
Lifelong Learning and Growth

# 成長を支援するということ

深いつながりを築き、
「ありたい姿」から
変化を生む
コーチングの原則

リチャード・ボヤツィス Richard Boyatzis
メルヴィン・L・スミス Melvin L. Smith
エレン・ヴァン・オーステン Ellen Van Oosten
翻訳―高山真由美
監訳―和田圭介・内山遼子

英治出版

サンディ、ジェニファー、スコット
私たちの配偶者であり最高のコーチへ

# 監訳者序文

人が心から願うありたい姿に向かって成長し続けるために、私たちはどう支援すればよいのでしょうか？　本書はその効果的な方法を解き明かした理論とそれに基づく実践的なコーチング手法について書かれた本です。

私たちは普段、日本企業の組織変革の支援をしています。社会やテクノロジーの変化が激しく正解が見えない時代において、私たち一人ひとりが、これまで以上に、自分の人生の目的を見つめ、自ら方向性を見いだし常に成長していく必要性が高まっています。

そして企業もまた、一人ひとりの成長を促し、組織としての持続的な変化や成長を実現することが求められています。しかし、人や組織がこれまでの考え方や行動を変えることは容易ではありません。

本書の主な著者であり、ダニエル・ゴールマンとの感情知性（ＥＱ）に関する研究や共著者として知られるリチャード・ボヤツィス教授は、50年にもわたり、人や組織がどうしたら自律的に成長できるかについて研究してきました。その問いに対する解として、脳科学の裏付けを得ながら生み出されたのが「意図的変革理論（Intentional Change Theory ＝ＩＣＴ）」であり、それを実践する手法が「ＩＣＴコーチング」です。

本書はＩＣＴコーチングの理論に加え、私たちが日々の生活で直面するシチュエーションを通して、ＩＣＴコーチングがどのように役立つかが紹介されています。

例えば、仕事や家庭に注力する中で燃え尽きたり、自らの健康を損なってしまったりした医師や企業の幹部から大学進学を控える子どもとの関係に悩む親まで、さまざまな事例が取り上げられています。これらのエピソードを通して、ＩＣＴコーチングがどのようにして人々の情熱や夢を呼び覚まし、彼らの新たな成長や変化の支援となるかが具体的に示されています。

さらに、章末にはコーチする側に向けたエクササイズや対話ガイドも充実しており、すぐに実践に役立てることができます。

**本書で扱うコーチングとはどんなものか？**

本書で提唱される意図的変革理論に基づくＩＣＴコーチングには、大きく3つの特徴があります。

第1の特徴は、コーチの対象者との関わり方を「誘導型のコーチング」と「思いやりのコーチング」に区別し、「思いやりのコーチング」が人の持続的な成長に寄与することを、脳科学の実験結果から明らかにした点です。

「誘導型のコーチング」とは、昇進や年度目標の達成といった、外部から定められたものに向けて相手の行動変容を促すアプローチです。もちろん外部の目標を達成することは重要ではあるのですが、つい私たちは、そればかりに目が向きがちです。

一方、「思いやりのコーチング」とは、相手を心から気遣って関心をもって

| | 誘導型のコーチング | 思いやりのコーチング |
|---|---|---|
| 刺激するモチベーション | 外部からの期待への対応<br>自分自身の弱みや課題の克服 | 自分自身のありたい姿の体現<br>自分自身の強みの自覚 |
| 活性化される脳内および体内の箇所 | 脳の問題解決ネットワーク＋交感神経 | 脳の共感ネットワーク＋副交感神経 |
| 脳内に分泌されるホルモン | アドレナリン、ノルアドレナリン | オキシトシン、バソプレシン |
| 付随して起こる感情 | 不安や義務感といった防衛的でネガティブな感情 | 変化や学習、コラボレーションに対するオープンでポジティブな感情 |
| 生みだす成果 | 迅速な問題解決 | 自ら望む姿への持続的な変化、成長<br>イノベーションやコラボレーションの活性化 |
| 変化の持続性 | ストレス反応を引きだし変化が持続しない | 主体的な変化が持続する |

接し、サポートや励ましを差しだし、相手が自分のビジョンや情熱の対象を自覚、追求できるようにするコーチングです。それを通じて、相手は自らの内側から成長するモチベーションを高めていくため、いずれコーチがいなくなっても、生涯を通じて自ら学ぶ力を手に入れることができるのです。

本書では、さまざまな事例をもとに、どうすればコーチが「誘導型のコーチング」に陥らず、「思いやりのコーチング」の実践ができるかを詳しく説明しています。

## 成長のエネルギーは「ありたい姿」から湧いてくる

第2に、これまではコーチ自身のEQの重要性が語られてきましたが、ICTコーチングでは相手のEQを高めることも重視しています。コーチが相手の「真にありたい姿」に耳を傾け、ポジティブな感情を呼び起こし、自己認識を深めるサポートをすることで、お互いのEQ向上に働きかけていくのです。

「真にありたい姿」というのは、自分のこれまで培ってきた価値観を体現するもの、あるいは制約が一切なかった場合でもやりたいことです。人はありたい姿を想像したときは、他者の規定に従おうとしているときよりも自分の内側からポジティブな感情が溢れてくるものです。真にありたい姿の探求を支援するときは、コーチは「他者が規定した自分」と区別をつけられるよう手を貸します。そうすると相手の内面では自分自身に対する深い共感が生まれ、他者への共感や適切な働きかけといった、感情知性の様々な側面が開花していくのです。

残念ながら、世界160ヵ国で実施された感情知性に関する国際調査において、日本は調査対象の国のなかで最下位でした*。これは、日本では、子どもの頃から親や社会の期待に応えようとし、外から規定された目標や評価軸に沿って努力し、本当の意味で自分がやりたいことを掘り下げて、内なる情熱を感じた経験を持つ人が少ないことを物語っています。だからこそ本書のアプローチを実践する人が増えて一人ひとりのEQが高まっていけば、活力あふれる社会につながるのではないかという希望を私たちは抱いています。

## 一人ひとり違うケースに対応する

第3に、ICTコーチングは誰でも実践できて一定の成果を生むことができます。コーチングというと感覚的で属人的なものであるととらえられやすく、いざ自分が実践するとなると、個別のケースに対してどう対処すればいいかわからないといった声をよく聞きます。その点ICTコーチングは、思いやりのコーチングを実現するための具体的なプロセスを明示して

＊Six Seconds, "State of the Heart 2018."

います。

ＩＣＴコーチングは、さまざまな企業で組織エンゲージメントの向上に役立てられています。アメリカ最大の自動車保険会社、プログレッシブ保険では、ＩＣＴコーチングの大規模な活用実験を行いました。社内の８名のコーチが、90名のマネジャー層に対して半年間のコーチングを行いました。その結果、多くのマネジャーにおいて感情知性が大幅に上昇しました。そして、そのマネジャー陣が管理する部門では、メンバーの職場に対するエンゲージメントも大幅に上昇したことがわかったのです。

ＡＩにより多くの業務が代替されるこれからの時代、人生のビジョンと情熱を持つことが、一人ひとりの人生を切り開いていく鍵となります。周りの人の情熱を引きだし、ポジティブな感情を通じて持続的な成長を支える思いやりのコーチングはますます重要になるでしょう。そして、思いやりのコーチングを職場に導入し、組織全体で感情知性を高めることができれば、信頼と共感を通じて、一人ひとりの情熱と知恵が結集され、変化の時代においても持続的な成長を実現することができるでしょう。

本書を通じて、ＩＣＴコーチングを用いて自分や周りの人の人生をより実りあるものとしたい、自分の職場をより活性化したいという想いを持つ同志と出会うこと、その先にたくさんの方々の情熱と可能性が解き放たれることを願っています。

２０２４年４月
合同会社Ｕｎｌｏｃｋ共同創業者
和田圭介・内山遼子
https://unlock.co.jp

目次

*The Heart of Helping*

How to Really Help Others
Learn and Grow

1

# 支援の本質

他者が学び、
成長するのを
真に助けるには

グレッグ・レイキン医師は縫合を終え、今回もいい仕事をしてくれた手術室のスタッフに礼を述べた。グレッグは外科手術用マスクを外し、手術がうまくいったことをうれしく思った。しかし同時に、形成外科医としての仕事が以前ほど喜びをもたらさなくなったことに気がついてもいた。**いつ、どのようにして、あの熱意を失ってしまったのだろう？**

グレッグはコーチに助けを求めることにした。子どものころから人並み外れた努力家だった彼は、外科医になるまでにも次々と成功を収めてきた。コーチがつくと、グレッグはこう打ち明けた――成功への衝動が強いのは、自分の能力を示さなければ気が済まないところがあるからだ、と。しかしそうやって過ごすなかで、グレッグは本物の情熱や願望を見失ってしまったのだ。たとえば、以前はもっとバランスの取れた生活を望み、旅行をしたり、ランニングを再開したりする時間がほしいと思っていた。また、子どものころを過ごした南フロリダに帰り、家族や昔の友達のそばで暮らしたいとも思っていた。だが現状では週に70から80時間ほど働かなければならず、仕事以外のやりたいことをする時間はほとんどなかった。

これに気がついたコーチはグレッグに、時間をかけてパーソナルビジョン*をじっくり見つめ、詳細まではっきりさせるように――人生において心から望む物事と、やらねばならない物事を切り分けるように――と話した。実際にはっきり分けてみると、明かりが灯ったようだった。本当にやりたいことが見つかり、それが明確になったことでポジティブなエネルギーとモ

＊パーソナルビジョン：人生における情熱や価値観、パーパスに基づく、心のそこから願うありたい姿

チベーションが生じた。コーチと密接に連携しながら、グレッグはほんの数カ月まえには思いもよらなかった方法で人生を変化させはじめた。グレッグのケースは2章で詳しく見ていくが、いまはこれだけ言っておこう。グレッグは個人としての人生と医師としての人生の両方に、非常に有意義な変化をもたらすことができた。

## 誰かを本当に助けるには

グレッグはパーソナルビジョンを深く探索し、積極的にその実現に取り組んだおかげで、最後にはワークライフバランスを取れるようになり、望みどおり家族や友人との親密さを取り戻した。人生の喜びを再発見したのだ。私たちの研究が示すところでは、誰かをコーチする場合には、その人のパーソナルビジョンを掘り起こし、明確にすることが不可欠である。いま目のまえにある問題を解決したり、規定の目標を達成する――または一定の基準を満たす――手助けをしたりするよりも、その人の望みやビジョンを明らかにするほうが、プラスの感情や本来あるはずのモチベーションを解き放ち、本物の持続的な変化をもたらすのに重要な鍵となる。

しかし、心からの望みを達成するよう相手を導くのは、コーチばかりではない。どこを見ても、学びや変化を望む人々の手助けをしている例は目につくはずだ。実際、人生で一番影響を受けた相手は誰かと尋ねられれば、私たちの多くがまず親や教師やスポーツのコーチなどを思い浮かべるだろう。カイル・シュウォーツもそんな教師の1人だ。

カイルは小学3年生を教えることになったとき、受け持ちの児童について、入学時の記録や標準テストの点数よりほかにもっと知るべきことがあるはずだと思った。本当に子どもの成長に寄与する教師になるために、カイルは児童が考えていることや、児童にとって重要なことを、なんとかして知ろうとした。[1] カイルは子どもたちに、「私が先生に知ってもらいたいのは……」に続く文章を書くように言った。

その結果、カイルは次のようなことを知った。

「私が先生に知ってもらいたいのは、私の読書記録にサインがない理由です。サインがないのはママがいつも家にいないからです」

「私が先生に知ってもらいたいのは、私は動物が大好きで、動物のためならなんでもするということです。将来は動物保護センターで働いて、動物の里親を見つける手助けをしたいです」

「私が先生に知ってもらいたいのは、うちの一家が一時保護施設（シェルター）で暮らしていることです[2]」

リストが続くにつれて、さらに心を揺さぶる吐露が多く見られた。控えめに言っても、児童の言葉はカイルの思いやりの心を掻きたてた。そのうえ、担当の教師として児童を支援するために必要な情報を得ることができた。子どもたちのために何が一番重要かわかった。それは、小学3年生の教室でおこなう毎日の授業のための標準的な指導計画ではなかった。

カイルが児童にした質問はツイッター（現エックス）でまたたく間に広がり、世界中の小学校の教室で導入された。他者を理解し支援する効果的な方法を切実に求めている人は大勢いた。教師も、マネジャーも、同僚も、親も、多種多様なコーチも、目先のタスクや課題にとらわれるあまり、こんなにも当たりまえでありながら多くを明らかにする質問を──支援したいと願う相手について重要な物事を語ってくれる質問を──投げかけるのを忘れていたのだ。あるいは、もしかしたら質問の答えを聞いてなんらかの問題や感情が表面化するのを怖れているのかもしれない。そういうものを無視、または否定して、他者の状況に鈍感なままでいるほうが、面倒がない場合もあるからだ。ふつうはスケジュールや指導計画の範囲から逸脱するような他者のニーズや願いに左右されることなく物事を進めたいのだから。

しかしグレッグ・レイキン医師の例が示すとおり、そういう「邪魔」は──傷心や悲しみ、未来への夢や心の奥底からの願いといったものは──いずれにせよ残る。そして生徒や、クライアント、患者、部下、同僚、子どもといった人々の真の学びや変化が生じる心の深い層に影響を与える。カイル・シュウォーツのクラスの児童は彼女の質問に答え、悩み事だけでなく、自分の願望や将来の夢についても話した。

こうして、カイルは子どもたちの成長や変化の可能性をとらえた。教師である自分自身や、小学3年生に教える必要のある学習内容に焦点を合わせるのではなく、児童に、つまり学習者側に気持ちを集中した。そのおかげで児童とよりよい、より有意義な関係を築くことができた。お互いに相手の話に耳を傾け、相手を気遣うという、共通の目的のあるコミュニティを築くことができたのである。

いま挙げた2つのケースは、それぞれまったく異なる背景から生じた事例だが、どちらも他者の学び、成長、変化を支援する話であり、本書のテーマを端的に表している。支援を必要としているのは何も小学3年生の子どもたちやキャリアに行きづまった外科医ばかりではない。生活や仕事において重要な変化をとげるために、また、新しい物事を学ぶために、誰もが支援を必要としている。

本書では、まわりの人々を助けるためのより効果的な方法を示していく。著者の私たちは研究者でも教育者でもあり、もともとコーチングの仕事（エグゼクティブコーチング、キャリアコーチング、ライフコーチング、ピアコーチング）に関心が高いのだが、本書はさまざまな読者を想定している。他者を支援したいと願うすべての人――マネジャー、メンター（指導者）、カウンセラー、セラピスト、聖職者、教師、親、スポーツのコーチ、同僚、友人など――にとって役立つガイドとなるだろう。支援のスキルを伸ばす実践的なエクササイズも多く含まれている。

まわりの人を大いに、継続して支えるものとはなんなのか、私たちの研究の示すところを本書で明かしていく。レイキン医師やシュウォーツ先生が知ったように、周囲の人々が学び、成長し、変化するのを助ける最良の方法は、その相手が理想の自分――理想の未来像、夢と言ってもいい――に近づけるよう手を貸すことである。

## 思いやりのコーチング

本書は次のような前提にもとづいて書かれている――すべてのコーチングや支援は、効果的におこなわれれば、支援を求めている人々に特定の3つの変化をもたらす。第1に、人々はパーソナルビジョンを発見、もしくは再確認し、未来像、情熱の対象、パーパス、価値観などを明確にすることができる。第2に、行動、思考、感情に変化が生じ、それによって理想の実現に近づいていることを実感する。第3に、彼らはコーチや支援者と――そして理想的には、人生において支えてくれるほかの人々とも――「共鳴する関係」を築き、その関係を維持するようになる。

では、どうしたらそれができるのか？　誰かを助けたいと思う気持ちを、いま挙げた3つの変化に実際に結びつけるにはどうしたらいいのか？　つねに直感が正しいとはかぎらないし、つねにわかりやすいプロセスがあるわけでもない。誰かを支援しようと思うとき、私たちはたいてい問題を正すことを重視する。結局のところ、誰かがよりよい人生を送りたいとか、生産性を上げたいとか、より多くを学びたい場合には、その人がやるべきことを見つけてあげるというのが一般的なやり方だからだ。その人にとって何がよいかはわかっている。あるいは、自分をその人の立場に置き、自分ならどうするか、過去に似た状況だったときどうしたかを当てはめて考える。もちろん、誰かが問題の解決を求めて相談に来ることもある。私たちは支援者として、人々が症状の緩和を求めるのを聞き、目先の問題を解決しようとしてともに取り組むが、それは人々の抱いている深い願望やニーズを満たすにはほど遠い行為だ。

問題を正そうとするのは間違った方法なのだ。支援を求めている人に手を貸そうとするとき、私たちの大半は自然と問題中心のアプローチをとり、人々の現状と、あるべき姿、なれるはずの姿とのあいだのギャップに注目し、人々を修正しようとする。これでは持続的な学び、変化、適応をうまく促すことはできない。ときにはその場しのぎの矯正につながってしまう。それでも人々が修正に応じようとするのはたいてい義務感からであり、自分が本当に望む変化を明示する準備ができていないからだ。あるいは、とにかく何かしら行動する必要があると思っているのかもしれない。たとえそれが持続的な解決につながらなくても。しかしそこが重要なのだ——この努力は持続可能か？　本当に続くのか？　相手は変化や学びへの努力を続けられるくらい、本気でやっているのか？

もちろん、支援を必要とする人々がどうしても解決しなければならない深刻な問題を抱えている場合もある。しかし私たちの研究が示すところでは、欠点を修正したり、ギャップを埋めたりすることだけが目的であるとき、人は持続的な変化に必要な努力をあまりしない。反対に、長期的な夢やビジョンがあるとき、人はそのビジョンからエネルギーを引きだし、困難があっても変化のための努力を続けることができる。

そういう状況をつくりだせる支援を、私たちは**思いやりのコーチング**と呼ぶ。心からの気遣いや関心を示し、相手を中心に考え、サポートや励ましを差しだし、相手が自分のビジョンや情熱の対象を自覚、追求できるようにするコーチングである。シュウォーツ先生がやったのもそれだ。手を差しのべ、子どもたちが先生に話したいことを尋ねた。本書ではこのアプローチを取りあげ、**誘導型のコーチング**——相手の夢を叶えるのではなく、外から規定された目的を果たすための行動を促すコーチング——と比較して論じていく。現在は、スポーツのコーチから、教育、子育て、医師と患者の関係にいたるまでのさまざまな支援において、誘導型のコーチングが主流である。とりわけビジネスの場におけるコーチング、エグゼクティブコーチングでこれが顕著だ。コーチが雇われ、企業内で特定の成功を収めるためにマネジャーや従業員を教育するのである。

ある一定の状況では、誘導型のコーチングが、あらかじめ決められた特定の目標を達成したい人――何かの役職へ昇進したい人など――の助けになる場合もある。しかし私たちの研究によれば、そうしたコーチングが個人を持続的な変化へと導くことはほとんどなく、ましてや個人の潜在能力をフルに花開かせることはない。

一方、思いやりのコーチングにはまさにそれができる。人々がそれぞれの人生において望ましい成長や変化をとげる方法を見つける手助けをし、そうした変化を起こし、持続させるためのプロセスやサポートを提示する。私たちのところの学生がこんなふうに言っていた。「私の人生にとって重要な人たちはみんな、私にインスピレーションやアイデアの種を植え、あとはそれを私が自分で最善の方向へ持っていけるように、自由にやらせてくれました。そしてそのあいだずっと、私の選択を励まし、支えてくれました」。これこそ、すばらしいコーチというものだ。卓越したコーチや、最良の教師、マネジャー、同僚、友人といった人々は、私たちを奮い立たせるような会話に引きこむ。成長や発展や意義深い変化を望むよう導き、そのための行動を助けてくれる。するべきことを従順に果たすだけの人生を送るのではなく、私たちがパーソナルビジョンを実現するために手を貸してくれるのだ。

## 思いやりのコーチングはなぜうまくいくのか

私たちの研究が示すところによれば、変化を持続させるためには、それが外から押しつけられたものではなく、自分の意思によるものであること、自分の内側にモチベーションがあることが重要になる。だからこそ、思いやりのコーチングは相手の理想の自分を明確にするところから始まるのだ——レイキン医師がもっとバランスの取れた生活を送りたい、家族や昔からの友人とのつながりを取り戻したいと気がついたときのように。レイキン医師は、頭も心も「ポジティブな感情を誘引する因子（Positive Emotional Attractor ＝ＰＥＡ）」にしっかり結びつけられ、変化がもたらすはずの可能性や興奮に心を開くことができた。後の章では、このＰＥＡをネガティブな感情を誘引する因子（Negative Emotional Attractor ＝ＮＥＡ）——たいていするべきことや外部からの命令が引き金となるもの——と比較しながら、持続する変化を起こすプロセスにおいてＰＥＡがいかに助けになり、ＮＥＡがいかに妨げになるかを見ていく。

そうは言っても、成長のためにはＰＥＡとＮＥＡの両方が必要になる。ただ、「服用量」と、それが効果的な順序で起こるかどうかが問題なのだ。また、本書では、ＰＥＡが転換点として働き、重要な成長のプロセスを進める助けとなることを示していく。こうした進展が「意図的変革理論(Intentional Change Theory＝ＩＣＴ)」によって導かれることは、3章で詳しく説明する。本書では、ほかにも多くの研究成果を提示する。コーチングのプロセスがつねにパーソナルビジョンから始まるべきであること、コーチングのプロセスそのものがその場かぎりの断片的なものでなく、もっと総合的な、相手の人生全体を包むようなものであることを説明する。

ここに大事なことをメモしておく。コーチをはじめ、他者を支援しようとする人なら誰でも、まず自分がインスピレーションを受けていなければならない。自分自身のモチベーションや感情を自覚していなければ、有益なやり方で他者と本物のつながりを築くことはできない。つまり、コーチは——教師でも、親でも、医師でも、看護師でも、聖職者でも、プロのエグゼクティブコーチでも——自身の感情を理解し、自身のパーソナルビジョンへの展望を持っておく必要がある。それが支援する人とされる人のあいだにできる、真の人間関係のための基礎となる。よって、本書に出てくるエクササイズには、コーチングを受ける人だけでなく、コーチ自身に必要なものも含まれる。

本書に書いたことはすべて、私たちが個人的に——1人で、あるいはチームで——過去50年にわたっておこなってきた徹底的な調査にもとづくものであり、そのおかげで本書は支援やマネジメント、リーダーシップ、コーチングに関するほかの本と一線を画すものとなっている。

本書の記述はエビデンスにもとづいている。最初の調査は1967年で、大人が成長のために互いに助けあうこと（あるいは助けあいが成立しないこと）に関する研究として始まった。マネジメントから依存症までさまざまな領域での行動変容について長年人々を追跡する調査は、企業、政府機関、非営利団体、大学院の講座、病院といった世界中の組織でおこなわれた。こうした調査を追う形で、ホルモンに関する研究や脳機能イメージングを用いた研究も20年近く続いている。本書では、私たち自身の研究とともに、大学の同業者や博士課程の学生によっておこなわれた研究にも言及する。これに加え、私たちはそれぞれにコーチであり、教育者でもあるので、自身の個人的な経験、プロのコーチとしての経験からの話も紹介する。

研究者であり著者である私たち3人は、ケース・ウェスタン・リザーブ大学で一緒に働き、3人ともウェザーヘッド経営大学院のコーチ認定プログラムで教えている。さらに、コーチングに関する新たな取り組みにも着手した。2014年にはコーチング研究所（CRL）を設立。CRLでは研究者とプロのコーチの力を結集してコーチングの研究を進めている。また、大規模な公開オンライン講座である〈インスピレーションを与える対話——学び、リーダーシップ、変化を支えるコーチング〉を2015年に開始した。このコースは思いやりのコーチングに焦点を当て、14万人を超える参加者を集めた。これに先立つ、思いやりのコーチングへの導入となるコース——感情知性を通じて心を動かすリーダーシップのコース——には、215を超える国々から、80万人以上の参加者があった。

私たちの研究によって——とりわけ行動科学、ホルモン研究、脳機能イメージングの利用により——本人の夢やビジョンに沿ったコーチング（思いやりのコーチング）と、外から規定された目的に合わせたコーチング（誘導型のコーチング）では、与える影響が大きく異なることが示された。さらに、思いやりのコーチングがいかに効果を持ちうるかは、私たち自身が教える学生からも見てとれた。4カ月のリーダーシップ開発コースと連動した思いやりのコーチングを通じて、学生たちが自己実現のために伸ばしたいと望んだ感情知性、社会知性の両面が、他者視点でも明確に著しく向上した。これもまた、思いやりのコーチングを発展させるための科学的かつ確固とした論拠となった。

## 本書の手引き

本書を読み進むにつれて、この章で見てきたそれぞれのトピックについて理解を深めていくはずだ。そして洞察力と実践的なスキルを磨いていき、多くの状況で最も効果的に他者を支援するときに役立てられるようになるはずだ。

本書のあちこちで、私たちはとくに重要な情報を「キーポイント」として強調し、関連する調査研究を「注目の研究」として挙げ、巻末の注で参考文献やさらなる詳細を提示する。

実践的に学びたい読者のために、「内省と活用のためのエクササイズ」として、実践的なワークを付した章もある。知識として頭に入れるだけでなく、自発的に学びとる気持ちでエクササイズを進めてほしい。

また、「対話へのガイド」を付した章もあり、友人や同僚とともにじっくり考えたいトピックに関する質問を紹介している。本書を役立てるには、アイデアやテクニックについて自分でよく考え、内省や体験を誰かと話しあうことが重要だ。これは脳機能イメージングの研究によって示されていることでもある。誰かと話すことでアイデアが活性化され、活用しやすくなる。「対話へのガイド」はそのために有効なのだ。

著者の希望としては、本書は最初から最後まで通読する形で楽しんでいただきたいところだが、特定の章やキーポイント、エクササイズ、その他の強調された項目を拾い読みすることで、辞書的に使うこともできる。

本書の流れを手短に説明しておこう。

2章では、コーチングや、人と人とが助けあう方法についての定義と実践を見ていく。実際のコーチングの例が示すとおり、支援のプロセスの中心にあるのは、支援する人とされる人との人間関係である。

3章では、誘導型のコーチングと比較しながら、思いやりのコーチングのやり方をより深く探っていく。「人は変わりたいと思ったときに変われる」と気づくことの重要性から始め、持続する望ましい変化のモデルとして、意図的変革理論（ＩＣＴ）における５つのディスカバリーを詳述する。

４章では、新しい脳科学の研究からわかったことを論じる。この研究のおかげで、私たちはより持続的に他者を支援できるようになる。とくに、受容能力やモチベーションがより高い状態をつくりだすために、脳内でどうやってＰＥＡを刺激したらよいかを見ていく。５章では、ＰＥＡとＮＥＡを科学的な側面から探り、ＮＥＡを残しておく必要はあるものの、人を成功に導くのはＰＥＡであることを詳しく説明する。どうしたらＰＥＡを効果的に呼び覚まし、ＰＥＡとＮＥＡのあいだに適切なバランスをつくりだして、長く続く成長と変化を起こせるかを論じていく。

６章では、パーソナルビジョンについて掘りさげる。私たちの研究が示すところによれば、ビジョンを発見し発展させることが、神経科学的にも感情的にも、ＰＥＡを呼び起こすための最も強力な方法である。ビジョンを思い浮かべるのは、ありうる未来を想像することにつながる。単なる目標でも戦略でもない。起こりそうなことを予見するのとも違う。それは夢を見ることなのだ。

7章では、共鳴する関係を築き、学びと変化を引き起こすために、相手の答えを聞きながら適切に問いかけるにはどうしたらよいかに焦点を合わせる。質問の形とタイミングによってPEAや変化を引き起こすことができるのだが、その反対も起こりうる。重要な瞬間を逃したり、脈絡のない問いを発したりすれば、動機づけの対話になるはずだったものが、罪悪感を引き起こすだけの尋問に変わってしまう。

8章では、組織内にコーチングの文化を育てるために規範をどう変えたらいいかを探る。いくつか例を挙げよう。(1)ピアコーチングを奨励する。(2)外部、および内部のプロのコーチを使う。(3)マネジャーが自分の部署だけでなく、ほかの分野でもコーチになれるように育てる。

9章では、「コーチングに適した瞬間（コーチャブル・モーメント）」——人が支援を受けいれられる状態になっている瞬間——の活用法を解説する。そして内省や自己開示のできる、安心感のあるスペースをつくりだすための実践的なガイドを示す。また、典型的な「困難事例」をいくつか例に挙げ、思いやりのコーチングのテクニックがどのように助けになるかを示す。

10章は締めくくりの章だ。2章で最初に提示したエクササイズに立ち返り、支援してくれた人がいまの自分の一部になっていることを再確認してもらいたい。本書を読み、他者の成長を支援する方法を学んでもらったあとで、私たちが問うのはこれだ。「あなたの名前が支援者として載るのは誰のリストか？」結局のところ、夢を追う誰かとつながりを持てることこそ、人生で最もすばらしい不滅のギフトであり、私たちの財産なのだ。

## 希望のメッセージ

本書で私たちが伝えたいのは希望のメッセージだ。人々が継続的に学び、変化していけるようにインスパイアするのは難しいことではない——たとえ一見難しく思えることがままあるとしても。人が自分の夢やビジョンを追求するなかで、目のまえの具体的な問題を解決しつつ、新しいアイデアを探求するよう刺激するにはどうすればいいのか。有能なコーチや支援者は、人々がそれぞれの人生において持続的な望ましい変化を起こすのをどのように手助けしているのか。私たちは、効果的な支援やコーチングへのアプローチを研究するとともに、コーチする側とされる側の双方にとって有意義な人間関係とはどういうものか、そしておそらくこちらのほうが重要なのだが、そういう人間関係がどう感じられるかを分析している。だから本書では、「コーチ」という語を対話のアプローチの1つとして使うと同時に、肩書きや果たすべき役割以上の、人としてのあり方を表す言葉として使っている。

本書のアイデアと実践が、コーチ、リーダー、マネジャー、カウンセラー、セラピスト、教師、親、聖職者、医師、看護師、歯科医、ソーシャルワーカーほか、クライアントや患者や学生と接するすべての人々の対話の方法に変化をもたらすと信じている。さらに、人を支援することやコーチングに関するより多くの研究のきっかけとなることも願っている。コーチやマネジャーを育成するプログラムや、医療・看護教育など、人を助けるプロを育てることを狙いとしたプログラムは多数あるが、そうしたプログラムが、他者が学び、変化することに対してインスピレーションを与えるような、一味違うものとなるように、微調整や修正を促したい。

そして何より、暮らしのあらゆる分野で二極化が言われるこんな時代だからこそ、人々がお互いに相手の話を共感を持って聞くスキルを伸ばせるように、私たちは手助けをしたいのだ。心を開いて、お互いから学んでほしい。人々が自分の外に目を向け、新しいアイデアを受けいれられるよう手助けできることを、私たちは望んでいる。他者に目を向け、誠実に支援することによって、自分の家族から、チームから、組織から、コミュニティから発する形でよりよい未来をつくりだせる。私たちが本書で差しだすのは、学びたい、変わりたいと願う人々の気持ちをうまくとらえ、より思いやりのあるやり方で自分や他者をやる気にさせる術（すべ）である。

では、始めよう。

*Conversations that Inspire*

Discovering What is Most Important

# 2

# インスピレーションを与える対話

一番大事なことを発見する

エミリー・シンクレアは、サッカー一家の3姉妹の末っ子だった。母親は高校と大学でサッカーをやっていたし、姉2人も同様だった。母や姉の例にならい、エミリーもサッカーチームの花形選手として高校生活を始めた。しかしコーチはすぐに気がついた。確かに技術はすばらしいものの、コーチが長年のあいだに見てきたほかのスター選手たちのようなサッカーへの情熱が、エミリーには見られなかった。コーチが気づいたことはほかにもあった。エミリーがフィールドを走る姿は、目を見張るほど優美だった。そして驚いたことに、ほかの少女たちがいやがる練習メニューのランニングを、エミリーは心底楽しそうにこなしていた。

ある日、コーチは練習後にエミリーを呼びだし、直感のままに尋ねた。「エミリー、きみはどうしてサッカーをしているのかな？」

エミリーはやや困惑した様子で答えた。「家族がみんなサッカーをしているからです。それに、私もすごく得意だし」

次いでコーチはこう尋ねた。「しかし、きみは本当にサッカーが好きなのかい？」エミリーの脳がその質問を処理しようとフル回転しているところが目に見えるようだ、とコーチは思った。

エミリーはいくらかしょげた顔をして首を横に振った。「いいえ、あんまり。小さいころはサッカーをするのが本当に楽しかったんですけど、いまはなんだか義務のように感じてしまって。みんな、私が母や姉みたいになることを期待しているから、それを裏切りたくないんです」

エミリーのコーチとして、本当に大事な仕事はいま始まったのだと、このときコーチは気がついた。彼はサッカーを続けるようエミリーを説得するのではなく、本当に興味があるものは何かと尋ねた。そして、走ることが大好きなのだと聞いても驚かなかった。ランニングは苦にならないんです、とエミリーは言った。長い距離を走っているとリラックスできて、人生の悩み事や心配事をすべて忘れられる、と。その後、さらにエミリーと会話を重ね、次いで家族とも——最初は困難を伴いつつ——話しあいを進めた結果、エミリーが春学期からサッカーチームを抜けて陸上競技に転向することにコーチも家族も賛成した。2年生になったときには、エミリーは女子クロスカントリー・チームのトップランナーになっており、3年生のときにはチームを州大会決勝へ導いた。

サッカーチームから優れたプレーヤーを1人失ったものの、エミリーのことで最初の直感に従ったのは正しかったのだとコーチは思った。エミリーが本当に熱中できることを見つける手助けができたのだから。

これこそ優れたコーチの行動である。優れたマネジャーであれ教師であれ、他者が心底やりたいことを見つける手助けができる人なら誰でもすることだ。彼らはインスピレーションを与える会話に私たちを引きこみ、私たちは成長したい、変わりたいと思うようになる。彼らはそれを助けてくれる。この章では、他者が成長、変化するのをどう促し、どう支援するかを探っていく。私たちはこれを「思いやりのコーチング」と呼ぶ。では、思いやりのコーチングの目指すところは？　コーチする人とされる人のあいだに「共鳴する関係」を築くことである。これは持続する変化を生みだすために欠かせない。さらに、この章や本書全体を通じて私たちが求めるのは、あなたが――他者を支援したいと願うあなたが――あなた自身を、あなたの感情を、あなたのモチベーションを熟知することである。これは他者の変化を手助けしようとするまえに誰もが通る必要のある道なので、第一歩を踏みだすために、章末にエクササイズを用意してある。

しかしまず、「コーチング」の意味をはっきりさせておこう。

## コーチングとは何か？

この本では、プロがおこなうエグゼクティブコーチングと、日々の生活や役割（マネジャー、教師、医師、聖職者、親、友人など）におけるコーチングの両方について書いている。私たちのコーチングの定義は、一般の認識と同じく、「変化や学習、また、個人や組織のパフォーマンスの新たな水準を達成することを目的とした協力関係、支援関係を築くこと」である。[1] 国際コーチング連盟（ＩＣＦ）も、べつの有用な定義を掲げている。「コーチングとは、思考を刺激しつづける創造的なプロセスを通して、クライアントが自身の可能性を公私において最大化させるように、コーチとクライアントのパートナー関係を築くこと」[2]

何十年も続くことのあるメンタリングとはちがい、コーチングはもっと短期間で、焦点を絞っておこなうのが一般的だ。私たちの研究では、公式非公式を問わず、コーチする側とされる側の二人三脚で成長のプロセスに寄与するという、コーチングプロセスについての明確な合意があることに注目している。あらかじめ決められたセッションのあいだになされる場合もあるが、会議への行き帰りやランチの最中など、公式でない場面でもおこなうことができる。「プロのコーチ」という肩書きを使う人々の数は世界中で劇的に増加しているが、私たちが使うコーチングという言葉には、公式のアドバイザーも、非公式のアドバイザーも、上司も、同僚も含まれることを心に留めておいてほしい。[3]

## コーチングにおける対話

最も効果を生むコーチングの本質とは、他者の変化、学び、成長を手助けすることである。その人の人生において何が可能か、何が望ましいかを解き明かすのを助け、どうしたらそれを達成できるかを考える際にも力を貸す。

エミリー・シンクレアと同じく、たいていの人の人生には、将来の相談に乗ってくれる人、またはポジティブな影響を与えてくれる人がいる。私たちの大学院の講座や、企業幹部向け教育プログラム、また、大規模なオンライン講座（Massive Open Online Cource＝ＭＯＯＣ）である〈インスピレーションを与える対話〉では、人生で最も助けになってくれた人について参加者に思いだしてもらう。ある女性は盲目の義祖父を思いだしたという。義祖父は彼女に無条件の愛情を注ぎ、学ぶことへの情熱を植えつけてくれたそうである。ある友人を思いだした男性もいた。その友人は、彼がどんな問題に取り組んでいるときも、どんなに無茶な目標を掲げたときも受けとめてくれたという。こうと決めつけてくることがなく、つねに励ましとサポートをあてにできる相手だった。

多くの参加者が、自分の話に積極的に耳を傾けてくれた相手に言及した。参加者たちが口にしたのは、自分の思考過程を分析し掘りさげる手助けになるような思慮深い質問をしてきたコーチや、混乱した感情に対処するときに配慮や気遣いを示しながら手を貸してくれた、洞察力のある人々のことだった。こうした支援者はたいてい、相手が現実的な行動計画を進められるよう導きつつ、きちんと理解され支えられていると感じさせてくれるのだ。

オンライン講座やその他のコース、トレーニング・プログラムなどに参加したマネジャーたちも、自分が夢を追うことを励まし、インスピレーションを与えてくれた人、思ってもみなかったことまで達成させてくれた人のことを話した。強みに焦点を合わせて成長の手助けをしてくれた人、自信を植えつけ、可能性を信じさせてくれた人のことを書いた。また、たとえ聞きいれづらいような事柄でも、忌憚なく意見を述べてくれた人のことも口にした。ただしそういうときには、その意見は（効果のある意見の場合には）気遣いと思いやりを示しながら、けなすのではなく、むしろ褒めるように提示された（なお、大規模なオンライン講座の参加者の言葉は、後述の「一番助けになってくれた人」を参照のこと）。

こうした参加者の言葉には、的を射た発言がいくつも見られる。他者に影響を与える人の多くに、次のような共通点がある。

(1) インスピレーションの源としての役割を果たす
(2) 心からの思いやりや気遣いを示す
(3) サポートや励ましを差しだす
(4) コーチングの相手／支援しようとする相手が夢や情熱を発見し追求する際の手助けをする

こうした行動はみな、1章でも紹介した「思いやりのコーチング」の一部である。3章では、このアプローチを「誘導型のコーチング」――本人以外が定めた目的に向かって進むように促すもの――と比較しながら、さらに詳しく論じていく。誘導型のコーチングは、広く普及した方法ではあるが、コーチされる側の人々に持続的な変化を引き起こすことはあまりなく、可能性をフルに開花させるような努力につながることも――ましてやそれを達成することも――ほとんどない。一方、思いやりのコーチングにはそれができる。人々が成長し変化する方法を見つけるのを支援し、そうやって起こした変化を促進するための支えを差しだす。

私たちの手もとには、思いやりのコーチングの有効性に関するエビデンスがある。ケース・ウェスタン・リザーブ大学で、ＭＢＡの学生と特別研究員が協力しておこなった長期的な研究にもとづくものだ。半年間のリーダーシップ開発講座の重要なプログラムとして位置づけられたのが、思いやりのコーチングの訓練を受けたコーチによる成長支援である。それを受けた学生たちには、感情知性と社会知性に（つまり、他者から見た行動に）劇的な改善が見られた。これは、理想の自分になるために伸ばす必要があると、学生たちがみずから選んだ項目だった（この研究の詳細については、後述の「注目の研究」を参照のこと）[4]。もう少し詳しく言うと、こうした形で実施した思いやりのコーチングは、「強固なパーソナルビジョンを築く」「３６０度フィードバックを通して自身を見きわめる」「学習アジェンダを練りあげる」「ピアコーチングを通じて新しい行動を実践する」といった学生の変化を生みだした（これについては次章以降でも明らかにしていく）。

## 一番助けになってくれた人

「人としての成長を一番助けてくれた人たちは、私の可能性を信じ、学びへの欲求と創造力を刺激してくれました。彼らに勧められた挑戦を受けいれると、自分でも驚くような結果が出ました。そういう人たちに共通するのは、私の幸せを心から気にかけてくれた点と、私が成功するまで気持ちのうえで寄り添ってくれた点です」──スタンリー（カナダ）

「助けになってくれる人たちは、可能性の芽に気づくだけじゃなくて、それを育てるんです。そしてこちらが花開くことができるよう、最良の部分を引きだしてくれる。『可能性の芽』が認められたのがわかって、いままでになかったやり方で受けいれてもらえたように感じました」──アンジェラ（アメリカ）

「私の人生にとって重要な人たちはみんな、私にインスピレーションやアイデアの種を植え、あとはそれを私が自分で最善の方向へ持っていけるように、自由にやらせてくれました。そしてそのあいだずっと、私の選択を励まし、支えてくれました。おかげでとても大きな自信を持つことができました」──ベヴァリー（アメリカ）

「力になってくれた人たちは、思ってもみなかったようなやり方で私を評価してくれたので、そこからまったく新しい思考、機会、可能性につながって、たくさんのエネルギーが生じ、彼らからのインプットがなければ追い求めることのなかった新しい変化へと導かれました」──アージュン（インド）

「そういう人たちは私を信じ、私を評価することなく、思いやりを示してくれました。彼らは私が聞きたくないようなことも臆せず口にしましたが、つねに敬意が感じられました。そういう人たちにはほかにも共通点があります。自分の意見を私に押しつけてこないのです。その代わり、私が必要とする答えを自分で見つけられるように励ましてくれました」──クワベナ（ガーナ）

「上手に助けてくれる人全員に共通する重要なパターンがはっきりわかるようになりました。私が自分で行動を起こすきっかけをくれるのです──何をすべきか指図するのではなく」──マルコム（イギリス）

### 失われた喜びを再発見する

1章に出てきた形成外科医のグレッグ・レイキンを思いだしてほしい。幸福感がないと気づいたとき、グレッグはコーチを頼り、コーチは医師が成長と変化の道をたどるあいだ、無条件のサポートを差しだした。いまの自分は本当の自分とは違うと感じた経験は多くの人にあるだろう。グレッグが手助けを求めたのも、まさにそんなときだった。彼の場合には、その相手はリーダーシップ開発プログラムで知りあったコーチだった。

そのプロセスは平坦な道ではなかった。それまでのグレッグは、キャリアにおいてずっと成功を追求してきた。若いうちに形成外科長の地位を得て、オハイオ州クリーブランドにある大学病院附属レインボウ小児頭蓋顔面センターの所長にまでなったのだ。コーチと対話を始めると、こうした業績が子どものころから持ちつづけてきた達成欲の延長線上にあることがわかった。一流のアイビーリーグ・プレップスクールに入り、3種目のスポーツで代表チームの選手を務めただけでなく、学業成績もトップクラスだった。デューク大学の学生だったあいだも、次いで海外の医科大学にいたあいだも、その後、形成外科の研修医だったときも、最終的に特別研究員としてペンシルベニア大学やカリフォルニア大学ロサンゼルス校（UCLA）で頭蓋顔面外科学の研究をしていたあいだも、成功への衝動はやむことがなかった。

しかし達成の喜びは消えて久しかった。コーチとの徹底した対話を通して、グレッグは心から望む人生のビジョンや夢を明らかにしていった。そうするうちに、焦点をあまりにも「成功」に絞りすぎたせいで、人生で一番の望みや、自分が本当に情熱を傾けられるもの――ランニングとか、子どものころを過ごした南フロリダに戻って家族や友人のそばで暮らすことなど――を見失ってしまったのだとわかった。これらを追い求める時間はどうやって見つけたらいいのだろう？　現在の仕事では週に70から80時間ほど働かなければならないのに。

グレッグのコーチは、もう少し時間をかけて考え、パーソナルビジョンのさまざまな側面を探ってより明確に

---

## 注目の研究

リチャード・ボヤツィスは、長年のあいだ多数の研究者とともに働くなかで、39の長期的な研究をおこなった。その結果は16の査読済み論文や、著書のなかに見られる。[5]これらの研究の土台となっているのが、思いやりのコーチングと「意図的変革理論（ICT）」（これについては3章で詳しく説明する）を扱う大学院の講座である。

研究結果によれば、感情・社会知性（ESI）は大人（25歳から35歳までの修士課程の学生や、平均年齢49歳のフェロー）でも劇的に成長し、成長は5～7年ほど続いた。とくに、修士課程のフルタイムの学生では、入学後1～2年のあいだ、ESIに61パーセントの伸びが見られた。パートタイムの学生ではその数字はやや低かったが、それでも受講してから3～5年のあいだ54パーセントの改善が見られた。パートタイムの修士の学生のうち2つの群（コホート）では、修了後2年――つまり講座を取ってプログラムに参加してから5～7年――のあいだ、54パーセントの改善が続いた。

これは、その他の平均的な修士課程のプログラム8つにおいて、1～2年のあいだ2パーセントの改善しか見られなかった事実（しかも時間の経過とともにパーセンテージは落ちたものと思われる）や、企業・政府のトレーニング・プログラムにおいて、受講後3～18カ月のあいだ11パーセントの改善しか見られなかった事実（こちらも時間の経過とともにパーセンテージは大きく落ちこんだものと思われる）とは対照的である。[6]

し、「本心からの望み」と「やるべきこと」を分けるように勧めた。すぐに思考がより明晰になり、グレッグは前向きなエネルギーとやる気を取り戻した。そうして明らかにしたことを実行に移すべく、出身地のフロリダ州フォートローダーデールで皮膚科から形成外科までの治療を一括しておこなう診療所を見つけた。その病院では形成外科医をもう1人募集していた。転職は考えてもいなかったが、これは自分にとって理想的な職だとグレッグはすぐに気がついた。やがてグレッグは評判のいいその診療所に職を得て故郷へ戻ることができ、家族や子どものころからの友人たちに囲まれて暮らせるようになった。何年ものあいだしてきたように週に70～80時間働くのではなく、週に1日だけ働くことになり、報酬も大幅に増えた。

最後には、グレッグは求めていたとおりのバランスを手に入れることができた。一夜にして叶ったわけではないが、それでも思ったよりずっと早かったし、プロセスも満足のいくものだった。コーチに報告するなかで、グレッグはこんなふうに言った。

「夢のようですよ。理想的な仕事を差しだされて、働く時間は以前より減ったのに、収入はずっと増えた。しかも美しい故郷のフォートローダーデールにいられて。これ以上の結果なんて考えられません」

## 共鳴とコーチング

もしグレッグのコーチが世間の基準に合わせた誘導型のコーチングに注力していたら、働く時間を減らすためにもっと効率よく仕事をする方法を探すよう勧めていたかもしれない。あるいは、もとの病院で一番効率よく働ける地位にどうすれば昇進できるかを2人で考えようとしたかもしれない。しかしグレッグにとって幸運だったのは、コーチが思いやりのコーチングを理解し、グレッグが「理想の自分」――心の底にある望みや夢――を見きわめてそれに近づくのを手助けしてくれたことだった。2人はその過程で「共鳴する関係」を築いた。ポジティブな感情と本物のつながりのうえに発展させることのできる人間関係だ。この関係のおかげで、グレッグは特定の問題の解決だけに集中するのではなく、持続できる全体的な変化を生みだすことができた。

人が夢を見きわめ、追求するのを助けることで、真に有能なコーチや支援者は相手と共鳴する関係を築き、その関係を保持する。こうした人間関係には、(1)全体的にポジティブな感情をベースとし、(2)コーチする人とされる人とのあいだに本物のつながりができる、という特徴がある。コーチが手助けしようとする相手に同調して、関係によい流れができる。

2005年に原書が刊行された『実践EQ 人と組織を活かす鉄則』*という本のなかで、リチャード・ボヤツィスとアニー・マッキーは、先に挙げた2つの要素を「再生への道」として

＊R. Boyatzis, A. McKee(2005). *Resonant Leadership*. Harvard Business Review Press（田中健彦訳、『実践EQ 人と組織を活かす鉄則――「共鳴」で高業績チームをつくる』日本経済新聞社、2006年）

論じた。また、目のまえのことに純粋に集中できる心の状態(マインドフルネス)、希望、思いやりを知っているリーダーは、リーダーとしての役割から生じる慢性的なストレスから回復しやすい、と述べている。じつはこの再生への道は、コーチングで人間関係を築く道にも通じる。共鳴する関係がつくりだされると、コーチする側とされる側が同じ感情の波長で動くことによって同調する。マインドフルネス、希望、思いやりの効用――ストレスの軽減や生活の充実――が、両者のあいだになめらかに流れる。クレア・スコット・ミラーとニール・トンプソンのケースもそうだった。

## 有意義なつながりの持つ力

飛行機がロンドンのヒースロー空港に着陸する直前、クレア・スコット・ミラーは興奮と少々の不安を感じていた。ここ3年以上のあいだ電話での対話のみで実りあるコーチングをおこなってきた相手と、もうすぐ初めてじかに顔を合わせるのだ。

コーチングを始めたとき、ニール・トンプソンはスコットランドに拠点を置く会社で戦略的事業開発部門の部長をしていた。会社は液体輸送と電力供給・制御サービス分野でトップクラスのグローバル大企業であり、対象業界も原油・ガス、再生可能エネルギー、商標製品の製造、海事、防衛など多岐にわたる。クレアは、ニールが経営幹部に昇進するのを手伝うために雇われた。クレアは最初からニールと有意義な人間関係を築くことに力を注いだため、ニールの職業上のゴールや目的を理解する以上のことが必要だった。ニールの家族に対する気持ち、仕事以外の人生における夢や望みまで踏みこんだ。ニールのほうも、クレアのコーチングからプラスの結果が出ていると感じたので、最初の契約を終えたときに1年の延長を希望し、翌年も同じように延長を希望した。最高商務責任者（CCO）に昇進したときには、ニールにとってクレアは、個人的な望みと職業的な野心を継続して追求していくために手を貸してくれる、信頼できるサポーターになっていた。

そしていま、よい関係が築けたおかげで、クレアはまもなくニールに直接会う予定だった。ロンドンの親戚を訪ねたあと、クレアと夫はエジンバラまで移動して、国際フェスティバルと軍楽祭に行くことになっていた。ニールはその週はグラスゴーで休暇を過ごしていたのだが、時間を取って家族（生後6カ月の赤ちゃんを含む）とともにエジンバラへ向かい、クレアの一家に会うことにした。直接顔を合わせるのは初めてではあったが、会話はよどみなく流れ、居心地がよく、長年の親友と時間を過ごしているようだった。

クレアのコーチとしての仕事が成功したのは明らかだった。共鳴する関係を築くことに努め、ニールが夢を明確にし、追求できるよう手助けをした。その過程で、心からの気遣いと配慮にもとづく人間関係を築いた。これは思いやりのコーチングに必須の要素である。クレアはニールに意味深い問いを投げかけ、その答えと彼自身を注意深く結びつけることでコーチングをおこなった。一方で、クレアのほうも進んである程度の自己開示をした。つまり、ニールの成長のために働き、コーチングにおける人間関係を築くなかで、ときどき自分のことも明かしたのだ。このようにクレアが脆さを見せるのを厭わないところもまたニールの手本となり、おかげでニールは成長に役立つ物事をオープンに共有することに居心地のよさを覚えるようになった。[7]

クレアがニールと築いたような共鳴する関係の特徴は、少なくとも3つある。

（1）マインドフル（自己認識が高く、自身の感情をコントロールできる状態）である
（2）希望を喚起する
（3）思いやりを示す

マインドフルであるコーチは、いつでも相手のためにそこにいて、意識を完全に相手に向ける。相手の言っていることに波長を合わせると同時に、相手の感じていることも察知する。そういうコーチは己を知っていて、つねに自分個人の考えや感情を認識しており、それを相手に投影しないよう注意している。おかげで本物のつながりを築くことができ、コーチされる側は

親友と話をしているかのようなゆったりとした心地よさをたびたび感じる。

優れたコーチは人生の意義や希望を照らしだす。かつて感じていたのに時が経つうちに失ってしまったものを再燃させたりもする。コーチングの対象者が理想の未来像を実現するために、コーチは相手が人生において何に意味や目的を見いだすのか理解し、それを達成できると信じる必要がある。優れたコーチは、内省を促し、相手にとって一番重要で意義のある物事を明らかにするような問いを投げかける。しかし、たとえ意義や目的に気がついても、希望が感じられなければ人はまえへ動きだすことができない。だから優れたコーチは希望を生みだす手助けもする。自分の意志で、気持ちを集中して努力すれば、思い描いた理想の未来像は達成可能なのだ、という自信を植えつける。

それから、優れたコーチは他者に気遣いを示す。これはただの共感や、相手の感情の理解だけにとどまらない。心からの思いやりを示し、進んでその心遣いに見合った行動を取り、夢に到達しようとする相手に必要な助言やサポートを差しだす。くり返すが、これが思いやりのコーチングのエッセンスだ。

要するに、優れたコーチは他者にうまくインスピレーションを与えるのだ。コーチングにおける対話のあと、人々は充電されたように感じ、興奮し、夢に向かって決然と動きだそうとするはずだ。しかし充電されたように感じるのはコーチされる側だけではない。コーチのほうも対話から刺激を受けることになるだろう。

この現象は「感情の伝染」と呼ばれる。状況によっては一瞬のうちに起こることもある暗黙のやりとりだ。さまざまなレベルで発生し、神経回路のレベルで起こることもある。この現象についてはのちほど4章でも詳しく説明するが、いまは、コーチする側とされる側にお互いの希望、思いやり、マインドフルネス、人生や仕事の可能性を感じるときの興奮を、文字どおり伝染させるものであるとだけ述べておこう。[8]

## あなたを助けたのは誰か?

この章の最初のほうに、大規模なオンライン講座の参加者の反応をいくつか載せた。今度はあなたの番だ。どんな相手とのことでもいいのだが、自分が好きなこと、本当にやりたいことを見つけるきっかけになった対話の記憶は多くの人にあるだろう。深い内省の口火となり、最終的に将来を形づくる行動につながった対話である。

1章でも述べたとおり、この本には誰かを支援したいと願う人にとって大事なエクササイズを載せてある。あなたが自分のモチベーション、感情、望みを明らかにする方法を——ひいては支援したいと思う相手と共鳴する関係を築く方法を——学ぶための鍵となるものだ。エクサイズを実行することで、あなたのなかにある情熱や理想の未来への夢を燃えたたせる一助となるはずだ。そして内なる炎が前向きな感情をつくりだす。そうした状態で誰かをコーチするなら、相手の心にマッチで火をつけるように感じられるだろう――それが感情の伝染だ。

これまでの人生で、誰かからコーチングを受けたおかげで何かを深く考えたときのこと、誰かがあなたの情熱に火をつけて、そのおかげで人生の軌道が変わったときのことを思いだしてほしい。それはスポーツのコーチだったかもしれないし、高校の教師、親やほかの家族、仕事で関わったマネジャーやメンターだったかもしれない。あるいは親友だったかもしれない。そうした人のおかげで何を感じたか――希望？　モチベーション？　山ほどのアイデアや可能性？――記憶をたどってみてほしい。おそらく、その人は心からの気遣いや思いやりを示したはずだ。そしてベストの状態でいるときのあなたがどんなふうか自覚する助けになってくれたことだろう。興奮を覚え、エネルギーが湧いてくるようなビジョンを思い描く手助けをしてくれたかもしれない。そしておそらく、あなたの望みがなんであれ、それを達成するために惜しみなくサポートしてくれたことだろう。

重要なのは、あなたを支援してくれる人と、支援しようとはするが結局できない人を明確に区別することである。後者はあなたを希望で満たすどころか、気力を挫（くじ）いたり、無力感を植えつけたり、自分の都合のいい枠にあなたを押しこめたりする。

では、本章末尾の「内省と活用のためのエクササイズ」に取り組んでほしい。あなたを支援してくれる人については、本書の後半でもう一度ふり返ることになる。

---

3章では、思いやりのコーチングの方法を（誘導型のコーチングと比較しながら）さらに掘りさげ、意図的変革理論（ＩＣＴ）における５つのディスカバリーについても見ていく。持続する望ましい変化を生みだすのにきわめて重要な項目である。

## キーポイント

1 優秀なコーチは、人々が夢を追い求め、潜在能力を最大限に発揮するためにインスピレーションを与え、励まし、サポートする。私たちはこれを「思いやりのコーチング」と呼ぶ。外から規定された目的に向かわせようとする「誘導型のコーチング」とは対照的なものである。

2 真に持続する望ましい変化を達成するコーチングには、「共鳴する関係」を築くことが必要である。共鳴する関係の特徴は、心からのつながりと前向きな感情が見られることだ。

## 内省と活用のためのエクササイズ

過去をふり返り、あなたが人として成長するのを支援してくれた人々を思いだしてほしい。動機づけやインスピレーションを与え、いま持っているものを勝ち取らせてくれた人々だ。なお、仕事だけでなく、人生全般について考えてみてほしい。

人生の道を、異なるステージごと、時期ごとに分けてみよう。区切りは、大きな生活の変化や通過儀礼の時期におおよそ一致するはずだ。多くの人が次のようになるだろう。

ライフステージ 1：子ども時代から思春期なかばまで（0 歳〜 14 歳）
ライフステージ 2：高校時代（15 歳〜 18 歳）
ライフステージ 3：大学時代、または働き始めのころ（19 歳〜 24 歳）
ライフステージ 4：キャリアの初期から中期（25 歳〜 35 歳）

これ以降はおよそ 10 年ごとのステージを、あなたの現在の年齢に達するまで加えてほしい（上記のリストは大まかな見本なので、自分の育ち、文化的背景、教育、職歴などに合わせてそれぞれに変更すること）。

列が 3 つある表をつくり、最初の行に左から順に「ライフステージ」「人名／イニシャル」「メモ」と記入する。それから、列の中身に取りかかろう。まず、取りあげたいライフステージを書きこむ。次いで、該当ステージのときに最もインスピレーションを与えてくれた人の名前かイニシャルを書きこむ。そして、その人が支援してくれた出来事、その人の言動、あとでふり返ったときに自分がどんな気分になったかを書きこむ（必ずしも当時の気持ちでなくてよい）。最後に、その出来事からあなたが何を学んだか考えよう。

表ができあがったら、記入事項を分析してほしい。動機づけやインスピレーションを与えてくれた人々のあいだに、類似点や相違点があるだろうか。異なるライフステージでは？　同一のライフステージ内では？　類似点や相違点の性質は？　パターンやテーマがあるだろうか？　これらのことを説明する短い文章を書いてみよう。800 字前後でいい。あなたがいまの自分に――なりたい自分に――なるために彼らがしたことの重要性や、目についた特定のパターンなどを明確に書き留めておこう。

*Coaching with Compassion*

Inspiring Sustained, Desired Change

3

# 思いやりのコーチング

持続する
望ましい変化を
呼び起こす

人はたいてい、変化を望んだときに望んだ方法で行動を変える。何を変えるか、いかに変えるかについて自分の内側に強い願望がなければ、目に見える変化は長くは続かないものだ。私たちはそうした事例を何度も見てきた。マネジャーが、会社の期待に沿った行動をするように従業員をコーチするケース。スポーツの監督が、もっと筋トレや動画研究に取り組んでチームに貢献するようにと選手をコーチするケース。健康のために生活習慣を変えるべきだと患者をコーチする医師も、クライアントのスキルセットや職歴だけを基準に特定の職種を勧めるキャリアコーチも同じだった。

　こうした事例に共通するのは、コーチが自分の経験や専門や権限にもとづいて、相手が何をするべきか、いかにするべきかを指導するのがコーチングであると思っている点だ。このタイプの「誘導型のコーチング」が持続的な行動変容につながることはあまりない。従業員個人の行動変容に頼った組織改革プロジェクトがおよそ60~70パーセントの割合で失敗に終わっている点だけを見てもわかる。[1] あるいは、慢性疾患を抱える患者の50パーセント近くが所定の治療計画に従うことができずにいる事実を見てもいい。[2] 変わるべきであるとか、変わる必要があるなどと人から言われるのは、私たちが長期的に行動を変化させるための効果的な助けにはならないのだ。

　この章では、誘導型のコーチングと思いやりのコーチングの違いを詳しく見ていく。また、思いやりのコーチングを中心に据えた5つのステップをご紹介する。これは持続する望ましい変化を生みだすための鍵となることが実証されている。では、本書の著者の1人が、誘導型のコーチングと比べて思いやりのコーチングにいかにパワーがあるかを体験した実話から始めよう。

## 情熱の力を解き放つ

15年近く企業で営業部門のマネジメントをしたあと、メルヴィンは組織行動と人材マネジメントの分野で博士号を取るために、フルタイムで大学院に戻ることに決めた。そうすれば企業向けの研修とコンサルティングに携わりながら学部生を教えることができそうだ、という見通しに心浮きたつものを感じていた。しかしながら、博士課程に受けいれられるのは研究に興味のある学生であって、教えることやコンサルティングに興味のある者ではないことがすぐにわかった。だから応募書類では知りあいの教授のアドバイスを取りいれ、研究に興味があることを明確にし、それでいて教えることやコンサルティングを通してその研究を実用に活かすことにも興味があると自己アピールした。その戦略は実を結び、メルヴィンはピッツバーグ大学の博士課程に入学を許可された。そしてそこで研究スキルに磨きをかけて業績を上げ、有望な学者としての足場を固めた。

博士号取得後、メルヴィンはケース・ウェスタン・リザーブ大学でゆくゆくは終身在職につながる地位を得て、アカデミックな世界でのキャリアを手堅く開始した。大学院での最初の1年は、研究課題を確立し追求するために必要なことをした。2年めに入るころには、学部生を教える仕事に加え、企業幹部向けの教育もいくつか受け持つことになった。教えることに注ぐ時間と気力がどんどん大きくなっていること、自分がそれを非常に楽しんでいることに、メルヴィンはすぐに気がついた。自分やほかの研究者の成果から得た知識を人々が実際に活用できるようインスピレーションを与えるのが大好きだった。メルヴィンの熱意は、学生たちや企業幹部受講生たちにとって刺激的で、電撃のようにまたたくまに伝染した。しかし一方で、メルヴィンの研究課題は滞りはじめた。

この間、メルヴィンは学部長やその他の人々から非公式のコーチングとアドバイスを受けており、間近に迫った3年次の人事評価で研究の進展を示す必要があるのだから、もっと研究を進めることに集中すべきだと言われていた。確かに、それが重要で一番にやるべきことだとわかっていたので、メルヴィンは行動の重心を移しはじめた。鍵となる研究プロジェクトを進め、3年次の評価に備えて立派にまとめ、研究課題を明確にし、進展を示した。その結果、人事評価は無事切り抜けたが、研究以外の活動に割く時間が多すぎると警告を受けた。もし終身在職権を得たいなら、教えることや、博士課程の学生にアドバイスを与えること、企業幹部向けの教育に取り組むことなどはすべて二次的な仕事でしかないのだ。

アドバイスはありがたく受けとめながらも、メルヴィンはやはり学部生を教える仕事や企業幹部向け教育に惹かれた。誰かの学びを手助けするのは、楽しいだけでなく、自分にとって本当に得意なことでもあるとわかった。気がつけば、やるべきだとわかっている仕事と、心から楽しめる仕事のあいだで引き裂かれそうになっていた。しかしどうしようもなかった。

4年めに入ると、所属する学部の補助金を使ったプログラムの一環として、正式にコーチングを受けながら働くチャンスがめぐってきた。[3] 過去に経験したコーチングと同じく、新しいコーチも昇進や終身在職権を獲得するためにしなければならないことに焦点を合わせるのだろうとメルヴィンは予測した。しかし、コーチが外から規定された課題を追求しようとしないことがすぐにわかった。コーチはメルヴィンがやりたいこと、将来なりたい自分――メルヴィン自身が思い描く自分の姿――をはっきり形にするのを手伝い、その方向へ進むにはどうしたらいいか考えるのを手助けしてくれた。

メルヴィンがここしばらく葛藤していたことを、コーチはすぐに見きわめた。メルヴィンはこれから数年間は研究に集中して終身在職権を得たいのだと明言した。しかし企業幹部向け教育も、手を広げることはできないとしても、続けたいとは思っていた。また、定期的に入ってくるさまざまな有償の講演の仕事も受けたいのだと述べた。「すべてを手に入れる」ことが望みだった。しかしすべてを手に入れるためには、教えることと有償の講演を引き受けることは終身在職権を得るまで我慢しなければならない。そして終身在職権の獲得に9年を必要とする大学の制度を考えれば、少なくともあと5年はかかるのだ。研究と教えることの両方とも大事なのだと自分に言い聞かせはしたものの、メルヴィンは相変わらずどっちつかずの状態にストレスを感じていた。

大学や学部が奨励する方向へ進むようメルヴィンをコーチするのは容易だったはずだが、コーチはそうはせず、心が命じるのはどちらの道なのか見きわめるように促した。そして仮の実践をしてみるように勧めた。

「もしも選択を強制されて、一方を選んだら他方は完全に諦めなければならないとしたらどうしますか？　そういう状況だったらどちらを選びますか？」コーチはそう尋ねた。そしてメルヴィンが選択に苦労しているのを見ると、こう言った。「どちらかを選んで、しばらくのあいだ仮に試したらどうでしょう？　コートを試着するのと同じように。それで着心地を確かめては？　気に入らなければそれを脱いで、しばらくのあいだもう一方を試せばよいのです。その後、また相談しましょう」

メルヴィンは、まず研究と終身在職権のコースを「試着」してみた。企業幹部向け教育や外部からの講演依頼をまったく受けなかったらどんな感じだろうと想像しながら、精神と身体のすべてのエネルギーを研究に注ぎはじめた。短期間そのまま続けてみたが、その状態が好きになれないことはすぐにわかった。長期にわたってそのままでいることを思うと非常に居心地が悪くなった。本当にいたい場所に加わるチャンスを逃しているように感じた。

その時点で、コーチに提案されたとおり、企業幹部向け教育と講演のほうへ頭を切り替えた。即座に違いが感じられた。研究があまり進まないのは理想的とは言えなかったが、この選択が前の選択とあまりにも大きく違って感じられることに驚いた。この選択のなかで追求できるさまざまな活動やチャンスには心の底から興奮を覚えた。

心が命じる道について疑問の余地はなかった。「これだ！」とメルヴィンは思った。

次にコーチと会ったとき、メルヴィンはこの新たな発見について話し、残りのコーチングでは本当の情熱の向くほうへ、理想の未来像へと進むことに集中した。教えることや、自然とやってくる講演の機会を優先する選択には、すぐに居心地のよさを覚えた。そうすることで研究の時間が減っても――そのせいで終身在職権を得られる可能性が減っても――それは甘んじて受けいれられると思った。研究は圧力のように、やるべきもののように感じられた。心底やりたいことではなかった。コーチのおかげで、それが見えるようになった。

その後数カ月のあいだ、メルヴィンはここしばらくなかったほど幸せだった。長いあいだの葛藤から解放されたのだ。心の底からやりたいことができていたので、どこへ行きつくことになろうと満足だった。その後、思いがけなく、大学側から新しくつくったポジションに就かないかと打診された。企業幹部向け教育学部の学部長だった。この仕事を引きうければ、大学による企業幹部向け教育のビジネスを育てるのに重要な役割を果たすことになる。唯一の問題点は、それが終身在職の保証されたポジションではないことだった。この仕事を受けるなら、終身在職権獲得のためのコースを外れなければならなかった。

もしコーチングを受けていなければ——自分の理想の将来についてさまざまなことを発見していなければ——メルヴィンはそのポジションを一顧だにしなかっただろう。しかし結局のところ、メルヴィンはその仕事を引きうけ、いまではもう12年以上続けている。あれは自分のキャリアにおいて最良の選択だった、これ以上の仕事は自分でも思いつかなかったと、メルヴィンは誰にでも話すだろう。世界中で講演やトレーニングに携われるようになっただけでなく、一番楽しい学部生の授業も続けることができるのだ。一方、残りの時間で本当に興味の持てるテーマの研究や執筆にも関わっていられた。

もしコーチが「誘導する」方向へメルヴィンを押しやり、思いやりを持って手助けすることがなければ、結果はどれほど違っていたか想像してみてほしい。幸運にも、コーチは「意図的変革」の5つの段階——あるいはディ、スカバリー——を通してメルヴィンを導いた。

## 意図的変革のモデル

持続する望ましい変化につながる思いやりのコーチングを実践するには、ボヤツィスの意図的変革のモデルを通して説明するとわかりやすい（図3－1を参照）。意図的変革理論（ICT）は、意味のある行動変容は直線的に起こるわけではないという理解のうえに成り立っている。スタート地点があって、そこからまっすぐに進んで望ましい変化が完了するわけではない。

図3－1

フラクタルまたは複数レベルにおける
ボヤツィスの「意図的変革理論（ICT）」

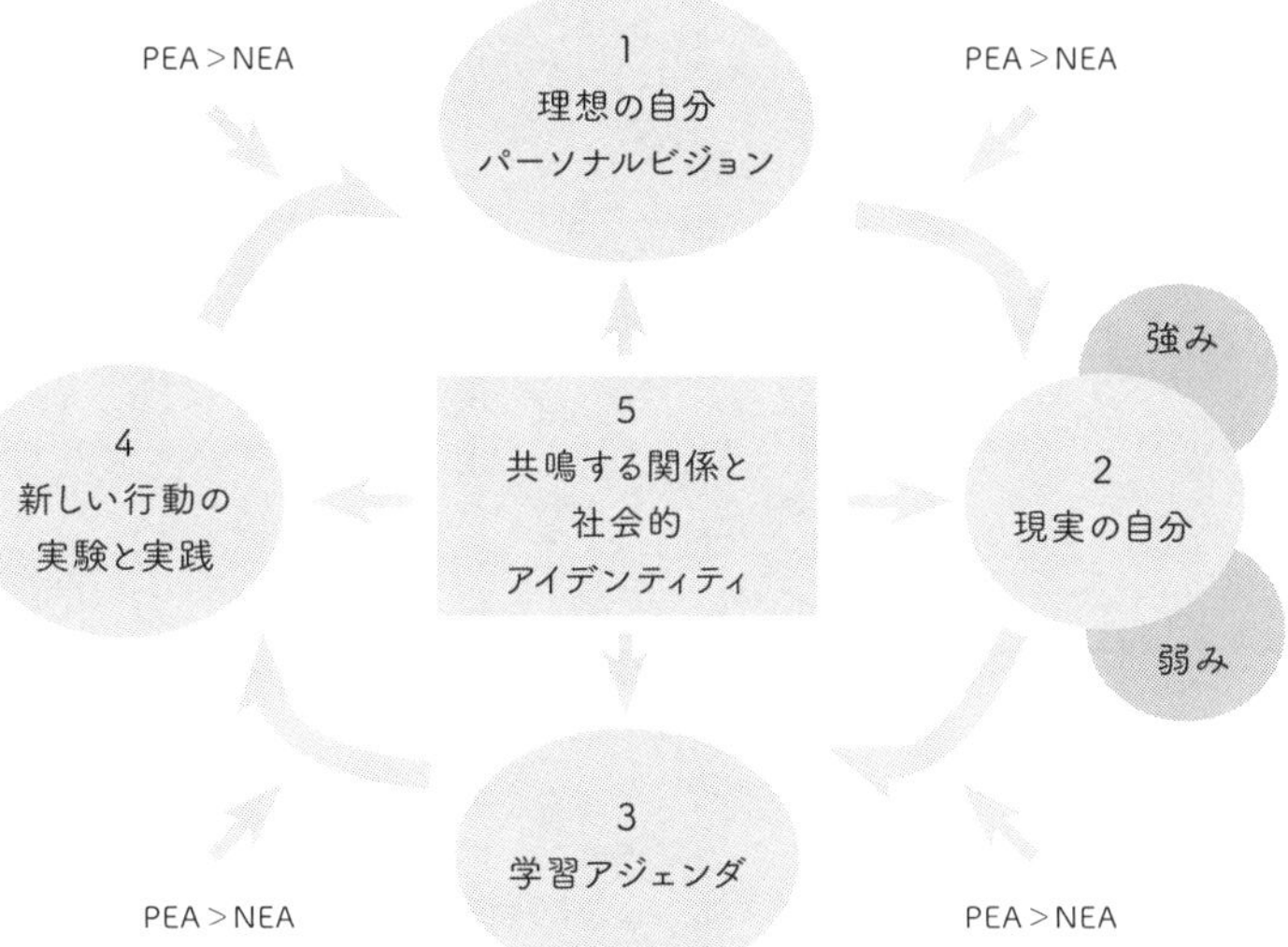


出典：R. E. Boyatzis, "Leadership Development from a Complexity Perspective," *Consulting Psychology Journal: Practice and Research* 60, no. 4 (2008), 298–313; R. E. Boyatzis and K. V. Cavanagh, "Leading Change: Developing Emotional, Social, and Cognitive Competencies in Managers during an MBA Program," in *Emotional Intelligence in Education: Integrating Research into Practice*, ed. K. V. Keefer, J. D. A. Parker, and D. H. Saklofske (New York: Springer, 2018), 403–426; R. E. Boyatzis, "Coaching through Intentional Change Theory," in *Professional Coaching: Principles and Practice*, ed. Susan English, Janice Sabatine, and Phillip Brownell (New York: Springer, 2018), 221–230.

行動変容は、不連続な爆発や噴出の形で起こる。ボヤツィスはこうした爆発や噴出をディスカバリー（発見）と表現する。持続する望ましい行動変容を起こすには、5つの「発見」が必要だ。[4]

## ディスカバリー1——理想の自分

第1のディスカバリーの手助けは、支援しようとする相手の「理想の自分」を探索し見きわめることである。「どういう人間になりたいのか？」「人生をどのように生きたいのか？」といった問いに答えを出すのだ。[5] キャリアプランニングだけの話ではないことに留意してほしい。もっと全体的なものである。人生のすべての側面において理想の未来を描くのに手を貸すのだ。現在の生活やキャリアステージは考慮には入れるが、探索はそこだけに限定しない。支援者やコーチは相手が自己効力感を高められるように、何が可能かについて希望や楽観を持てるように励ます。また、核となる価値観、核となるアイデンティティ、人生のパーパスや天職について熟考するように促しもする。その結果、人々はパーソナルビジョン——または家族や職場の人々をひっくるめた、あるいはもっと大きな社会的大義を含む「共有ビジョン」（以下で述べるほか、6章でも詳述する）——を明確に説明できるようになる（理想の自分については図3－2を参照）。

理想の自分を発見するためのコーチングを進めるときには、相手が本当になりたい自分や、本当にやりたいことをきちんととらえているかどうかを確認してほしい。よくあるのは、理想の自分を表明していると思いこんでいる人が、じつはなるべき自分——自分はこうあるべきだと思う姿、あるいはほかの誰かから期待された義務——を表明しているケースだ。メルヴィンの事例もそうだった。自分が心から求めるもの（教えることや講演の仕事）よりも、やるべきだと思うこと（終身在職権を求めてより多くの研究をこなすこと）をしようとしたら、持続的な行動変容に必要なエネルギーや熱意が湧かなかった。

人が理想の自分を本当に発見するのを手伝うには、認知的あるいは精神的なエクササイズを通して指導するだけでなく、相手が内なる情熱に火がついたと感じるような、感情的経験につながるプロセス

図３－２

理想の自分の構成要素

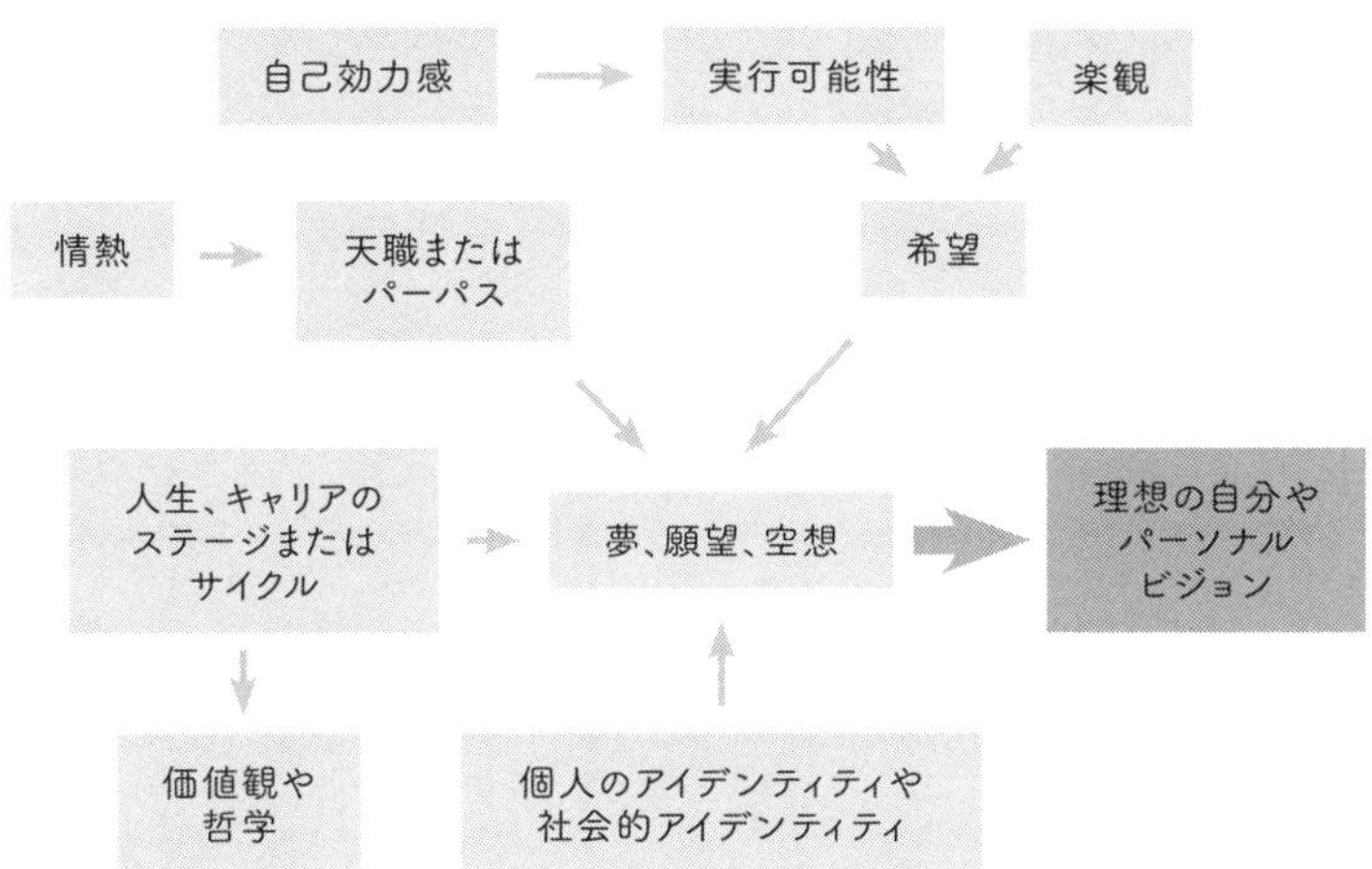


出典：R. E. Boyatzis and K. Akrivou, "The Ideal Self as the Driver of Intentional Change," *Journal of Management Development* 25, no. 7 (2006): 624–642.

（このプロセスについては本書のあちこちでエクササイズや内省を通して説明していく）を進める必要がある。そうすれば、あなたにも対象者にも、対象者が最良の自分のありようや心の底から望むことを本当にとらえられているかどうかがわかる。

理想の自分を探そうとしている人々を効果的に支援するには、パーソナルビジョンステートメント*を書いてもらうとよい。明瞭で説得力のあるビジョンを提示できる企業が、そのビジョンを従業員と共有できたときには、すばらしい結果が生まれる。従業員にモチベーションやインスピレーションや目的意識を与えられるからだ。パーソナルビジョンステートメントもこれと同じだ。「狙って撃てば命中する確率は劇的に上がる」という格言のとおりである。こう言ってもいい――パーソナルビジョンステートメントなしに人生を歩むのは、狙わずに撃つのと同じことだ。

私たちのプログラムや講座では、デウィット・ジョーンズのナレーションによる動画「世界のよさをたたえよう（Celebrate What's Right with the World）」を流すことがある。[6] 報道写真家で、企業向け研修の講師でもあるジョーンズは、動画のなかでパーソナルビジョンを持つことの大切さを強調し、そのビジョンを覚えておけるように6語のステートメントに煮つめて毎日そこから刺激を受けることを視聴者に勧めている。これはコーチとしても、意義のある持続的な変化を手助けする最も強力な方法の1つだ。情熱や熱意は、理想の自分を見きわめることやビジョン

＊パーソナルビジョンステートメント：個人の成長の方向性を示す、未来における自分の理想の姿を表した簡潔な文章

をはっきり表明することと関連がある。コーチは対象者がそれに気づく手助けをするのだ。

### ディスカバリー2——現実の自分

意図的変革における第2のディスカバリーのコーチングには、相手の正確な「現実の自分」を明らかにすることが含まれる。その人の強みや弱みを評価するだけではない。パーソナルビジョンに表現されている「なりたい自分」と比較しながら、現在の全体的な姿を見きわめる手助けをするのだ。

第2のディスカバリーのときにコーチの役割として重要なのは、理想の自分と現実の自分がすでに一致している領域を特定するための手助けをすることだ。その領域は対象者の強みであり、意図的変革プロセスの後半でも活用できる。また、現実の自分がまだ理想の自分に追いついていない領域を見きわめる手助けをするべきだ。理想とのギャップは、狙いを定めた行動変容の努力によって埋めることが望ましい。

現実の自分とは自分で見た姿だけではなく、他人から見た自分を考慮に入れる必要があることを対象者に気づかせるのもコーチがすべきことの1つだ。他人は外から見て判断するだけなので、そこに現実の自分が反映されるとはかぎらない、と反論する人もいるかもしれない。しかし実際は、複数の他人から同じ見方をされたなら、自分は外の世界からそう見えているということであり、それは自分という人間の重要な一側面である。だから、人々が自己認識の質を高め、現実の自分についてより包括的な見方ができるようになるために、定期的に他人からのフィードバックを求めることをコーチは勧めるべきである。対象者は、自分の意図とは無関係な他人の見方を知るべきなのだ。

自己認識について耳にするとき、とりわけそれがリーダーシップとの関連で論じられるとき、たいてい対象者自身の自己認識——自分から見た強みや弱み、価値観、願望——に焦点が合わせられる。それも重要ではあるのだが、そのやり方では自己認識のべつの大事な側面、つまり自分が他人からどう見られているかという視点を欠くことになる。他人からどう思われているかを正確にとらえていなければ、現実の自分をきちんと見つめたことにはならない。

自己認識を深める方法の1つは、多面評価（360度評価とも呼ばれる）を受けることだ。この方法なら、あらゆる行動について自分を評価できるうえ、さまざまな関係、さまざまな背景の人々から評価してもらえる。従来は、自己評価と他人からの評価を比較することで自己認識の精度を測った。しかし私たちの友人で仕事仲間のスコット・テイラーは——バブソン大学に勤務し、リーダーの自己認識に関する分野で多数の仕事をこなしてきた研究者なのだが——自分が他人からどう見られているかを予測し、他人の実際の評価と比較すると、自己認識のよりよい指標が得られるという。[7] だから優れたコーチは、対象者が「周波数を合わせて」他者にどのように見られているかを読み取る能力を伸ばす手伝いをして、より高度な自己認識を得られるように、さらには、うまく現実の自分と折り合えるように支援する。そうすると、人々は自分の意図が実際にはどの程度他人に影響しているかを定期的にチェックできるようになる。

もちろん、すべての人に多面評価を受けられるリソースや機会があるわけではない。しかしほかにも同じ結果に到達できる方法がある。まず、コーチや支援者は、うまくできること（得意なこと）とあまりうまくできないこと（不得意なこと）を対象者本人に正直に評価してもらう。研究によればこの自己評価には偏りがあるのだが、いずれにせよこれはプロセスの重要な一部である。次に、スコット・テイラーのアドバイスに従い、興味の対象である重要な行動についての他人の評価を予測してもらう。最後に、ほかの人々から非公式の評価を出してもらい、予測が実際の他人の評価とどの程度一致しているか確認する。

対象者に「パーソナルバランスシート（PBS）*」をつくってもらうのも、現実の自分の姿をとらえられるようにする1つの方法だ。正式な評価のプロセスに参加していてもいなくても、ときを選ばずにできる。長期、短期それぞれの強みと弱み（あるいは成長の機会）を分類してもらい、それを理想の自分やパーソナルビジョンステートメントと見比べて、到達できている部分とギャップのある部分を見きわめる。理想の自分と現実の自分のギャップ、それに強みを認識できれば、変化のプロセスをたどる準備は整ったことになる。[8]

＊パーソナルバランスシート：自身の成長のアジェンダの検討材料となる、パーソナルビジョンを実現するための現在の強みと弱みが書かれたドキュメント

メルヴィンが大学で働きはじめたばかりのころに受けた評価では、教えるスキルと物事を円滑に進めるスキルが高く、魅力的な講演者だと言われた。メルヴィンはそれをさらに伸ばせる強みとして認識し、有能な教育者や望まれる講演者になるために活用できると思った。また、研究に関する生産性は比較的低いという評価も受けていた。当時、積極的に関わっている研究課題の数はかぎられており、進行ペースもよくて中程度といったところだった。もしメルヴィンがこの評価を絶対であるかのように受けとめ、事態の進展のために従来の道をたどっていたら、重要な努力課題と見なされる「ギャップを埋めること」に最大の力を注いだだろう。つまりこの場合、研究において生産性を上げることである。しかし、コーチと話しあってパーソナルビジョンを明らかにしたあとは、最も重要な仕事の側面を直接支える、強みと見なされた部分にエネルギーを注ぐべきであることがはっきりした。研究における生産性の評価を無視したわけではない。それも視野に入れたうえで、まず強みを活かすことによって生じるポジティブな感情のエネルギーを活用することに決めたのである。

これはパーソナルバランスシートを使うときの重要な留意点だ。たいていの人はまず弱みに目を向け、それに対処する方法を考えはじめる。しかし思いやりのコーチングで手助けするのは、変化への努力がどうしたら実を結ぶかを理解するところだ。それにはまず対象者の強みを認識し、活かすのだ。個人のビジョンに向かって最大の進展が見こめるように配慮するなかで、判明した弱みに目を向けるのは後回しでいい。

## ディスカバリー３――学習アジェンダ

意図的変革プロセスにおける３番めのステップは、「学習アジェンダ」を作成することである。コーチや支援者はまず、第２のディスカバリーで特定された強みを再確認し、理想とのギャップを埋めるためにその強みを活用できないか考えるよう促す。ここで重要なのは、理想の自分に近づくのを手伝うなかで、対象者が何をするときに一番高揚するかを考えることだ。欠点を並べることに焦点を合わせたパフォーマンス改善プランは気の重い仕事のように感じられ、変化のプロセスの妨害になりかねないからだ。

コーチがすべきなのは、いままでやってきたことを続ければ、いままでの自分でありつづけるだけだと対象者に気づかせることである。変化を起こすには何か違うことをする必要がある。メルヴィンが気づまりに感じていたのもここだった――教えることと研究のどちらを優先させるか決めかねて、２つのあいだのフェンスをまたいだ状態だったのだ。そのせいで緊張を強いられ、どちらにも全力を注げないままだった。緊張状態は時間が経てば魔法のように解消されると思っているかのようだった。

どちらの道により興奮があるか感じとることも、他人の指示ではなく自分のパーパス、自分のビジョンへ向かって進んでいるのを確認できる1つの方法だ。たとえばメルヴィンは、新規のワークショップや講座のような新しい学習体験を企画するチャンスが差しだされるとすぐに飛びついた。新しい学習体験の企画か、研究論文の執筆かの二者択一だったら、メルヴィンは必ず学習体験の企画を選んだ。メルヴィンにとっては最も魅力的な仕事であり、研究よりも強く引かれるPEAだった。

いままでと違う何かをするというのは、4番めのディスカバリー――新しい行動の実験と実践――の前半の核心でもある（まもなくお読みいただく次の項目だ）。べつのディスカバリーとして項目を立ててはあるが、この実験と実践は実際には学習アジェンダの作成中に浮上してくる。第3のディスカバリーが必然的にこれからの行動計画を伴うものである一方で、第4のディスカバリーは計画を実行に移すものだからだ。

## ディスカバリー4――新しい行動の実験と実践

意図的変革プロセスにおける第4のディスカバリーでは、たとえ意図した結果につながらなくても、コーチは新しい行動の実験を続けるよう奨励する。実験はときに失敗することもあるが、それはかまわない。実験とはもともとそういうものだ。何か期待どおりにならないことがあったとしても、もう一度やってみるか、べつのことを試すようにコーチは働きかけるべきなのだ。

メルヴィンのコーチは、両立の難しい2つの仕事（教えることや講演を引き受けることvs研究）のうち、一方に焦点を絞るよう勧めた。どちらかを完全に犠牲にする覚悟で1つだけを選ぶようにと焚きつけた。メルヴィンはまえもって話しあったとおりに実験してみた。研究や論文の執筆が完全になくなるのはいやだったが、それでいて、そちらを仕事の中心に据えることには虚しさを覚えた。一方、教えることと講演を中心に据えてほかのことを除外しても、同じ虚しさは感じなかった。むしろエネルギーが湧いてきた。これがメルヴィンの突破口となった。

第4のディスカバリーにおいて望ましい突破口がひらけるには、うまくいく方法が見つかるまで対象者が実験を続ける必要がある。方法が見つかったら、コーチは実験を実践に移す手助けをすればいい。それが第4のディスカバリーの後半部分だ。ここまで来ると、実践のうえにさらに実践を重ねることがきわめて重要になる。しかしたいていの人は新しい行動に少し慣れたところで実践をやめてしまう。一時的に行動を変えるだけならそれでもいい。だが、慌てていたり、途方に暮れていたり、怒っていたり、睡眠不足だったり、ストレスにさらされていたり、思考がクリアでなかったりするときにも一貫してその行動を取れるようになるには、それでは足りない。古い習慣に戻ってしまうのはそういうときだからだ。少し慣れただけの状態を超えて、完全に習得するまで実践をくり返せば、本当に持続するやり方で行動を変えることができる。

メルヴィンにとってこれは、ひどく時間を取られる長期研究プロジェクト（しかも自分の主要な研究領域から外れたもの）への参加要請に「ノー」と言いつづけることだった。以前はこうした機会のほぼすべてに「イエス」と答えていた。研究関連の情報ルートを確立する助けになると思っていたからだ。しかしひとたび明瞭に焦点が定まると、メルヴィンは新しい習慣を身につけねばならなかった。もっと厳しく時間を管理し、参加要請に応える基準を明確にし、最も興味のある分野の話だけを受けるようにするべきだった。

新しい行動が完全に身につくまでにどれくらいかかるか、研究者たちはいくつかの見解を示している。マクスウェル・マルツは1960年代に初版を刊行した著書『自分を動かす』*1で、新しい習慣を身につけるには少なくとも21日かかると述べている。[9] スティーヴン・コヴィーを含む後続の多くの研究者らも同じ考えで、習慣は21日のあいだ実践をくり返すことで身につくと述べている。[10] マルコム・グラッドウェルは、2009年刊行のベストセラー『天才！』*2のなかで、完全な習得にはおよそ1万時間の実践が必要であると述べている。[11] また、ロンドン大学のフィリッパ・ラリー博士とその同僚たちの研究によれば、行動の習慣化にかかる時間には実際のところかなり幅があり、18日から254日のあいだであるという。[12]

どれだけの時間がかかるにせよ、コーチや支援者はとにかく実践を奨励するべきである。

---

＊1　Maxwell Maltz(1960). *Psycho-Cybernetics.* TarcherPerigee（小圷弘訳、『自分を動かす――あなたを成功型人間に変える』知道出版、2016年改訂版）

コーチングを受ける対象者は、うまくやろうと考えなくてもできるようになるまで――その行動が新しい習慣になるまで――実践をくり返すとよい。

### ディスカバリー5――共鳴する関係と社会的アイデンティティ・グループ

意図的変革プロセスにおける5番めにして最後のディスカバリーで、対象者に必要なのは、信頼できて支えとなってくれる人々のネットワークから引きつづき助力を得ることだ。そこでコーチや支援者は、その必要性を対象者がしっかり認識できるよう手伝う。大きな行動の変化はときに困難を伴うものだが、孤立した状態ではさらに難しい。変化への努力は「共鳴する関係」――ポジティブな感情を基調とした、人と人との本物のつながり――があってこそ成功する。コーチや主要な支援者とはもちろんこうした人間関係を築くべきだが、いざというときにサポートや励ましを、ときには状況の説明を求めることのできる相手もいるとよい。これは段階を追って意図的変革プロセスを進む人々にぜひとも必要なものである。こうしたネットワークのことを私たちは「個人のための取締役会」と呼ぶ。信頼でき、支えとなってくれる人間関係や社会的アイデンティティ・グループ（これについては8章で詳しく述べる）を通して、自分を大事に思い、助けてくれる人々のグループから恩恵を受ける。こうした人間関係が変化のプロセスを活性化しつづけるのだ。

---

＊2　Malcolm Gladwell(2009). *Outliers*. Little, Brown and Company（勝間和代訳、『天才！――成功する人々の法則』講談社、2009年）

信頼でき、支えとなってくれる人間関係には、必ずしも日常生活における近親者が含まれるわけではない。実際には、私たちが望む特定の変化を起こすのに、最も近しい人々が助けにならないこともある。だからといって、彼らが重要でなくなるわけではない。しかしおそらく彼らは、その特別な変化への取り組みにおいてあなたが支援を求める相手ではない。私たちのよき友人で研究者でもあるダニエル・ゴールマンが著書や論文のなかで述べているとおり、そしてリチャードもいくらか書いているとおり、コーチングのすべての段階で感情・社会知性は必要とされるが、最も重要なのは共鳴する関係を築き、維持することである。[13]

メルヴィンがキャリアと人生の一大変革を決意したときもそうだった。実業界を去って博士号を取得し、最終的にはアカデミックの世界でキャリアを築こうと決めたとき、メルヴィンにとって最も近しく大事な人だった妻は、メルヴィンが熟考していた変化の可能性についてそれほど興奮しなかったし、必要なステップについて経験や洞察力があるわけでもなかった。だからメルヴィンは、自分のネットワークのなかからコーチングやサポートをあてにできるほかの人間を探さねばならなかった。そして学生時代のクラスメートで、やはり最近マーケティングの仕事を辞めて博士号を取ることにした女性に連絡を取った。また、似たようなキャリアチェンジを経験したべつの知人たちにも頼った。そのなかには結婚して子どもがいる人もいて、企業での仕事から学究生活へ移る際に生じる、自分の転身と家族への責任とのバランスの問題について相談することができた。メルヴィンにとって夫婦関係は変わらず人生の中心にあり、妻はほかのさまざまな面でサポートを差しだしてくれた。一方、信頼でき、支えとなってくれる人々からなるより広いネットワークがキャリアチェンジを手助けしてくれた。どちらの人間関係もそれぞれの視点を与えてくれたうえ、望ましい変化の助けとなる独自の役割を果たしてくれた。

信頼でき、支えとなってくれる人々からなるこうしたネットワークは、私たちが脇道に逸れたり、元気をなくしたり、変化のための努力の焦点を見失ったりしたときにも、先へ進むのを助けてくれる。たとえば、私たちがリーダーシップトレーニングやエグゼクティブコーチングで関わった、米大手金融機関のとある上級マネジャーの1人は、自分が見つけたネットワークのことを「自分が説明責任を果たすべきパートナーたち」だと思っている、と言っていた。ネットワーク内の人々には励ましだけでなく、変革のための具体的なサポート――望ましい変化についてつねに彼に説明を求めること――も頼んでいるという。

コーチや支援者との共鳴する関係は、さまざまな目的に効果を及ぼす。サポートに加え、「現実検証」にも一役買ってくれる。対象者の盲点を見通してくれるのだ。コーネル大学のデイヴィッド・ダニングは、間違ったことをあたかも事実のように認識してしまう自己欺瞞のプロセスを研究するなかで、人は自分が何を知らないかを認識しない傾向があると何度も実証している。[14] とくに、べつの視点から現実検証をおこなわないと、自分や他者の専門性、能力について妄想を抱くこともある。

## 思いやりのコーチングはどう機能するか

私たちは30年近く、意図的変革理論にもとづくアプローチでコーチの教育をおこなってきた。さらに、思いやりのコーチングを受けた人々が根本から変化するのをくり返し見てきた。思いやりのコーチングはなぜ、いかに機能するのだろう？　対象者を変化させ、その変化を持続させるものはなんだろう？

いくつかの答えが頭に浮かぶ。たとえば、自分で決めた未来の理想像へ進むのを手助けするアプローチは、私たちの研究によれば、人々が持続可能な方法で変化を遂げる確率がはるかに高い——変わらなければならないと人から言われたときよりも（もちろん、自分でも本心から願っているのであれば、必要だからという理由で起こした変化が持続することもありうる）。ここで重要なのは、「強い願望」が「義務感」を上回ることである。

2章に登場したサッカー選手、エミリー・シンクレアを思いだしてほしい。エミリーは、サッカー選手としてのスキルを伸ばすことに全力を尽くすべきだと思っていた。しかし、彼女の頑張りに欠けているものがあることは、コーチにははっきりとわかった。そしてエミリーが本心からやりたいと思っていた陸上競技に転向すると、選手としての努力の継続とそれによって得られた結果は、明らかにより高いレベルに到達した。メルヴィンも、研究課題にもっと時間をかけるべきだと感じていた。しかし学部長や大学のほかのスタッフの目には、メルヴィンが研究から離れた活動に継続的に時間を割いていることがはっきりと見て取れた。教えることと講演活動を——心の声に従って、本当にやりたいと思っていたことを——正式に活動の中心に据えると、メルヴィンはそこで成功を収めた。実際、最も持続するのは本人や周りの人々がそうすべきだと思うから起こした変化ではなく、自発的に望んだ変化なのだ。

ここではほかにも作用しているものがある。本心からの望みに突き動かされて変化を起こすとき、その根底には感情、ホルモン、神経の一連の作用がある。この作用は外部からの期待に反応しているだけのときとは異なる。これについては次章でより詳しく論じる。とりあえず、あらゆる種類のコーチや支援者がこうした感情、ホルモン、神経の状態を引き起こすのに(意識的にせよ、無意識にせよ)大きな役割を担っていることだけは心に留めておいてもらいたい。対象者がどんな状態にあるかは、変化を起こす能力、実行力に重大な影響を及ぼすからだ。

誘導型のコーチングの場合、たとえそれが善意にもとづいたものであっても、コーチは対象者から防衛的な反応を引きだすことが多い。これはストレス反応に近いもので、ネガティブな感情や交感神経系の活性化を伴い、学習や変化を遮断するいくつものホルモンの作用の引き金となる。人はこの時点でＮＥＡ*のゾーンに押しやられる。これについては4章で詳しく触れるが、こういうときに人はサバイバルモードになる。新しいアイデアを受けいれる能力や創造力が大幅に減少し、行動変容を起こしたり、それを継続したりできる確率が非常に低くなる。

リトルリーグで決勝戦の終盤に三塁を守っている子どもを思い浮かべてほしい。その子が一塁への送球をミスすると、コーチが飛んできて怒鳴りつけ、なんて馬鹿げた手痛いミスをしてくれたんだ、どうしてあんな簡単な送球をしくじったのか、と言ったとする。選手がエラーをしたことで不安を感じているとしたら、その不安は10倍にも膨れあがる。ストレスレベルがぐっと上昇して、心臓は早鐘のように打ち、呼吸は浅く、速くなる。さっきの重大なエラーのことしか考えられず、次の打球が自分のほうへ来ませんようにと祈る。しかしもちろん来る。いましがた「コーチ」から浴びせられたばかりの怒声に怯えて麻痺したようになり、平凡なゴロを取り損ねてエラーを重ねる。

これは誘導型のコーチングでよく起こることだ。相手のパフォーマンスの改善を助けるつもりが、実際にはストレス反応を引きだしている。ＮＥＡを発動させ、交感神経系を活性化させて身体能力を低下させ、学びや成長や望ましい変化のための行動を阻害してしまう。

思いやりのコーチングはまったくべつの反応を引きだす。望ましい将来のビジョンを持ち、

＊NEA：不安や怒り、罪悪感といったネガティブな感情を呼び起こし、目のまえのタスクの実行や課題の解決を促すもの

強みに焦点を合わせることで、ポジティブな感情が刺激される。ＰＥＡ*によって湧きおこった興奮や高揚感は、副交感神経系を活性化させ、人をよりリラックスしたオープンな状態にさせる。創造への活力が溢れる。脳内に新しい神経経路が形づくられ、新たな学びや持続的な変化への道が拓かれる。

リトルリーグのたとえ話に戻ろう、しかし今度は違うコーチだ。大事な試合で送球ミスをした選手を見て、コーチはすばやくタイムを取る。それから三塁まで行き、気にするな、と選手に話す。深呼吸をして、リラックスして、次のバッターに備えるんだ、と言う。きみはリーグ中最高の三塁手の1人で、一塁への送球なら１００回以上こなしてきたはずだ、だから自分の技量を思いだし、いい送球をしている自分をイメージするんだ、たいていはそのとおりにできているんだから、と話して聞かせる。そのコーチングと元気づけのあと、選手は落ち着きを取り戻し、肩の力を抜いて次のプレーに備えることができる。

次にボールが飛んできたときには、平凡なゴロではなくかなり厄介な打球だった。ふつうにグローブでボールをキャッチして一塁へ投げたのでは間にあいそうもない。べつの方法をあみださなければ。彼はすばやく考え、グローブを外して両手でボールを取ると、足を踏ん張り、肩を張って、すばらしく的確な送球で一塁への走者からアウトを取った。コーチの助けによって自分の強みとポジティブなイメージを頭に浮かべ、ＰＥＡによって副交感神経系を活性化

＊PEA：希望や喜び、高揚感といったポジティブな感情を呼び起こし、パーソナルビジョンに向けた自律的な成長を促すもの

させたおかげで、選手はリラックスしてより明瞭に、より独創的に考えることができた。

さまざまな研究によって、どういう方式のコーチングが最も対象者の助けになるかが探られてきたが、違いは行動スタイルより深いところにある[15]。たとえば研究者のキャロル・コーフマンは、行動療法から精神分析にいたるまであらゆるアプローチを柔軟にコーチングに組みこむことを提唱している[16]。私たちが研究しているのは、どのような行動をとるかというコーチの意図ではなく、対象者がどういう体験をしたかによって生じる違いだ。

これまでにも述べたとおり、持続的な望ましい変化をもたらす思いやりのコーチングの効果について、私たちは実験にもとづいたエビデンスを数多く集めてきた[17]。また、対象者が意義ある変化を遂げる手助けをするこのアプローチの力に関するエピソードも、長年のあいだに多数集めてきた。

私たちは数年かけて、マネジャー、企業幹部、高度な専門職の人々から、2章の「内省と活用のためのエクササイズ」に関する反応を集めてきた。人生で最も助けになってくれた人々のことを明かすとき、対象者たちはその記憶について、一貫して温かい感情を示した。穏やかなものであれ、困難を伴ったものであれ、助けてもらった瞬間の効果は長く続いた。本心からの気遣いや思いやりが示されたからだ。意図的変革プロセスのなかで、どの部分が一番印象に残ったか見てみると、言及された内容のうちおよそ80パーセントが、自分の夢、願望、価値観、強みの活用を手助けしてくれた人のことだった。突きつめれば、理想の自分を発見すること、独自の能力を高く評価することに手を貸してくれた人々である。

反対に、支援しようとはしてくれたが、それがうまくいかなかったケースを思いだしてもらうと、半数以上が、改善の必要な部分を指摘してきた相手を思いだした。つまりギャップや弱みに焦点を合わせた人々である。[18] こうした結果を見れば、多くの人々が持続的な変化を起こせなくても不思議はない。助けようとしているはずの人々が、気づかぬうちにストレス反応を引き起こし、NEAを引き寄せて、変化のための体力を削っていることがあまりにも多いのだ。

優れたコーチになるには、また、誰かを支援する役割をうまく果たすには、人が変化を起こそうと努力する際に感情が果たす決定的な役割を避けて通ることはできない。コーチングのプロセスにおける感情の流れを認識し、うまく扱うことができなければならない。それには対象者に充分な注意を払い、相手が経験している感情を読み、同時にその感情に影響を与えられるくらい同調する必要がある。さらに、感情を伝染させる役割を担い、コーチングにおいて感情のトーンを効果的に調整するためには、自身の感情をきちんと自覚し、それが対象者に及ぼす影響を認識する必要もある。これについては7章で詳しく論じる。

この章には、内省と活用のためのエクササイズのほかに、対話へのガイドも用意してある。エクササイズ同様、ガイドもその章で論じられたトピックについて熟考するためにつくられている。意義ある対話は支援の核心なので、話しあえる相手を見つけることを強くお勧めする。対話へのガイドはそうしたやりとりを促進するためにつくられている。内省と活用のためのエクササイズでも、誰かと話しあうことが役に立つかもしれない。ここに出てくるトピックについては、人と話せば話すほどよりよい結果につながる。

次章では、ＰＥＡとＮＥＡについての探索を続け、脳がコーチングのプロセスに与える影響をさらに詳しく見ていく。

## キーポイント

1　思いやりのコーチングは、対象者が理想の自分や将来のビジョンを探求したり表明したりするのを手助けすることから始まる。これは対象者が「理想の自分」と「他者が規定した自分」の区別をつけられるよう手を貸すこととほぼ同義である。

2　対象者が自己認識を確立しようとするときには、まず、パーソナルビジョンステートメントに沿った形で強みや弱みをとらえるように支援すること。このときに便利なのがパーソナルバランスシート（PBS）である。PBSは、対象者が資産（強み）や負債（弱みやギャップ）を把握するための案内となる。変化のためのエネルギーに火をつけるには、弱みの2～3倍くらい強みを意識できるよう、コーチが奨励するとよい。

3　欠点に着目して改善計画を立てるより、最も対象者のやる気を掻き立てる変革――対象者が理想の自分に近づくための変化――に焦点を合わせて学習アジェンダを考案するほうがよい。

4　対象者が新しい行動に慣れてきても、さらに実践をくり返すようにコーチが奨励するべきである。完全に習得するには実践を続けるしかない。

5 対象者のほうも、コーチだけにサポートを求めるのではなく、信頼でき、支えとなってくれる人々のネットワークを育てて変化を支援してもらう必要がある。

6 コーチングにおける対話のなかで、コーチは対象者の感情の動きを意識し、効果的に対処しなければならない。

## 内省と活用のためのエクササイズ

1　いままでの人生をふり返って、ただ他者の求めに応じるだけでなく、本当に「自分のために」行動したと思える状況や出来事を思いだしてほしい。100パーセント自分の意志で夢や願望を追求していると感じたことはあるだろうか？　人生哲学や価値観、全般的なものの見方に、以前と比べて変化があっただろうか？　そういうとき、どう感じただろう？

2　過去に、なりたい自分と実際の自分のあいだに断絶があると感じたことがあるだろうか？　他者を喜ばせるために自分の信条を曲げたことは？　物事を現実的に処理するために、あるいは目的を果たすために、価値観や理想を捨てたことは？　そういうとき、どう感じただろう？

3　あなたに最高のものをもたらしてくれた誰かのことを思いだしてほしい。そのとき、自分がしている物事と、それをしている理由について、どう感じただろうか？

4　あなたにやりたくないことをさせようとした誰かのことを思いだしてほしい。どう感じただろう？　求められたように行動を変えただろうか？　もしそうしたなら、その変化はどれくらい長続きしただろう？

## 対話へのガイド

1　あなたの望みどおりに相手の行動を変化させるようコーチしたことがあるだろうか？　相手にどう受けとられただろう？　相手はどれくらい変わり、その変化はどの程度継続しただろうか？

2　相手が本当にやる気を掻き立てられるような物事を見つける際に、それをサポートするための対話をしたことがあるだろうか？　その対話はどのように進んだだろう？　対象者の望ましい変化への進展はどの程度続いただろうか？

3　あなたが所属する組織のなかで一番よく見かけるのは、思いやりのコーチングだろうか、それとも誘導型のコーチングだろうか？　その理由は？　そうした現状は、組織にどんな影響を与えているだろうか？

*Awakening the Desire to Change*

Questions that Spark Joy,
Gratitude, and Curiosity

# 4

# 変化への渇望を呼び起こす

喜び、感謝、好奇心に
火をつける問いかけ

アーロン・バネイ（仮名）が幼稚園に入って3週めのこと、家の絵を描きましょうと先生が全員に言った。図4-1は、クラスのほかの子どもが描いた典型的な幼稚園児の絵と、アーロンが描いた絵である（絵はすべて白黒のコピー）。

その後、先生は飛行機の絵を描きましょうと全員に言った。図4-2は、クラスのほかの子どもが描いた典型的な幼稚園児の絵と、アーロンが描いた絵である。

アーロンの絵を見たあと、担当の教師は校長に相談を持ちかけた。アーロンは愛嬌のある笑顔を見せ、たいていはおおらかな態度で過ごしていた。しかし担任と校長は――アーロンが教室で教師の指導に対してほんの少し反抗的なこと、ほかの子どもと接するときにいくらか引っこみ思案なことも考慮に入れて――この絵は精神障害か、家庭での問題か、学習障害の兆候の可能性があると判断した。臨床心理学者なら、この絵を現実離れしたものの見方の表れと見なすだろうと彼らは思った。

職員だけで何回か会議を開いたあと、幼稚園側はアーロンの両親であるジョセフとアリソン（ともに仮名）を呼びだした。担任と校長はアーロンの両親に息子の描いた絵を見せて懸念を伝えた。そしてアーロンは郡の特別支援学校に入るべきであると書かれた公式の文書を手渡した。ジョセフとアリソンは腹を立て、途方に暮れた。家庭生活に問題はなく、息子は情緒障害の兆候を見せたこともないと夫妻は説明した。しかし担任は、アーロンは学校に上がったらおそらく

図4－1

## 家

典型的な幼稚園児の絵

アーロンの絵

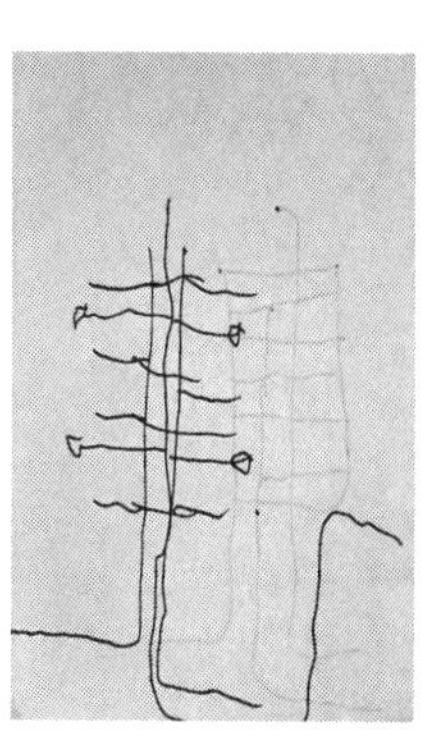

図4－2

## 飛行機

典型的な幼稚園児の絵

アーロンの絵

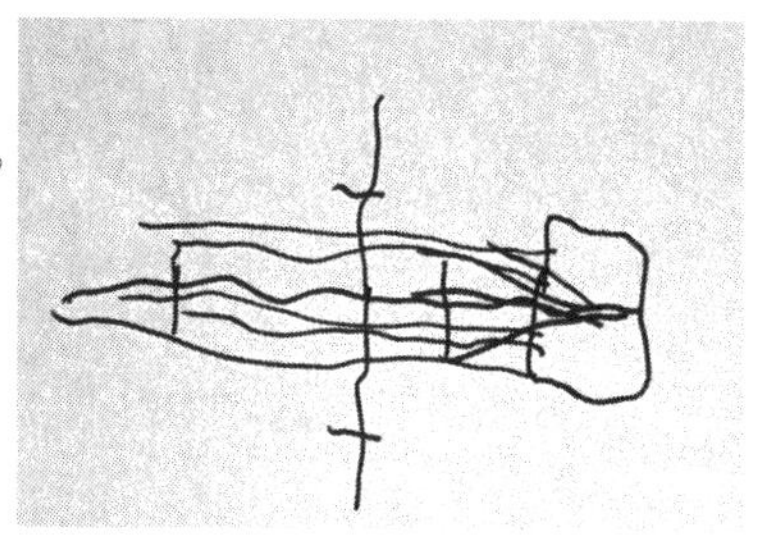

ついていけないだろうし、ほかの子どもの足を引っぱることにもなりかねないという。

両親には言わなかったが、担任はアーロンを右利きに矯正しようとしたことがあった。アーロンが抵抗を示したので、担任はほかの子どもに向けるような関心をアーロンには向けなくなり、その結果、アーロンは疎外感を抱いていた。このときのジョセフとアリソンはそれをまったく知らなかった。しかし担任と校長から、アーロンがどこかおかしいのではないかという不安を掻きたてられ、両親はひどく身構えてしまった。息子がクラスで一番年下なのはわかっていたが、家では好奇心も熱意も愛嬌もある子どもなのだ。息子にはもう一度チャンスが与えられるべきだと両親は反論した。しかし担任と校長は特別支援学級に入れるべきだと言って譲らなかった。

ジョセフとアリソンは意気消沈して会合の場を立ち去った。息子の成長と将来に大きな影響を及ぼす決断を無理強いされたように感じていた。自分たちは子どもを守ろうとするあまり、重大な可能性に目をつぶってしまっているのだろうか？　それとも、担任と校長のほうがべつの解釈をはねつけているのだろうか？

両親が帰宅すると、アーロンは2人が自分の絵を持っていることに気がついた。アーロンは顔を輝かせ、自分の絵をどう思うか両親に尋ねた。両親はもちろん、まだ事態を把握しようとしていた。大企業の社内コンサルタントであるジョセフが、アーロン本人はこの絵をどう思っているのか聞いてみようと思ったのはこのときだった。

両親はアーロンと一緒に座り、この絵がとても好きだよと言った。次いでジョセフが、励ますような笑みを浮かべながら、きみにはどう見えているのか、なぜこういうふうに描こうと思ったのかと息子に尋ねた。アーロンはしきりに家や飛行機の線を指しながら言った。「電気の配線や配管のない家なんてないでしょう。それに、油圧システムや電気システムのない飛行機も考えられない。なのに外側を先に描いたら、なかにある大事なものが全部見えなくなっちゃう」

アリソンとジョセフはひどく驚いた。簡単な質問——「きみにはどう見えているの？」——をすることによって、息子が家や飛行機の複雑な構造を見通す建築家、あるいはエンジニアの卵であることを発見したのだ。典型的な5歳児よりはるかに複雑なものの見方だった。アーロンは学習障害や情緒障害のある子どもではなかったのだ。それどころか、明晰な分析のできる、才能ある子どもだった。

この事実が判明したあとなら、この瞬間のバネイ家の話を読んで、「もちろん、教育の専門家たちのほうが、視野が狭くなっていたのだ」と言うのは簡単である。しかし全員がネガティブな気持ちを掻きたてられて感情的になったミーティングで、「専門家」は自分たちが正しいと信じていた。一方、アーロンの両親は子どもを守ろうとするふつうの親で、うちの子は特別で頭がよくて繊細なのだと主張するしかなかった。ところがべつの真実を発見し、状況の評価が劇的に変わった。アーロンの成長を手助けするのに必要なものを見つけるには、ジョセフがシンプルな仕事――アーロンへの正しい問いかけ――をするだけでよかったのだ。不幸にも、学校システムのなかにいる教育の専門家たちが態度を変えてアーロンを友達のいる普通学級に戻すまでには2年かかった。おそらくそのときには、担任と校長が間違った思いこみにもとづいて特別支援学級に送ったせいで、アーロンの成長の速度は落ちてしまっていた。

ポイントはこうだ――誰かを支援するには、物事はこうあるべきだという自分のビジョンではなく、支援したい相手に焦点を合わせ、相手を理解しなければならない。相手を理解するには、たっぷり話をして、相手のものの見方、状況、感情を探らなければならない。実際、うまくコーチしたり支援したりするには、相手が何を感じているかだけでなく、何を考えているか探りあてる必要がある。残念なことに、対象者が何を考えているかはしばしば思いこみによって誤解される。とりわけ支援する立場にあるプロの人々によって。

中心的な課題はそこにある。コーチや支援者は、経験も知識も豊富なはずだ。しかし、人がよりよい人生を送るため、生産性を上げるため、より多くを学ぶためには何をすべきか、自分にはわかっていると考える――いや、たいていは思いこむ――ところに間違いが生じる。アーロンの例で教師たちが陥った罠もそれだった。アーロンの置かれた状況や両親の認識を正そうとして、教師たちはバネイ家の人々からネガティブな反応を引きだしてしまった。バネイ家の人々にとっては、ミーティングは息子に対する否定的な評価を聞かされ、専門家の意見を押しつけられた場だった。当然、提案に同意できるかどうかはわからなかった。アーロンの両親にとって、そのミーティングはまさに「ＮＥＡを呼び起こす瞬間」だったのだ。ＮＥＡが引き起こされたせいで、警戒態勢になり、前向きな反応が妨げられてしまった。

この章では、持続的な変化へのきっかけをつくるために、正しい問いかけをするにはどうしたらいいか、間違った物事に焦点を合わせて変化を妨げるようなことがどうして起こるのかを見ていく。また、最大限の成長のためのＰＥＡをどう呼び起こしたらいいのか、そしてＰＥＡがまさに支援者によって阻害されることがあるのはなぜかを探っていく。さらに、支援者と対象者の両方が成長や変化を受けいれられる状態になれるような、ポジティブな感情の活用方法を提示する。そして章の最後には、あなたが長年の感情をふり返り、ＰＥＡやＮＥＡと関わるときのパターンを見きわめられるよう、エクササイズを用意してある。

## ＰＥＡの目覚め

示唆に富む問いかけ（「自分の絵のなかに何を見ているの？」「人生で大事なものは何？」）を発する

コーチは、相手のＰＥＡを呼び起こし、副交感神経系を刺激する脳の部位を活性化させることができる。そうした脳の部位は畏敬の念、喜び、感謝、好奇心といった感情と結びついている。間違った問いかけ（飛行機の絵はどのように見えるべきかとか、昇進するには何が必要かといった質問）をすると、相手のＮＥＡを呼び起こし、交感神経系を刺激する脳の部位、つまり怖れや不安のような感情を活性化させてしまい、それが闘争・逃走反応へとつながる。それどころか、ネガティブな出来事を予期しただけで（たとえば、やらなければならないことを思い浮かべただけで）ＮＥＡが引き起こされることもある。

正しい質問を投げかけることで、人生において成し遂げられる物事に対して人々が心を開くようになるのはごく当然のことだ。しかし、それができないコーチや支援者は大勢いる。アーロンの学校のようなやり方で、誘導型のコーチングをしてしまうのだ。

思いやりのコーチングをするときには、相手に「理想の自分」やビジョンを明確にするよう促すことから始める。すると相手はＰＥＡに支えられ、創造性に富んだオープンな状態でいるよう励まされ、変化とともに訪れる高揚感を経験する。３章で学び、この章でもさらに詳しく見ていくように、ＰＥＡは人が意図的変革の５つのディスカバリーを経て望ましい変化にたどりつくためのきっかけとして働く。

アーロンの事例では、彼が絵を描いたときに、「専門家」はどちらもアーロンの思考を理解するための質問をしなかった。そのためアーロンは誤解されてしまった。アーロンがコミュニケーションを取ろうとしなかったからでも、不適切なやり方でコミュニケーションを取ったからでもなく、教師たちがアーロンのものの見方について簡単な質問をしなかったばっかりに。同じように、コーチや支援者は往々にして、対象者はこうすべきだという自分の考えで頭がいっぱいで、つい誘導型のコーチングへと動いてしまう。患者に禁煙を勧める医師や、ある特定のスキル――本人があまり関心を持っていないスキル――を身につけるようにと従業員にアドバイスをするマネジャーを思い浮かべてほしい。たとえ善意から出た行動でも、こうした試みはたいてい失敗に終わる。相手の義務感や防衛的な態度、つまり「他者が規定した自分」を引きだしてしまうからだ。

アーロンの教室のような教育現場では、これは学ぶこと（生徒が実際に学びとること）ではなく、教えること（教師や校長が一方的に話すこと）の偏重と呼ばれる。[1] そういう環境では、教育は専門家主導の型にはまったシステムになり、そこでのプロセスについては生徒や親よりも教師や校長のほうがより多くを知っている。歴史的に見ても、これでは教育はうまくいかない。いや、この方法ではどんな状況でのコーチングもうまくいかない。[2]

もちろん、コーチとして、相手にとってよいとわかっている物事をきれいさっぱり忘れるべきだという意味ではない。ただし、コーチは感情のセルフコントロールを実践する必要がある。[3]

あなたはコーチとして、手助けしようとしている相手が何を考えているかわかるまでアドバイスを控えることができるだろうか？

もしもジョセフ・バネイが「おまえは何を考えていたんだ？」とか、「なぜクラスのみんなと同じように描かなかった？」といった、親としてありきたりな質問しかしなかったら、絵にこめられたアーロンの意図を耳にするチャンスはなかっただろう。こうした質問は、相手に言い訳をさせることが多い。当然、質問をされた相手は自分を守ろうと身構え、ＮＥＡの影響下に置かれて、ストレスが誘発される。

しかしべつのタイプの質問をすれば、とくにそれがオープンエンド型（自由回答）の質問であれば、相手をＰＥＡの影響下に置き、もっと心を開いてもらうことができる。経営研究の世界では、この種のポジティブでオープンエンド型の質問は、「外向きのマインドセット」から発せられるとされている（対照的なのが「内向きのマインドセット」である）。これは外からもたらされると同時に、なかにある心配事から解放してくれる。さらに、身のまわりの人間関係を見通す能力を強化してくれる。支援を受けている側の人々にとっても、自分自身に気持ちを集中するより、他者に目を向けたほうがより変化を生みやすくなる。次章では、これを神経科学的側面から説明する。

マサチューセッツ工科大学名誉教授のエドガー・シャインは、60年以上のあいだコンサルティング分野でリーダーとして活躍してきた人物だが、『人を助けるとはどういうことか』*というすばらしい著書のなかで、暗黙のうちに模範解答を求めることのない質問を「控えめな（ハンブル）・問いかけ（インクワイアリー）」と呼んでいる。[4] シャインはあらゆる支援を精査してきたなかで――彼はどんな支援にも互いに似たところがあると考えているのだが――公式な支援でも非公式な支援でも、意識的なやりとりにおいても無意識のやりとりにおいても、暗黙の立場（ステータス）の相違に注意を払うことを勧めている。誰かを支援することの目的の1つは、能動的な問題解決ができる状態を取り戻せるように手を貸すことだとシャインは言う。それが相手に自信を与え、「支援者、対象者の双方に可能なかぎり多くのデータ」を供することにつながるという。シャインの哲学の1つに「あなたの言動はすべて、人間関係の先行きを左右する介入である」というものがある。最良の人間関係は、平等で、互いへの信頼に満ちたものだ。もし私たちが控えめな問いかけ――想定された答えのない質問――をするなら、私たちはもっと相手から学び、相手が自己分析をしたり、学習プロセスを身につけたりするのを助けることができるだろうとシャインは述べている。本書の言葉で言い換えれば、そういう問いかけはＰＥＡをもたらす可能性がより高いのである。

最近、本書執筆者のうちの1人が、中規模メーカーのトレーニングプログラムでのやりとりを見てきた。コーチングの練習に関する話しあいの最中に、有能なマネジャーの1人がこう言った。

＊E. H. Schein(2009). *Helping*. Berrett-Koehler Publishers（金井壽宏監訳、金井真弓訳、『人を助けるとはどういうことか――本当の「協力関係」をつくる7つの原則』英治出版、2009年）

「われわれは職場で誰かの感情について尋ねることに慣れていません」個人のことに踏みこみすぎると思うせいか、あるいは感情的になりすぎるのは自社の文化になじまないと思うのか、この会社では、モチベーションやエンゲージメントや全体の雰囲気の原動力に影響を与える感情を無視していた。社長は、感情が伝染すること（2章参照）の危険性に気づいていなかった。リーダーやマネジャーの気分や感情はほかの従業員に伝染するが、たいていその影響は理解されておらず、対処されることもない。

カイル・シュウォーツの話（1章参照）を思いだしてほしい。受け持ちの児童に「私が先生に知ってもらいたいのは……」の続きを書かせた教師だ。これは正しい問いかけのすばらしい一例だ。「私が先生に知ってもらいたいのは、うちの一家が一時保護施設で暮らしていることです」といった児童の答えから、シュウォーツ先生は子どもたちが教室の外で何に向きあっているかを知った。それは彼らを教えるときの最良の方法を考えるヒントとなった。子どもたちのほうも、先生が自分の人生や感情に関心を持ってくれているのを知ることで、学習に対するポジティブなマインドセットができた。

## 間違った物事に集中すると

正しい問いかけをしたときに生じるポジティブでオープンな状態とは違い、相互のやりとりにおいて私たちが間違った物事に焦点を合わせると、相手は心を閉ざしてしまう。以下は本書の著者の１人、リチャードの経験である。

自宅の書斎で研究論文に取り組んでいると、妻が入ってきた。妻は外の通りに面した窓のそばへ行き、ガス会社が新しいパイプラインを設置するために運んできた大きなトラクターを見たかと聞いてきた。私はパソコンから目を離しもせず、いくらか苛立った声で答えた。「なんだって？」これに対し、妻は静かな声でこう言った。「なによ、その態度」いまや完全に腹を立てて、私は大声で言った。「いまはＥＱ（感情知性）に関する論文を書いているんだ。そんなものを見ている暇はないんだよ！」信じられない、という表情で妻は私を見つめた。ここで私は椅子の背にもたれ、声をたてて笑った。妻にはとっくにわかっていたこと——たったいま私が口にした言葉のこのうえない馬鹿馬鹿しさ——に気がついて。

妻とのやりとりのなかで、リチャードは明らかに集中の仕方を間違えていた。自分が妻との関係でＥＱを発揮できないとしたら、読者に伝えることなどできるはずもない。よくある注意力の問題だ。[6] 何かをやり遂げたり、状況を分析したりするには集中する必要があるが、１つの物事に集中すると、意識からほかのものを締めだしてしまい、見えてすらいないことがある。北を見れば、南を飛んでいる鳥が目に入らないかもしれない。自社の生産効率に意識を集中すれば、主力商品を脅かしかねない競合他社の新製品を見逃すかもしれない。電子メールの処理に集中することで、娘が悲しい思いでハグを必要としているのを見逃すかもしれない。

そういう集中の仕方が癖になると、やめるのは、いや、一時的に中断することさえ難しくなる。煙草を吸うこと、コーヒーを飲むこと、終業後に少々ビールを飲むことのような、常習性のあるものでなくても、状況の限定された側面のみに集中し、ほかの物事を絞めだす癖があると、視野を狭めてしまう。ある状況において、じつは最も重要かもしれない物事を見落としてしまうようになる。

コーチングも、ほかの支援と同じく、意識を集中しておこなうものだ。しかし私たちが推奨するのは、相手（企業なら「部下」、教育現場なら「学習者」）に意識を集中するコーチングであって、「監督すること」や「教えること」に重きを置くコーチングではない。最良のコーチは、相手を導くことで、相手に自身の感情を自覚させ、同時にまわりの人々や、指摘されなければ見落としたかもしれない状況のべつの側面に目を向けさせる。そういう集中の仕方は、対象者にPEAをもたらす助けになる。神経もホルモンも感情も、新しいアイデア、他者、モラルなどに心を開くために適した状態になり、周囲の環境を見渡してパターンやテーマに気づくことができるようになる。新しい行動や習慣を身につけたり取りいれたりするつもりなら、このようにオープンな状態になることはきわめて重要だ。

しかし本書でも説明していくとおり、誰かを手助けしようとしたりコーチしようとしたりする人々はたいてい正反対のことをする。職場でも毎日のようにそれを見かける。ほとんどの企業は分析を過度に重視する組織文化を形成していることが多く、そういう企業にいる人々の脳は相変わらずＮＥＡの影響下で活動していて、程度の差こそあれ、認知、知覚、感情に傷を抱えた状態にある。

先ほどのリチャードの例もそうだった。論文に取り組んでいたリチャードは、書斎に妻が入ってきたことにほとんど気づいてもいなかった。視覚、聴覚、その他すべての感覚がパソコンの画面上の言葉に釘づけになっていた。また、学術評論家たちからの批判を予想し、批評の嵐を避ける、あるいは最小限に抑えるにはどうしたらいいかと考えていた。しかし同時に、ＥＱが人々の能力に与える影響について発表したときの反響を予想し、興奮してもいた。[7] こうしたことがすべてリチャードの頭のなかを駆けめぐっていたせいで、パソコン画面への集中力が増し、室内のほかのものに気づく能力は減退していた。実際、その瞬間のリチャードは知覚が正常に機能していない状態で、心から大事に思っている妻に対してもきちんと反応することができなかった。さらに、ＮＥＡの影響下にあったのも明らかで、創造力も減じ、研究論文の編集にあたっていつもの認知能力が働いていなかった可能性もある。

間違った焦点の合わせ方のもう1つの例は、共感(エンパシー)ではなく同情(シンパシー)をすることだ。相手を理解しようとするのではなく、気の毒に思うだけで終わってしまう。7章で論じるように、共感にはいくつかの形がある。共感は、思いやりをもって行動するための1つの要素にすぎない。19世紀の探検家、デイヴィッド・リヴィングストンはこう言ったそうだ。「同情は行動の代わりにはならない」誰かに対する過剰な同情は、相手の可能性ではなく問題のほうに意識を集中するような、うしろ向きな気持ちの表明にもなりうる。[8]

## PEAを呼び起こす

手助けしている相手に意識を集中するなら、その相手が考えていること、感じていることを引きだす問いかけをする必要がある。正しい質問を正しいタイミングですることによって、とてつもない違いが生まれる——次の会話にあるように。

ダリル・グレシャムは、社会の一般的な基準で見ればかなりうまくやっていた。大好きな仕事に就き、情報技術関連の中規模企業で副社長を務めている。娘とは愛情のある、打ち解けた親子関係を築き、大学院まで進んだ娘を経済的に支えてもいた。ダリルには恋人がいたが、前妻との関係も良好だった。地元の教会や、キリスト教運動団体のプロミス・キーパーズでも積極的に活動していた。子ども時代の友達に比べたら夢のような人生だった。ダリルが育ったクリーブランドの荒廃した地域では、長じて会社の副社長になるような人間はそう多くなかった。少なくとも、ブラック・ナショナリストやブラック・パンサーの組織のあいだで生き延びてきた者たちのなかには。

人生のある段階に達し、なんとなく行きづまりを感じたダリルは、会社のリーダーシップ・プログラムを受講することにした。プログラムの一部としてコーチングを受ける機会があったので、将来の望みや、ＥＱに関する３６０度評価の結果について話しあい、その議論にもとづいて今後５～10年間の詳細な学習アジェンダを作成した。[9] その際、受講者はみなパーソナルビジョンについてエッセイを書き、話しあいのまえにコーチがそれを見ることになっていた。

コーチはダリルのエッセイを興味深いと思った。求められたとおり人生全体について（仕事のほか、個人的な人間関係、家族、コミュニティ、心身の健康などについて）述べるのではなく、家族とコミュニティに絞って書いてあったのだ。このプログラムは選抜幹部向けだったので、そのなかで仕事や将来のキャリアに言及しないのはかなり異色だった。コーチはダリルにメールを送り、信託ファンドの利益だけで食べていけそうなのかと冗談めかして尋ねた。しかしコーチとしては、望ましい将来のキャリアを考えるうえでダリルが何かにつまずいているのだと思っていた。おそらく、ダリルは行きづまりを感じているか、中年の危機を迎えたかして、働きはじめたばかりのころの熱意を失ってしまったのだ。

2人が顔を合わせると、仕事に関する夢やビジョンを話してほしいとコーチは言った。ダリルはぼんやりした目つきになった。そこでコーチは近い将来のビジョンについて尋ねた。しばらく黙ったままでいたあと、ダリルは肩をすくめた。しかしコーチはここで、夢やビジョンについて内省を促すためのエクササイズを思いだし、こう尋ねた。「宝くじに当たって、たとえば8000万ドル手に入ったら、仕事や人生にどんな影響があると思いますか？」

ダリルはその質問には容易に答えた。まず娘が大学院の課程を修了できるだけの学費をとっておき、それから前妻のために基金を創設するという。

「では、仕事はどうしますか？」とコーチは尋ねた。

ダリルはためらわずに答えた。「国じゅうをトラックで回りますよ」ダリルは20代後半のころ貨物運送会社〈ロードウェイ・パッケージ・システム〉で働いていたことがあり、そこでトラックの運転が好きになった。

コーチから見たところ、ダリルは本当の夢というよりも、現実逃避の空想を語っているようだった。まだダリルのなかのPEAを引きだせていない――望む将来を思い浮かべられるくらい前向きな状態にできていない――ことがコーチにはわかっていた。これはあとになって判明したことだが、ダリルは実際に仕事から逃げたがっていた。人生の一側面としての仕事が、型にはまった退屈なものになってしまったからだった。そのうえ、職場に人種差別があり、それが重荷になってコーチと意思の疎通をはかるのも困難だった。

ダリルとコーチングのセッションを進めるあいだ、コーチはたくさんのエクササイズを試した。「バケツリスト」（死ぬまえにやっておきたいことのリスト）や「夢の仕事」について尋ねても、ダリルからはぼんやりした視線が返ってくるだけだった。完全に行き止まりだった。ＮＥＡの領分を抜けださせていないと、コーチにもはっきりわかっていた。

コーチは違う角度からのアプローチを試そうとして、こう言った。「少しばかり夢を見てみましょう。あなたはすばらしい一週間を終えたところです。帰宅して、飲み物を注いで、腰をおろしました。あなたの顔には笑みが浮かんでいます。この一週間、大事な仕事をうまくこなしてきたと感じています」コーチはここで間をおいて、ダリルが空想に耽るに任せた。ダリルの表情がゆるむのがわかった。

コーチは尋ねた。「そんなに充足感を味わえるなんて、あなたは何をしたのですか？」

ダリルは慌てることなく即答した。「都心部の高校生に、コンピューターは自由をつかむための道具になりうると教えたんです」突然、ダリルの態度が一変した。目を輝かせ、身をまえに乗りだして、ダリルはこれまでよりずっと早口でしゃべりはじめた。完全にＰＥＡの影響下に入っていた。夢のイメージは明瞭で、噴出するように全体像がたちあがった。興奮は伝染した――コーチにも、ダリルにひらめきが訪れたことが見て取れた。いくつもの可能性が開かれた。夜間や週末に地元の高校でどうやってワークショップを実施するか、ダリルは話した。高校生をＩＴ企業のインターンとして地元の会社に受けいれる方法を語った。まるでダムが放流されたかのようにアイデアが流れでた。ダリルのキャリアや将来についてのイメージが「まえと同じだ、やったことがある」から「ワオ、始めるのが待ちきれない！」に変わった。いまやダリルにはなりたいもの、やりたいことがあった。目指す場所に到達する方法について、アイデアもいくつかあった。

しかしその後、ホースで水をかけられて火が消えたかのように、ダリルはネガティブな表情に戻って言った。「だけどそんなことはできませんよ」コーチは尋ねた。「なぜですか？」娘と前妻と自分の現在の生活を支えるためにいまの給料が必要だから、とダリルは答えた。そんなふうに感じて申し訳ないと謝りさえした。

コーチは、なぜゼロか１００かの二者択一で考えるのか、と尋ねた。ダリルはもの問いたげな顔を向けた。コーチは言った。「その仕事をするために日中の仕事をやめる必要はありませんよ。副業としてやればいいんです、月1回とか、あるいは週1回でもいい。現在の仕事をすべてこなしながら、自分が通っていた高校でワークショップを開催できると思いますか？」

ダリルの希望に満ちた態度が戻ってきた。彼は笑みを浮かべて言った。「もちろん！」そしてその後の15分を、この夢に近づくためのさまざまな方法を考えながら過ごした。

数カ月後、ダリルはコーチに電話をかけた。地元のコミュニティ・カレッジでＩＴの講座を受け持たないかと打診されたのだ。ダリルはこのチャンスに飛びつき、余暇をそれに当てた。後にコーチと話をするなかで、ダリルは少々変動があったと報告した。病気の母親を助けるために故郷のそばで仕事を見つけたという。新しい仕事は企業の合併買収に関するもので、ダリルは熱心に働いた。数年後、ダリルは昇進して、グローバルの物流を担当することになった。

高校でワークショップを開く夢はまだ実現していなかったが、ダリルは社内のあらゆる部署にいる若手社員の相談に乗ることで夢を保ちつづけた。若手社員の大半が、お金の管理のような生活のための基本スキルを身につける必要があることに気がつくと、ダリルは社内でワークショップをたちあげ、生活やキャリアに必要なスキルを教えた。こうしたことはすべて会社公認で、日常業務をこなしながらやった。ダリルが気づいたもう1つの興味深い変化は、関心が広がり、すべての若者を支援したいと思うようになったことだった。人種や経済状況にかかわらず、職場の新入社員全員を助けたかった。最近では、ダリルは地元のコミュニティ・カレッジで正式に教えられるようになるのを楽しみにしている。

このプロセスをふり返ってみよう。コーチの最初の課題は、ダリルにＰＥＡをもたらす方法を見つけることだった。ＮＥＡの影響下にとどまっているかぎり、ダリルには選択肢が見えなかった。それどころか、ダリルの脳は害になる可能性のある思考や夢から自分自身を守ろうとして、ダリルを抑えこんでいた。しかし、ひとたびコーチがＰＥＡを呼び起こす方法を見つけると、コンクリートでできた認知や感情のダムが決壊したかのようになった。ダリルは人生のすべての側面においてまえに進むことができるようになった。ＰＥＡの影響で、夢が実行できるかもしれないという希望を感じることによって、夢に到達する最良の方法を解明するために才能を余すところなく使えるようになった。

コーチはＰＥＡを呼び起こすためにさまざまな手段を用い、ようやくダリルにとってうまくいく方法を見つけたのだ。最も重要だったのは、コーチ自身がダリルを「正したい」という気持ちを抑えることで、それには忍耐力と謙虚さが必要だった。ときには、ダリルが考えをまとめて口にするのを待つあいだの沈黙も必要だった（ＰＥＡを呼び起こすための最良の問いかけについては、7章でより詳しく論じる）。コーチはそうやって、ダリルがＮＥＡの影響下からＰＥＡのほうへ移るための転換点をつくった。踏むべきステップを見きわめると、ダリルは情熱が湧くのを感じ、自分が一新され、安全で、オープンで、好奇心旺盛であるとさえ感じた。おかげで実現の可能性を分析するためのステップを進めることができた。まだＮＥＡの影響を受けることもあったが、先行きのビジョンがあったので、ＮＥＡをコントロール下に置くことができた。つまり、計画を立てられるようになるまえに、夢を明確に表現する必要があったのだ。

このように、ＰＥＡがあると自分が他者や新しいアイデアに対してオープンであるように感じられる。そしてＰＥＡは転機を生む。変化のプロセスにおいて新しい段階を呼び起こし、自覚を強化するための新たな一歩を助ける。転機とは、言い換えれば相転移である。氷が固体から液体に変わり、水になって流れるようなものだ。氷が溶けだす気温が転機なのである。

残念ながら、これは人が誰かを支援しようとしたときに必ず起こるわけではない。

## 支援者がポジティブな変化を妨げるとき

コーチングの対話を始めるとき、対象者がストレスを感じ、怒りを爆発させたり、だるそうに見えたりするのはよくあることだ。ダリル・グレシャムもそうだった。その場合、自分は支えられているのだと対象者にわかるような形で、コーチが共感を示すことが重要になる。しかし多くのトレーニングプログラムで支援する側の人々が教わるのは、対象者の感情を正そうとしてＮＥＡの呼び水にしてしまう方法なのだ。対象者をＮＥＡに浸らせておくのは、助けることにも支えることにもならない。対象者のストレスが減ることはなく、むしろ増えて、認知に支障を来したり、変化や学びのための新しいアイデアに対して心を開けなくなったりする。

昨今、社会問題として話題になることの多い例を挙げてみよう――肥満と、インスリン抵抗性を伴う糖尿病だ。体重に問題があると思った経験のある人なら、きっとダイエットを試したことがあるだろう。すでに何回もやってみたかもしれない。大半の人にとって、ダイエットに成功して体重が減るのはうれしいものだが、その後何カ月、何年かが経つうちに体重はもとに戻ってしまう。なぜか？　たいていのダイエットは効果が短いからだ。研究結果によれば、いったん体重を落としても、減少分をそのまま維持することはなかなかできない。「減量」にはマイナス方向の努力を求められるからだ。食事の内容を変えたり食べる量を制限したりするには強い自制が必要で、これがストレスになってＮＥＡをもたらす[10]。「どうしてもこれをする必要がある」と何度唱えたところで、計画を守りつづけるのは難しい。

医師や看護師は、あまり習慣を変える助けにはならない。患者本人の責任だからと、相手がやるべきことばかりを話そうとする。これではより多くのＮＥＡを招き、かえってお粗末な、または不適切な（少なくとも望ましくはない）行動を誘発することになる。ある症状を抑えるために生活習慣を変える必要があると医師から言われたら、診察室を出るときには心配で、たぶんストレスも感じているだろう。糖尿病の治療に関する指示は、米国内を見ても、世界中を見ても、およそ50パーセント程度しか守られていない。[11] つまり、大半の人が医師や看護師から言われたことを半分しかやらないということだ。どうしてそんなことになるのだろう？

犯人はNEAである。ひとたびNEAが生じると、心を閉ざした状態で努力を強いられる。するとこう言いたくなる。「もうたくさん！　ドーナツが食べたい！」その瞬間に本当に必要なものはドーナツではない。変化や学びのプロセスをスタートさせるために必要なのは、PEAを呼び起こすことである。これは独力では難しい。だからこそ、有能な

---

## 注目の研究

ストレスは交感神経系を活性化させることが研究によって明らかになっている。[14] ほんの少し苛立たしいだけのものであろうと深刻なものであろうと、それは変わらない。ストレスを受けると、神経伝達物質のエピネフリンとノルエピネフリン（アドレナリンとノルアドレナリンと言ってもいい）が分泌され、血管収縮剤を投与されたかのような働きをする。これにより、血液は末梢血管から、生き延びるために必要な大きな筋肉へ送られる（エピネフリンが腕へ、ノルエピネフリンが脚へといった具合に）。その結果、脈拍数と血圧が高くなり、呼吸は速く浅くなる。また、コルチコステロイドも分泌され、最終的にはコルチゾールが血中に入りこむ。コルチゾールは天然の抗炎症剤として働く一方で、免疫システムの機能を低下させ、ニューロンの形成を抑制する。慢性的なストレス（要求のきつい上司、または有害な上司のいる職場など）があると、体はみずからを守る準備をするため、結果として認知、知覚、感情に支障をきたすことがある。

反対に、副交感神経系は再生プロセスを活性化させる。脳から内臓へとつながる複合神経を刺激し、オキシトシン（おもに女性の場合）やバソプレシン（おもに男性の場合）を分泌する。これは血管拡張剤のような働きをする。血流がよくなり、結果として体が温かくなったように感じ、血圧や脈拍数は下がって、呼吸は深くゆったりしたものになる。免疫システムも最大限に働く。こうした再生が定期的に起こらないと、慢性的なストレスのせいで機能や動作が維持できなくなる。

コーチはＰＥＡを呼び起こすのを助け、相手が希望を感じて変化のプロセスを開始できるようにする方法を学ぶのだ。２人の優れた医師、ジェローム・グループマンとアトゥール・ガワンデは、医療現場での希望の役割について書いた。緩和ケアのような状況でも希望はある。奇跡的な治癒は望めないとしても、患者に残された時間の質を上げるという形で[12]。

## ポジティブな感情を呼びこむには

ダリル・グレシャムの例に見られるように、コーチ、マネジャー、親、教師といった人々には、相手に希望を持たせる方法、ＰＥＡを呼びこむきっかけをつくる方法はいくらでもある。相手の夢やビジョンについて尋ねてもいいし、思いやりを示すこともできる。ポジティブな感情を伝染させてもいいし、マインドフルネスを実践してもいいし、遊び心を掻きたてても、自然のなかを散歩してもらってもいい。コーチングにおいて共鳴する関係を育てることもできる。

### 夢とパーソナルビジョン

ＰＥＡを呼びこむ方法としてここで最初に挙げるのは、将来について相手に希望を与えることである。相手に夢やパーソナルビジョンについて尋ねることでそれができる。磁気共鳴機能画像法（ｆＭＲＩ）を使った研究によれば、夢やビジョンについて30分話すと、新しい物事を思い描くことや、副交感神経系の活動（本章の前半でも言及したが、副交感神経系の活動は畏敬の念、喜び、感謝、好奇心といった感情と結びついている）に関連する脳の部位が活性化する。[13]

## 思いやりを示す

ＰＥＡを刺激するもう1つの強力な体験は、思いやりを寄せたり寄せられたりすること、相手を気遣うことである。これは幸運に恵まれなかった人や、困っている人を助けることで経験できる。また、自分の助けになってくれた人に感謝することによっても思いやりが生じる。2章で論じたように、いままでの人生で助けになってくれた人について思い返すと、感謝の気持ちやＰＥＡが湧き起こる。助けてくれた人との関係について話すことでＰＥＡがより強力になる。愛する人との関係もまた、日常生活のなかで思いやりを維持する効果を生む。これにより、他者を大切に思うようになる。思いやりがあれば、自分のものの見方を離れ、相手の経験を通して考えられるようになる。ただ共感することを超えて、相手のために何かしたいと思うようになる。相手から大事にされれば、その気持ちに応えて自分も相手を大事にする、という話はよく聞く。

思いやりを引きだす方法についての初期の研究文書の1つに、ペットを飼うこと、というのがある（犬、猫、馬、猿などで、魚や鳥では同様の結果にはならないようだ）。ペットを撫でることで自分のPEAを呼び起こすことができる。[15] それが今度はペットのPEAを呼び起こすことになり、無意識のレベルで感情の伝染が起こるため、撫でている飼い主とペットのあいだにポジティブなフィードバック・ループが生じる。

リチャード・ボヤツィスとアニー・マッキーの初期の著書『実践EQ 人と組織を活かす鉄則』では、マーク・スコットの例が紹介されている。マークは住宅ローン専門会社の若き幹部であり、母校であるジョージア大学のアメリカンフットボール・チームに手を貸したいと思った。[16] 彼はチームの監督だったマーク・リヒトに話を持ちかけた。非営利組織〈ハビタット・フォー・ヒューマニティ〉のプロジェクトを通して、選手たちに、家を必要としている人々を支援してもらおうというアイデアだった。この件は驚くほどうまく運んだ。彼らはすぐに、チームとして毎年1軒か2軒の家を建てることに決めた。このアイデアは大学内のほかのスポーツチームにも広がり、さらには近隣の大学まで広がった。メリットは、チームのイメージアップやフィールドの外での「チームづくり」だけにとどまらなかった。むしろ、誰かのために何かいいことをするチャンスが選手たちに与えられたことのほうが大きかった。思いやりから生じるPEAのおかげで、大学の選手たちは自分の世界から外へ踏みだし、まったくの他者に意識を向けることができた。チームメイトでもなく、対戦相手でもなく、〈ハビタット〉のプロジェクトに関わるまえには知らなかった同郷の人々に。

## 感情の伝染

私たちの脳は、周囲の人々の感情をとらえるようにできている。ネガティブな感情を察知すると交感神経系への刺激となり、防衛的になることもある。自閉スペクトラム症の人々はこのかぎりではないが、これはほぼすべての人に当てはまる。ただ、リチャードが道端のトラクターに関する妻の言葉に耳を貸さなかったように、メッセージを閉めだすテクニックを身につけることはできる。それでも回路そのものがなくなるわけではない。

他者の心の奥にある感情を察知することができるとはまるでテレパシーのようだが、驚くべき点はそこではなく、それが起こる速度である。心理学者のジョゼフ・ルドゥーは、人が脅しのメッセージを五感で察知したとき、それが扁桃体に伝わるまでにかかる時間は8ミリ秒であると書いている。[17] 1秒の1000分の8である。これは自覚のある認識が伝わる速度――おおむね500ミリ秒、つまり2分の1秒と言われている[18]――よりはるかに速い。他者を支援する状況になるまえに、コーチがみずからの感情を意識することが重要である理由は、1つにはここにある。感情の伝染とは、本当に驚くべき現象なのだ。

マーク・スコットはポジティブな感情を伝染させ、フットボールチームの面々が目的意識と思いやりを持てるように手助けした。コーチや支援者がつねに目指すのはこれだ。ただし、意図したものとは違う、コーチ自身の感情が伝わってしまうこともある。もしコーチが出がけにパートナーと口論をして動揺がおさまっていなかったら、コーチングの対象者と何を話そうと、ネガティブな感情が伝染してしまう可能性がある。

## マインドフルネス

ＰＥＡを引きだすもう1つの方法は、目のまえの物事に気持ちを集中することである。自分自身や周囲の人々、周辺の自然環境に注意を払うのだ。何十年もまえには、ストレスを抱えた人に対するアドバイスは、「時間をかけてゆっくりとバラの香りを嗅ぎなさい」だった。こんにちでは、過労の人々は瞑想をするかもしれないし、祈ったり、ヨガをしたりするかもしれない。あるいは、ランニングのような反復運動をするかもしれない。重要なのは、こうしたテクニックを使って自分自身に気持ちを集中し、ＰＥＡを呼び起こすことである（ついでながら、祈りが効くのは愛すべき神に捧げた場合であって、復讐の神では駄目なところが興味深い[19]）。部屋に水槽を置くのもＰＥＡを呼びこむのに役に立つ。しばらくのあいだ魚を眺めていると、瞑想状態になれるからだ。

## 遊び心

遊び心、喜び、笑いが副交感神経を、ひいてはＰＥＡを刺激することを示す研究は、数年まえにはすでに増加傾向にあった。私たちの友人のファビオ・サラは、博士論文で、ポジティブな効果が最も高いのは、誰かをからかうたぐいのユーモアではなく自嘲的なユーモアだと述べている。[20] たとえば、何かのイベントに友人や家族と参加して、笑いあって楽しんだときのことを思いだしてほしい。イベント会場をあとにするときにはどんな気分だっただろうか？

遊び心がうまく機能するのは、自分の脆さを思いださせ、謙虚でいることを忘れないようにさせてくれる一方で、怖れを軽減してくれるからだ。何かを冗談にして笑い飛ばすことで、それほど深刻に思えなくなる。ＰＥＡを刺激することによって、背景が見えるようになったり、物事をより大きな視野でとらえられるようになったりして、ネガティブな瞬間だけに気持ちを集中することがなくなる。

## 自然のなかを歩く

副交感神経を（ひいてはＰＥＡを）刺激する活動として最近加えられるようになったもののなかに、戸外でのウォーキングがある。これはおそらくマインドフルネスを誘発するからだろう。[21] 森での散歩で（テキストメッセージや電子メールをチェックしながら歩くのではないと仮定すれば）、自然、動物、天候といった周囲の世界に対する知覚や感覚が敏感になり、認識の輪が広がっていく。

## 支援・コーチングにおける共鳴する関係

他者のためにPEAを呼び起こすのは望ましいことだが、それ以上に、PEAを呼び起こす行動そのものが、共鳴し、より効果的で持続的な人間関係の特徴の1つでもある。コーチや支援者と対象者とのあいだに築かれる人間関係の質が重要なのだ。コーチの助言を受けるのは、会計士に頼んで税金の相談に乗ってもらうのとは違う。コーチングには、双方が安心でき、可能性に対してオープンでいられる状態が必要だ。

対象者がモチベーションを与えられ、学び、変化するために、コーチや支援者が影響を与えつづけられるような人間関係には、次の3つが必要である——ビジョンを共有すること、互いに思いやりを示すこと、二者の関係から生じる活力を共有すること。私たちの親しい友人で同業者でもあるカイリー・ロッチフォードは、さまざまな人間関係の性質を研究し、先に挙げた3つが人間関係に（あるいはチーム内に、または組織内に）欠かせないことを発見した。[22] ビジョンは希望をもたらす。思いやりは、互いにケアし、ケアされているという感覚をもたらす。二者の関係から生じる活力は、スタミナや粘り強さ（グリットと言ってもいい）をもたらす。

誰かを手助けするときに、ＰＥＡを呼び起こそうとするのは的外れに思えるかもしれないが、これは相手のやる気を目覚めさせるのに最も効果的な方法なのだ。５章では、ＰＥＡとＮＥＡが脳内で果たす役割を詳しく探り、コーチングの背後にある神経科学的な事象について説明する。また、ＰＥＡを呼び起こしたあとにどうなるかも見ていく。対象者のなかでは次に何が起こるのか。支援者やコーチはその動きに注意を払う必要がある。そこでは生き延びるための本能と成長への願望とのあいだのバランスが問題になる。

## キーポイント

1 ポジティブな問いかけをすることでPEAを呼び起こし、副交感神経系のホルモン（再生のためのホルモン）を分泌する脳の部位を活性化させる。ネガティブな問いかけや防衛的な反応を引きだす問いかけはNEAを引き起こし、交感神経系のホルモン（ストレスホルモン）を分泌する脳の部位を活性化させる。

2 PEAは、新しいアイデアに対してオープンな状態をつくると同時に、持続する望ましい変化への転換点にもなる。思いやりのコーチング（PEAに働きかけるコーチング）は、その両方の役に立つ。

3 PEAは副交感神経の覚醒（ポジティブで希望に満ちた感情）とともに生じる。NEAは交感神経の覚醒（防衛的だったり、不安だったりするときのネガティブな感情）とともに生じる。

4 感情は――ポジティブなものも、ネガティブなものも――伝染する。伝染はすばやく（たいていはミリ秒単位で）、おもに無意識の領域に広がる。

## 内省と活用のためのエクササイズ

来週１週間にわたって、毎日３回自分の感情を観察し、記録してみよう（できれば、朝、昼、晩がよい）。

その時間に何をしていたか、そのときどう感じたかをメモする。行動の詳細をリストにするのではなく、心の状態に意識を集中してほしい。

うれしかったのか、怒っていたのか、悲しかったのか、興奮していたのか。あるいは、その瞬間にははっきり自覚できる感情の動きはなかったのか。

１週間の終わりに、心の状態に関するメモが20ほど記録できているのが望ましい。記録を分析し、そこに表れるパターンを探そう。ポジティブな感情とネガティブな感情の割合はどうなっているだろうか？

## 対話へのガイド

1　自分がポジティブな感情よりもネガティブな感情に翻弄されていることがないか、誰かと話しあおう。ネガティブな感情と結びついた内なる声の重圧を感じることはないだろうか？　それを乗り越えることはできるだろうか？　何が助けになるだろう？

2　人との付きあい、仕事、会社での時間のなかで、感情的にポジティブな状態で過ごしている時間はどれくらいあるか、誰かと話してみよう。感情的にネガティブな状態で過ごしている時間はどうだろうか？

3　あなたが誰かを感情的にネガティブな状態からポジティブな状態に変えたことがあれば、そのときの様子をほかの人に話してみよう。どうしてそれができたのだろう？　反対に、誰かをポジティブな状態からネガティブな状態に変えたことはあるだろうか？

4　人生で最もストレスがたまったときのことを誰かと話しあおう。周囲の人々とはどんな関係だっただろうか？　職場、家庭、余暇のうちどこで起こったことだろう？　仕事を自宅に持ち帰ったこと、あるいはストレスや感情的な重荷を職場から自宅へ引きずってしまったことはあるだろうか？

5　ストレスの減少や自己再生を促すのに役立ったと感じる特定の行動や価値観があれば、それを誰かに伝えてみよう。

6　過去または現在で、最もタスク志向だったときのことを誰かに話してみよう。問題解決、意思決定、「仕事をやり終えること」が思考の大半を占めていたときの状況を思いだしてほしい。そういうとき、あなたの行動について誰かから文句を言われたことはないだろうか？　そのときのことをふり返って、タスクだけに意識が向いていたせいで、何かを逃がしたり楽しめなかったりしたことがないか思いだしてみよう。

*Survive and Thrive*

The Battle in Your Brain

5

# 生存と繁栄

脳内の戦い

生存とは、ただ生き延びるために機能し、稼働することである。生物学的なプロセスとしては決して単純なものではない。生存には感情的、精神的な側面もあるが、本来は体が機能し、みずからを維持しつづけることだ——呼吸をしたり、食事をしたり、睡眠を取ったりすることである。そうやってまた一日をなんとか切り抜けることだ。意気消沈するほどではないとしても、なんとも陰鬱で退屈なあり方ではないか（もちろん、選択の余地などない）。コーチングの際にも、ただ生存するところから始めなければならないことがある。本章で後ほどまた説明しよう。

しかしたいていの状況では、人は生存するだけでなく繁栄することも望む。私たちにはＰＥＡとＮＥＡの両方が必要だ。一方、蛇の場合、生存のためにＮＥＡに大きく依存している。蛇の暮らしでは、ＰＥＡは最小限の役割を果たすだけである。[1] 人間は違う。私たちは成長や変化に必要なモチベーションを得るため、喜びを求めたり楽しんだりするためにＰＥＡを必要とする。４章で述べたとおり、ＰＥＡはストレスを軽減するホルモン——安心感、希望、喜びといった感情をもたらすホルモン——を活性化させることによって、私たちが繁栄することを可能にしてくれる。しかし私たちにはＮＥＡも必要だ。ストレスホルモンを活性化させることによって、戦うか、すばやく逃げるか、防御姿勢を取るかのうち、いずれかの反応を引き起こし、生き延びるための助けになってくれるからだ。また、私たちが認知能力や感情を研ぎ澄ます役にも立つ。ＮＥＡのおかげで私たちは精神的、肉体的に鋭敏な状態でタスクをこなすことができるのだ。コーチ、マネジャー、その他の支援者として誰かを手助けしようとするときには、ＰＥＡとＮＥＡの両方に働きかけ、その時々の生活や仕事のなかで両者の最良のバランスを見つける必要がある。

最も効果的なバランスは、時の経過や状況の変化に伴って変わる。だからコーチやマネジャーや教師は、相手の環境や経験の変化を観察しつづけるべきなのだ。厄介なことに、ひとたびＮＥＡにとらわれた人は出口が見えず、行きづまったように感じてしまう。そうなると新たな動きが妨げられ、自発的にＰＥＡを呼び起こすことができなくなる。そこでまたコーチの働きとして、変化や学びや成長への動機づけが重要になる。つまり、対象者は（おもにＰＥＡ寄りにとどまりつつも）ＰＥＡとＮＥＡの影響力のあいだを行ったり来たりするわけだが、コーチはその方法を学ぶ手助けをする必要がある。

本章では、この往復の動きにどうしたらバランスをもたらせるかをさらに見ていく。なぜか？　ＰＥＡは人が変化の次の段階へ進むための転機をもたらし、新しいアイデアや、他者や、さまざまな感情に対してオープンでいられる脳と身体の状態をもたらしもするからだ。また、本章では、本書のアイデアを支える脳科学についても深く探っていく。ＰＥＡやＮＥＡに働きかけるコーチングの背後には、神経科学の研究から引きだしたさまざまな洞察がある。さらに、

ＰＥＡを呼び起こしたあとの対象者がどうなるかも見ていく。コーチや支援者は、対象者のなかでＰＥＡに続いて現れるものに注意を払いながら、対象者が前進する手助けをする必要がある。生存のための本能と繁栄することへの欲求のあいだのバランスが問題になるのはここだ。

## 生存のためのコーチング

誰かを支援しようとするときに、ただ生き延びること（ＮＥＡを利用すること）から始めなければならない場合もある。対象者が病気だったり、治療を要する怪我をしていたりするのに、必要な治療を拒むようなときだ。その場合、根底にある理由を探ったり、長い目で見て状況を理解できるように促したりしている時間はない。いますぐ助けが必要なのだ。しかし生存のためのコーチングにさえ、いくらかはＰＥＡが要る。[2] 考えてみてほしい。病気や怪我に苦しんでいるときでも、治療を受けるというタスクをやらねばならないものとしてコーチが押しつけたら、思わぬ面倒を招くかもしれない。それは誘導型のコーチングと同じであり、ＮＥＡを引き起こす。だが、適切に治療を受けられなければ、さらにほかの病気の引き金になるかもしれない。だからこそ、最初はＮＥＡが必要な場合でも、多少はＰＥＡでバランスを取り、対象者を楽観的でやる気のある状態にしておく必要がある。病気や怪我の例で言うなら、治療に必要な薬を飲んだり、リハビリを受けたりする可能性に備えておく必要がある。[3]

ボブ・シェイファーの例を見てみよう。[4] ボブはフィフス・サード銀行の内部監査執行役員兼副社長として働いていた。仕事は刺激的でやりがいがあり、ボブはかなりうまくやっていた。しかし勤務先の銀行を通して提供されたリーダーシップ・プログラムに参加して間もなく、自分がいくつか重要な変化を起こしたいと思っていることに気がついた。ケース・ウェスタン・リザーブ大学のプログラムでコーチングを受けながら、ボブは自分のライフバランスを省みた——とりわけ、頭と体と心と気力のバランスを。これはどんな再生のプロセスにおいても重要な4つの要素である。[5] ボブはこう結論した。「私はすべてにおいてバランスを崩している」

大学でアメリカンフットボールをプレーしていた当時、つまり体力のピークだったころから、すでに20年近く経ち、ボブは気力と時間を大量に要求してくるキャリアを負担に感じていた。仕事以外の時間も、妻と3人の娘を中心とした家族の活動で忙しかった。運動をすることは家庭や仕事の後方へ押しやられ、気がつけば理想体重を45キロほどオーバーしていた。そのせいでエネルギーが消耗し、このままでは企業幹部としても一個人としても生き延びられないのではないかと感じた。肥満は健康問題であり、直面している体の不調の原因でもあったので、いずれはやる気を奮い起こして減量に取り組もう、さもないと寿命を縮める危険があり、心から大事に思っている人々と過ごす時間が減ってしまう、ということはボブにもわかっていた。

ここでは明らかにＮＥＡ――生き延びるための本能――が発動している。しかしコーチは、ボブが必要な変化を遂げるための希望を持てるように、ＰＥＡを呼び起こすことが必要だと感じていた。だから仕事を含む理想の人生について、10～15年先のビジョンを持つようにとボブに言った。ボブはビジョンを表明しながら、こう言った。「仕事に必要なスキルよりさらに重要なことだからと、リーダーとしての自分個人の成長に意識を向けるように言われたのは、キャリアのなかで初めてで、職場で自分の話をしてもいいのだと思えたのも初めてでした」

全体的にもっとバランスの取れた人生を送りたいと思っていたので、ボブは健康状態を本気で改善することに決めた。友人からいいスポーツ・インストラクターがいると聞いたことがあったので、翌日連絡をした。このインストラクターも、コーチと同じく、ボブが何を達成したいのか尋ねた。「妻や３人の娘と過ごすために健康なまま長生きしたい。娘たちがウエディングロードを歩くとき、父親として付き添いたい」。ボブはそう答え、さらに言い添えた。「地元の10キロレースを走りたい」。妻がよくレースを走っており、これまではいつもゴールで待っていたのだが、いまは一緒に走りたいと思うようになった。「それから、家族のなかでいい見本になりたい。それには45キロ落とさなければ！」

この時点で、ボブは世界中の何百万という人々と同じ立場にいた。肥満と糖尿病はまさに世界中に蔓延していたのだから。しかしボブの場合、生き延びたいと思う意志は明確なパーソナルビジョンによって導かれ、幹部コーチとスポーツ・インストラクターに支えられていた。これがボブのその後を変えた。彼は翌年のあいだに驚くべきことを達成した。週に6日運動して体重を48キロ落とし、妻とともに10キロレースを完走したのだ。新たに湧いたボブのエネルギーは、雇用者の目にも同僚の目にも明らかだった。いまやまったくの別人で、それがすべてに表れていた。ケース・ウェスタン・リザーブ大学から派遣されて1年をともに過ごした最初のコーチも、その後ボブについたフィフス・サード銀行の社内コーチも、ともにボブの大きな支えとなった。「幹部向け教育プログラムのあとに続けてコーチングを受けたのは初めてだったけれど、本当によい結果につながりましたよ……ワークショップで得た興奮と情熱を維持することができました」。変化は意図的に呼びこむものだとコーチが強調したので、ボブは定期的に自分の意図を紙に書きだした。「私はパーソナルビジョンとパーソナルバランスシートの信奉者なんですよ。この2つはつねに見直して、磨きをかけています」

継続的にＰＥＡを掻きたてる力とボブのビジョンの力に効果があるのは、7年経ったいまも明らかだ。落とした体重はほぼそのままだし（最初の体重からの「純損失」は36キロ）、妻とともに定期的に運動をして、インストラクターのところへも週3回通いつづけている。ボブはいまでも、コーチのおかげで迎えたひらめきの瞬間や、パーソナルビジョンを形にしたことで訪れた人生の転機についてよく話す。職場での変化も同じくらい劇的だった。ボブはいまでは勤務先の最高人事責任者であり、これは以前よりもさらに自分の情熱や興味に合致した仕事だという。健康問題に正面から取り組み、よりポジティブで希望のある将来を思い描けたからこそ、自信を持って追い求めることのできた仕事だった。銀行全体に熱意を向けるようになり、もっと貢献したいと思うようになった。新しい役職では、従業員を活動の中心に置くことができる。誘導するのとは違う方法だ。周囲からもポジティブな反応が返ってくる。ＰＥＡはＰＥＡを呼ぶのだ。

自制を必要とする変化を起こすにはストレスが伴い、たいていは自分のなかに貯めてあるエネルギーを消耗する。[6] しかし、それでもやらねばならないときもある。「変化するのは大変なことで、持続的な変化は必ずしもポジティブな体験ではない」と、私たちの友人で研究者であるアニータ・ハワードは言う。彼女はコーチングの実践や研究を進めるなかで、変革と成長を成功させるにはＮＥＡが不可欠であると確信した。[7] アニータの父親は有名な聖職者で、南部キリスト教指導者会議（ＳＣＬＣ）のワシントンＤＣ支部長でもあり、彼の教会は合衆国内で人種平等を推進する運動の重要拠点にもなっていた。マーティン・ルーサー・キング・ジュニア、ラルフ・アバーナシー、アンドリュー・ヤング、ジェシー・ジャクソン、Ａ・フィリップ・ランドルフ、ベイヤード・ラスティン、ジョン・ルイスといった公民権運動の指導者たちは、折々に国中のさまざまな場所に集まって戦略を話しあった。アニータは13歳くらいのときから会合に同席するようになった。いまも会合の雰囲気を覚えているそうだ。たとえば、1963年のワシントン大行進の計画を立てる話しあいも見たという。「そこで学んだのは、ジム・クロウ法のような人種差別政策があたりまえだったアメリカで、黒人として生きることによって絶えず脅威や危険にさらされていたせいで、あの人たちがNEAから逃れられなかったことです。それでも彼らは社会を変えるという大仕事に取り組むことができた。なぜならつねに核となる価値観と信念があったから。神を信じること、合衆国憲法の価値を信じること、人間主義を信じること、すべての人種・民族の子どもたちがよりよい世界で生きるに値する存在であると信じること。この信念は戦略計画にも、非暴力の姿勢にも表れていました」。アニータが目にした会合では、NEAが重要な役割を果たしていた一方で、変革運動の背景となり、持続のための大きな力となっていたのは、共有ビジョンだったという。

NEAと、そこにどうPEAが入りこむとよいか理解を深めるために、それぞれの誘因が働いたときに脳内で実際に何が起こっているかを見ていこう。

## 脳内の戦い

何年かまえ、デジタル関連の業界で「マインドシェア」という言葉が聞かれはじめた。ある特定の商品が、消費者の脳（意識、といってもいい）のなかで占める割合について言う言葉である。ソフトウェアや、スマートフォンのアプリ、ゲームなどの開発者はもちろん、利用者の頭のなかで自社製品が占める割合を最大限にしたいと思っていた。こう尋ねているのと同じことだ――あなたは何に注意を払って（または意識を向けて）いますか？　個人が何かに意識を向けることそのものが力を持つとわかったのは大きな発見だった。

すると次の質問が出てくる。あなたは正しいものに意識を向けていますか？　優秀なコーチは、人々がこう自問するように仕向ける。この質問の根底にあるのは、神経画像や神経科学を用いた研究である。そうした研究の活用は増えつつあり、脳が実際にはどう働いて「正しい」ものにたどり着くのかを明らかにしている。私たちの親しい友人で研究者のアンソニー・ジャックは、ケース・ウェスタン・リザーブ大学の〈脳および意識機構研究所〉のチームを率い、脳が２つの主要なニューロンのネットワークをどう使っているかを論文にまとめた。彼は現在、その２つのネットワークを「問題解決ネットワーク（ＡＮ）」（従来の神経科学における名称は「タスク・ポジティブ・ネットワーク」）、「共感ネットワーク（ＥＮ）」（従来は「デフォルト・モード・ネットワーク」）と称するのがよいと考えている[8]。

さて、この２つのネットワークがＰＥＡやＮＥＡとどうつながるのか見ていこう。ポジティブな助言や体験などによってＰＥＡが呼び起こされたときには、共感ネットワークが活性化している。反対に、ネガティブなフィードバックややる気をそぐような体験をしてNEAの引き金が引かれたとき、そこで活性化するのは問題解決ネットワークである。

しかし、このシステムに入りこむ第3の構成要素がある。4章に出てきた、「再生システム」（専門用語では副交感神経）と「ストレス反応」（専門用語では交感神経）の拮抗である。副交感神経は多くの場合、共感ネットワークと連動し、交感神経は問題解決ネットワークと連動している。ただし、つねにこの組み合わせで連動するとはかぎらない。たとえば、闘争・逃走反応を引き起こすようなストレスを受けたときに、共感ネットワークと問題解決ネットワークのどちらが活性化するかは状況による。その状況が問題解決的思考を必要とするか、共感的思考や感情を必要とするかによって変わるのだ。同様に、副交感神経に刺激を受けたときにも、両方のネットワークが活性化しうる。私たちの研究では、特定の連携に関心を寄せている。ポジティブな（あるいはネガティブな）感情を誘発し、同時に共感ネットワーク（あるいは問題解決ネットワーク）を刺激することによって、自分や他者のなかにPEAを呼び起こすことはできるのか？　連携は次の等式のように考えられる。

PEA＝EN＋副交感神経＋ポジティブな感情

NEA＝AN＋交感神経＋ネガティブな感情

図で示すと、図5－1のようになる。PEAの影響下にあるときの精神生理学的な状態は、座標左上の実線で書かれた円錐で表されている。これを3次元で、座標左上がページから飛びだしてくるところを想像してほしい。この円錐は、PEAが弱くなるところ（図の中心、尖った先端近く）や強くなるところ（中心から離れた部分）も示している。同じように、NEAの影響下にある状態は、3次元で言うとページの奥のほうへ引っこむ。座標右下にある点線で描かれた円錐で表されている。ページの表面から向こう側へ離れていくようなイメージだ。この円錐は、NEAが弱くなるところ（図の中心、尖った先端近く）や強くなるところ（中心から離れた部分）も示している。

アンソニー・ジャックの研究がくり返し示してきたとおり、コーチが理解しておくべき重要事項は、2つのネットワークがほとんど重ならず、「対立する」点である。[9] つまり、この2つは抑制しあうのだ。問題解決ネットワークがなんらかの理由によって活性化すれば、少なくともその特定の瞬間には、共感ネットワークが抑制される。その反対でも同じことが言える。4章で挙げたリチャードと妻の気づまりなエピソードでは、リチャードのなかで明らかに問題解決ネットワークが反応し、共感ネットワークを抑制して（妻が来たのに気づくことを阻害して）いたのである。

図５－１

## 意図的変革理論（ICT）におけるPEAとNEA

脳内でPEAを呼び起こすには、３つのステップがある。
(1) ポジティブな、またはネガティブな感情を掻きたてる
(2) 共感ネットワーク、または問題解決ネットワークの活性化
(3) 副交感神経、または交感神経が反応する

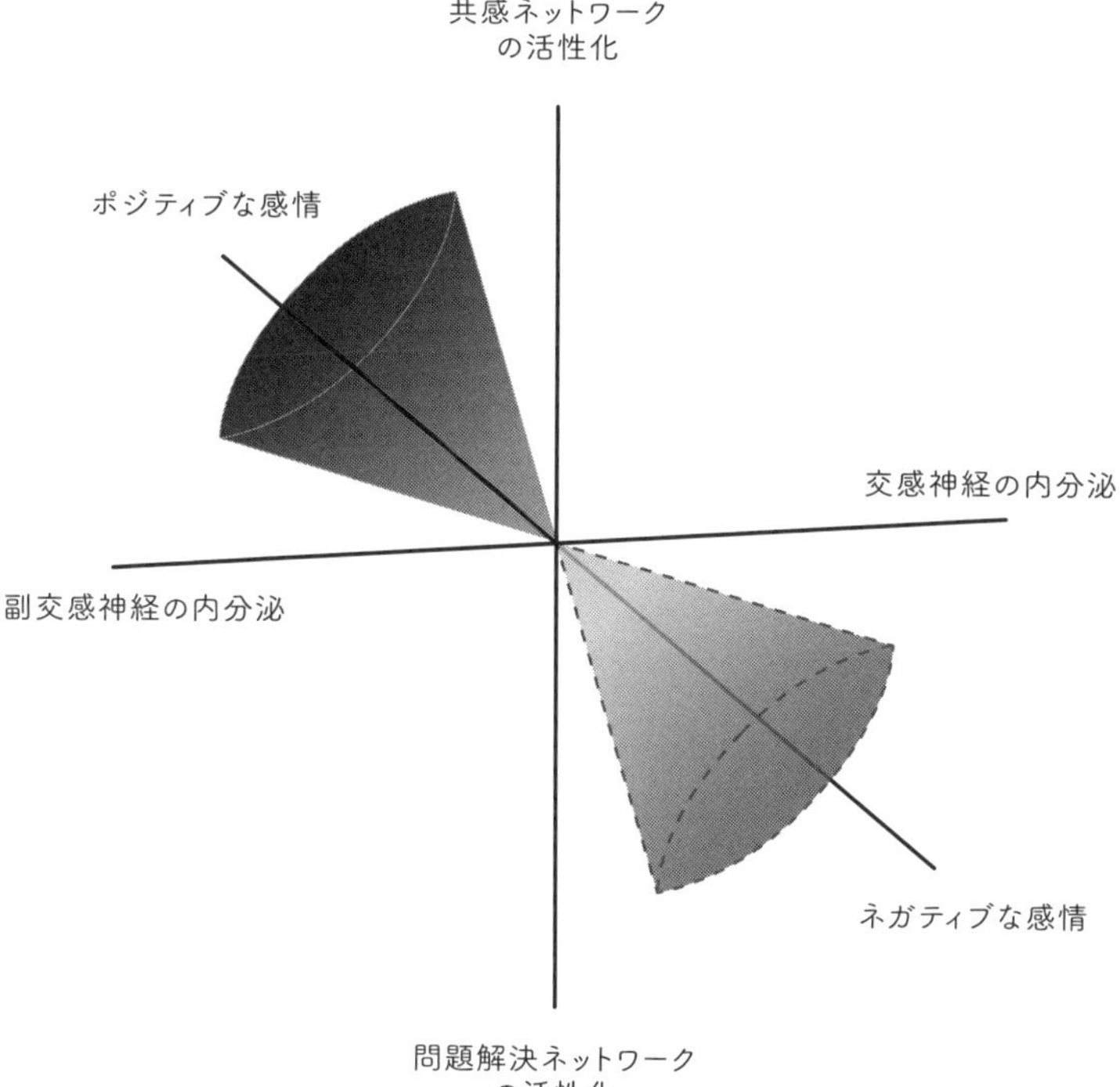


出典: As shown in R. E. Boyatzis, K. Rochford, and S. N. Taylor, "The Role of the Positive Emotional Attractor in Vision and Shared Vision: Toward Effective Leadership, Relationships, and Engagement," *Frontiers in Psychology* 6, article 670 (2015), doi:10.3389/fpsyg.2015.00670.

どちらのネットワークにも重要な役割があるが、2つの役割は劇的に異なる。問題解決、分析、意思決定、集中（意識を限定して1つのタスクや問題に向けること）には問題解決ネットワークが必要だ。新しいアイデアにオープンになること、トレンドやパターンを見つけるべく視野を広げること、他者や各々の感情に対して心を開くこと、モラルに敏感になること（他者のものの見方を本当に理解し、分析によって良し悪しの判断を下さないこと）には共感ネットワークが必要になる。

たとえば、自然災害、心臓発作、解雇、配偶者からの離婚の申し立てなど、ネガティブな衝撃が人生を襲ったとき、これを「警鐘」と呼ぶことがある。[10] こうした物事はストレス反応を引き起こすことが圧倒的に多く、私たちはNEAの影響下に押しやられ、変化が深刻に必要とされているのにやる気が起きない。自己防衛の反応が起き、頭にシャッターが下りはじめる。先にも述べたとおり、人は（一部のコーチだけでなく、マネジャー、親、医師、教師なども含め）しばしば圧力を強めたり、ネガティブな反応を示したりすることで他者に動機づけをしようとする。その過程では不安やストレスが誘発されるため、長期の改善につながる変化や学びへの動機づけにはならない。

しかしそれでも、一部の人にとっては警鐘が劇的な変化の原動力となることがある。ネガティブな体験がショックを与えるだけでなく、自分の価値観を再検討し、人生において有意義な物事に前向きに関わろうとするきっかけとなったときだ。たとえば、自然災害のあとで、もっと家族と過ごす時間がほしいと願うかもしれない。あるいは、メールの返事を３ダース余分に書いたからといって、または数時間余分に働いたからといって、それでより意味のある人生を送れるわけではないと気づくかもしれない。ショッキングな体験がポジティブな目的意識を引きだしたり、核となる価値観を思いださせたりするなら、警鐘は共感ネットワークのスイッチを入れ、ＰＥＡを呼び起こし、ポジティブな将来のビジョンを生んだことになる。

２つのネットワークはどちらも私たちの仕事や生活にとって重要でありながら、互いを抑制するものでもある

---

## 注目の研究

原注に参考として挙げた、アンソニー・ジャックとその同僚による研究は、以下のことを明らかにしている。

1 たとえば金融、工学、IT、物理などの分析的なタスクに従事するとき、脳内では問題解決ネットワーク（AN）が活性化する。問題解決ネットワークが働くと、何かに集中したり、問題を解決したり、意思決定をしたり、何かを行動に移したりできるようになるが、新しいアイデア、可能性、他者への反応は鈍る。

2 たとえば誰かを助けること、理解しようと積極的に耳を傾けること、他者と話しあいをすること、誰かに助けを求めることなど、共感的思考を必要とする社会的タスクに従事するとき、脳内では共感ネットワーク（EN）が活性化する。共感ネットワークが働くと、新たなアイデア、他者、感情に対してオープンになったり、他者に波長を合わせたり、モラルへの配慮ができるようになったりするが、注意力が散漫になり、機動力は低下する。

3 問題解決ネットワークと共感ネットワークはおおむね独立しており、つねに互いを抑制する。しかしプロとして、マネジャーとして、リーダーとして、私たちはこの２つをうまく使い分ける必要がある。重要なのは、二者のあいだをうまく行ったり来たりすることだ。バランスの取れた往復のサイクルは、高いIQ、健全な心理的適応、高いパフォーマンスと関連している。

ことに留意してほしい。優秀なコーチや支援者は、交互に共感ネットワークと問題解決ネットワークのあいだを行ったり来たりする。[11] すばやく（1秒以内に）行き来できることもある。サイクル時間は活動によって長くも短くもなる。最良のコーチは、対象者の状況に合わせた適切なネットワークを活性化する手助けができる。

2つのネットワークは異なった学びのスタイルに関連づけられる。[12] 学びのプロセスを抽象的に概念化することを好む人は、問題解決ネットワークを活性化させる頻度が高い。[13] 反対に、学びのスタイルとして具体的な体験を好む人は、共感ネットワークを活性化させることが多い。問題解決ネットワークのほうが活性化の頻度や強度が高い理由としては、訓練、社会化、組織文化、個人の気質などが考えられるが、まだはっきりとは判明していない。たとえば、リチャードと妻のあいだの気まずい瞬間は、分析的なタスクに没頭するあまり周囲の人々に対して実質的に盲目になってしまうことの多いリチャードにとってはほんの一例にすぎない。リチャードはこれを、科学者としての長年の訓練——最初は航空学や宇宙工学の分野で、次いで心理学者として受けてきた訓練——のせいだと思っている。こうしたものすべてが自分の「社会性に欠けた、分析偏重の気質」に一役買っている、というのが本人の言葉である。

昨今、たいていの組織でおこなわれる仕事は、営利企業でも非営利団体でも、問題解決ネットワークの活性化を必要とするものが大半だ。予算、問題解決、ダッシュボード上の情報、メトリクス、それらデータの分析などに重きが置かれている。私たちの観察によれば、問題解決ネットワークをくり返し使う人は——そしてそれが上手な人は——分析的な仕事をさらに与えられる。部署内でその傾向が強まるのに長い時間はかからない。そうした集団内の人々は、問題解決ネットワークをどんな状況でも一番役に立つ便利な道具と見なすようになる。そうやって分析信奉者の集まりになる。1つのネットワークを偏重することによる弊害は、人間を物のように扱う（たとえば従業員を「最大限に利用すべき人的資産」と呼んだりする）組織が出てくることである。[14]

問題解決ネットワークは新たなアイデアに対してオープンになることを抑制、または限定するので、NEAに働きかけるコーチングを受けた（たとえば、仕事に必要とされる要件を満たすようにコーチされた場合などの）対象者は、せいぜいベストを尽くすと口約束をするだけだろう。問題解決ネットワークの偏重が、ある種のプライドや社内の団結心と結びつくと、競争無視の風潮ができあがってしまい、競合他社への関心が低くなって業界内の重要な動きを見逃す可能性が生じる。[16] 個人レベルでは、変化や適応、学習を渋る姿勢となって表れる。

PEAやNEAと同じく、神経ネットワークも両方が必要だ。共感ネットワークを使う時間が長すぎれば気が散ることが多くなり、ゴールへ向かって進むのが遅くなる。問題解決ネットワークを過剰に使えば、モラルを逸脱するようなことも起こるかもしれない。「悪い」ことをしていている自覚はなく、善悪の区別はついているとしても、意識を一点に集中しているせいで、何かがアンフェアになったり不正が起きたりする可能性を無視してしまうのだ。たとえば、予算分析の観点からすれば都合がよくても、長い目で見たときに組織のためにならないような決断をしてしまう場合がある。他者の視点から物事を理解し、ある決断によって信頼や人間関係にどういう影響が及ぶかを正しく判断するためには、共感ネットワークが必要なのだ。[17]

コーチならば（あるいはマネジャー、教師、トレーナー、聖職者、その他の支援者ならば）、対象者が新たなアイデアや変化の可能性に対してオープンになれるよう支援するために、コーチングのプロセスの早い段階で共感ネットワークを活性化させるべきである。それによって対象者にPEAが引き起こされ、PEAは（3章で述べたとおり）持続的な変化に関する5つのディスカバリー（ボヤツィスの意図的変革理論）を開始するきっかけになる。

PEAまたはNEAに働きかけるコーチングの詳細については、補足記事「コーチングに関する神経科学の研究からの洞察」を参照してほしい。また、コーチングにおいて人間関係をよりポジティブなものにする方法は、7章でさらに詳しく説明する。

## 生き延びたその先で、繁栄するために

人生がＮＥＡを引き起こす課題の連続だったら、根気や強靭さのような気質は強化されるかもしれないが、長期にわたって変化や学びへの努力を続けることは難しいだろう。人生が面倒な仕事のようになってしまう。私たちが面倒な仕事をこなすのは、どうしてもやらねばならないときだけだ。だからポジティブな感情を（ＰＥＡを、ひいては共感ネットワークや副交感神経系を）できるかぎり活用する必要がある。

メアリー・トゥックはまさにそれをやってのけた。ＰＥＡの領域へ思いきって何度も踏みこむことで、人生と仕事において新たな高みにたどりつくことができた。しかし以前からずっとそうだったわけではない。

コーチについてもらうようになったとき、メアリーは（ボブ・シェイファーと同じく）アメリカ中西部の大手銀行の重役だった。最高リスク管理責任者として、会社が金融危機を乗り越え、不良資産救済プログラム（ＴＡＲＰ）を通して連邦予算から資金を調達できるようにした。リスク・マネジメント分野におけるメアリーのキャリアは充実していた。しかしメアリーにはもっとほかに求めているものがあった。

コーチングを受けるなかで、メアリーには10〜15年後の理想の人生と仕事について熟考する機会があった。周囲の期待や会社の慣例といった「皮」を一枚一枚剥き、リスク・マネジメント分野のキャリアを切り離して考えてみると、自分のなかに刺激的な別人のイメージが立ちそれぞれのセッションのあと、学生たちはPEAに働きかけるコーチングをした人物を「元気にしてくれる」「思いやりがある」と評した。NEAに働きかけたコーチとのセッションのあとには、学生たちは「罪悪感」を覚え、「自意識過剰になった」と言っていた。3～5日後、学生たちは個別に〈脳および意識機構研究所〉のジャック教授のところへやってきて、fMRI（磁気共鳴機能画像法、脳のどの部位が活性化しているかを明かす方法）の検査を受けた。神経活動がスキャンされているあいだ、学生たちは96本の短い（8～12秒の）動画を見せられた。どの動画にも、コーチのうちの1人がコメントを述べているところが映っていた。コメントにはPEAに働きかけるもの、NEAに働きかけるもの、ニュートラルなものの3種類があった。以下はコメントの例である。

PEA用：「ケース・ウェスタン・リザーブ大学の卒業生なら、勤務先の組織に貢献できる手法が身についているはずだ」

NEA用：「概して、ケース・ウェスタン・リザーブ大学で学んでいるあいだは、遊ぶ時間などほとんどない」

ニュートラル：「あなたはケース・ウェスタン・リザーブ大学で学んでいる」

PEAに働きかけるセッションをしたコーチがビデオクリップでポジティブなコメントをしたときには、共感ネットワークと関連のある脳のいくつかの部位（側坐核、眼窩前頭皮質、後帯状皮質など）が活性化した。NEAに働きかけるセッションをしたコーチがネガティブなコメントをした動画では、問題解決ネットワークと関連のある脳のいくつかの部位が活性化した。しかし最も興味深い発見は、PEAが外側視覚野――想像に関わる重要な部位――の活性化と強く結びついていることだった。つまり、PEAに働きかける思いやりのコーチングはたった30分でも、新たなアイデア、変化、学びに対しオープンになるための脳のエリアを活性化させる助けになるのだ。一方、NEAに働きかける誘導型のコーチングは、たとえ30分でも、一点に集中する狭い思考と防衛的な態度を生む脳のエリアを活性化させる。

## コーチングに関する神経科学の研究からの洞察

ケース・ウェスタン・リザーブ大学のリチャード・ボヤツィスとアンソニー・ジャックは、コーチングによって生じるPEAまたはNEAの影響下の体験を、神経メカニズムの観点から説明できないかと考えた。[15]「オープンになる」ことと関連がある脳の部位やネットワークが、PEAに働きかけるコーチとの対話によって活性化するかどうか、NEAに働きかけるコーチングと比べながら確認したいと思った。そこで、30代なかばの経験豊富なコーチ2名に、大学2年生（19歳と20歳の学生たち）を対象としてコーチングを実施してもらった。対象者のうち10人が男性、10人が女性だった。

研究に参加することに同意したあと、対象の2年生たちは2人いるコーチの一方と30分の対話をした。翌日、対象者たちは前日とはべつのコーチと対話をした。じつは、一方のコーチはPEAに働きかけるコーチングをし、もう一方のコーチはNEAに働きかけるコーチングをしている。思いこみによるバイアスを避けるために、どちらのコーチがどの働きかけをするかは乱数表で決めた。同じように、どの学生がどちらのコーチングを先に受けるかも乱数表を使って決めた。

PEAに働きかけるコーチングは、1つの質問から始まった――「10年後のあなたが完璧な人生を送っているとしたら、それはどんなふうですか？」その後、コーチは対象者の話をより明確にするためにいくつか質問をした。

一方、NEAに働きかける30分のコーチングでは、質問はだいたいこの4つだった。「講座ではうまくやっていますか？　課題はすべてこなしていますか？　参考資料はすべて読んでいますか？　指導教官はきちんと時間を割いてくれていますか？」とりたててネガティブな質問ではないし、親や教員からよく聞かれるたぐいのことだと多くの学生が述べた。しかしこれらの質問はNEAに働きかけるものとして分類される。たいてい罪悪感や不全感、ストレスなどの感情を引き起こすからだ。

現れた。企業の財務に責任を持つ経営ポジションである。しかし、もっと私生活に意識を向けたいとも思った。趣味として歌うことに時間を割きたかったし、年老いた母親に頻繁に会いにいきたかった。こうしたビジョンをエグゼクティブコーチと話しあううちに、次から次へとさらなるアイデアが浮かんだ。PEAの影響下に置かれることで、新たな可能性に心が開かれた。興奮がどんどん大きくなった。

メアリーが夢をCEOに話すと、CEOは社内でのメアリーの成長と変化への望みに注意深く耳を傾けた。彼はメアリーが法律の学位を持っていることを知っていたし、16年の勤務によって大きな責任を果たせるだけの準備が整っていることも承知していた。CEOは、メアリーをミシガン州グランドラピッズ支店の頭取に昇進させることを決めた。実際のところ、最高責任者とほぼ同等のポジションで、この仕事はメアリーにとって完璧な機会、よき挑戦になるだろうとCEOは思っていた。メアリーは持てる才能のすべてを磨き、活用することになるだろう、と。

早送りして1年後を見てみよう。結果は劇的だった。収益の面でも成長の面でも、メアリーは銀行を新たなレベルに到達させた。銀行の支社長として、商取引部門、小売部門、消費者金融部門、投資アドバイス部門すべてのとりまとめをしていた。また、メアリーはミシガン州西部の湖に面した場所にマンションを買い、自然のある場所で「充電する」ためにたびたび訪れていた。さらに、大好きな音楽と歌を存分に楽しみ、それを他者と分かちあう方法も見つけた。いくつかの教会で聖歌隊に入り、定期的に歌うようになった。その後、2012年5月の地元のフェスティバルでは、頭取のステレオタイプなイメージを壊すかのように、4万人の観衆、および彼女の銀行がスポンサーを務めるマラソン大会の2万人の参加者をまえにして合衆国国歌を歌った。

ミシガン州で生まれ育ったメアリーは、州西部の新たなコミュニティにもすぐに慣れた。いまではいくつもの委員会のために働き、コミュニティの担い手としての役割も果たしている。また、ビジネスにおける女性の地位向上を推進するために、グランドラピッズにあるカルヴァン大学で〈若手女性のためのビジネス研究所〉という講座をつくった。これはコーチとつくりあげた彼女の将来像のなかで、もうひとつの優先事項だった。講座の目的は？「若手女性がキャリアを思い描き、大きな夢を見る手伝いをする」ことだ、とメアリーはいう。講座では、高校生をキャンパスに招き、コミュニティ内のビジネスリーダーと交流できる機会をもうけたりもした。

メアリーの探求の旅は、母親が病気になったときに新たな展開を迎えた。「こんなふうに親子の役割を逆転させて、今度は自分が母親を助ける機会が得られるなんて、めったにあることではないでしょう」とメアリーは言い、自分のビジョンに従って母親と一緒に過ごすために銀行を辞めた。これはメアリーと母親の双方にとって大事なことだった。メアリーは家族や親類との絆を改めて強めることもできた。

その後、メアリーはまったく異なる職種の仕事に就いた。就職先は小売業大手のマイヤー、合衆国内の６つの州とアジアで劇的な成長を遂げた家族経営の会社である。メアリーの最初の肩書きは最高コンプライアンス責任者だったが、いまでは上級副社長と資産・不動産部門の責任者を兼任している。これらの役割のおかげで、サプライチェーンや卸売業者のこともわかるようになった。メアリーは部門横断的なチームで働くのが大好きで、そこでは自分がより多くの価値を生み、深く意義ある役割を果たせると感じていた。

会社で働くかたわら、社内でのメンターとしての役割と、若手女性のためのビジネス講座も続けている。後者については、もうすぐ6周年の記念イベントもある。将来のビジョンを発展させ、人生に本当の意味を見いだすようになってから、自分の人生は完全に変わったとメアリーは感じている。音楽もその重要な一部で、最近になって、マイヤーでの常勤に加え、グランドラピッズ交響楽団の会長兼ＣＥＯの役割も引き受けた。メアリーは単に生き延びただけでなく、人生においても仕事においても真に繁栄することができた。理想の自分を見つけるためにおこなった取り組みが、最高の形で結実したのだ。

## 正しいバランスを実現する

メアリーとボブの例が示すように、人々がＰＥＡとＮＥＡの活性化において最良のバランスを見つけだすために、コーチは手助けができる。ＰＥＡとＮＥＡのあいだを行ったり来たりするのは非常に重要だ。ＮＥＡの活性化ばかりがくり返されると、認知や感情や知覚に支障をきたすこともある。[18]研究結果に示されるとおり、ＮＥＡは必要ではあるのだが、ＮＥＡとともに体のストレス反応（交感神経系の反応）も引き起こされる。たとえば車の運転中に車列に割りこまれたとか、スマートフォンの通信状態が悪いといった出来事だけでも苛立たしく、交感神経系を活性化させる。その瞬間にはふだんのような創造力を発揮できず、複雑な仕事をこなすことに困難を覚え、視野がぐっと狭くなる（そのため周囲の人々が見えなくなり、そばで起こっている物事に目が届かなくなる）。[19]あるいは、ある友人――エンジニアリングを一生のキャリアとしている企業幹部――が言っていたとおり、ＮＥＡと交感神経の影響下にどっぷり浸っているとき、「人は問題満載のプラットフォームになる」のだ。

生態学的に、人はポジティブな感情よりネガティブな感情を強く受け止めるようにできている。[20]もし捕食されるような状況だったり死にそうだったりしたら、成長や繁栄を追求するのは難しい。しかし生存がある程度安定し、しばらくのあいだ安定が続くようなら、私たちには選択の余地が生じる。ネガティブな体験が見こまれる部分（フェイスブックやエックスでのエゴサーチなどもそうだ）に意識を集中しながら生きるのか、あるいは、ＰＥＡのほうへ動きだすのか。

古代ギリシャの7賢人の1人、クレオブロスは、物事はバランスが肝心であり、何事も過剰はよくないと言っている。[21] 少しのあいだ考えてみてほしい。前回、誰かがあなたの服装に文句をつけたとき、あなたはそのことを何日も、あるいは何週間、何カ月も考えつづけなかっただろうか？　もしかしたら、まだ悩んでいるかもしれない。反対に、今日はかっこいいねと誰かから言われたとき、何日も、何週間も、何カ月もそのことを考えつづけただろうか？　それはなさそうだ。ネガティブな感情のほうがこんなに強いのに、どうやってバランスを取ったらいいのだろう？

独創性に富んだ研究者のバーバラ・フレドリクソンが、「ポジティブな状態の適正な割合」を導きだしている。彼女たちのグループは、巧みに構成された調査研究を多数おこない、人が職場や家庭でうまくやるには、ネガティブな感情よりもポジティブな感情を多く持つ必要があることを示した。彼女の初期の研究によれば、望ましい割合はポジティブ3に対してネガティブ1である。この数字を割りだした方法については批判もあったが、ポジティブな割合を高くする必要があるという結論の正しさは揺るがなかった。その後の研究でも、ポジティブな状態を適切な割合で維持できればより健康に過ごせる（免疫システムもより適切に機能する）し、認知能力の働きも社会生活もよりうまくいくことが示された。[22]

親密な結婚生活に関しては、ジョン・ゴットマンとその同僚が50年以上にわたり愛情に満ちた、安定したカップルについて研究してきた。彼らの発見によれば、結婚生活を末永く幸せなものにしたいなら、ＰＥＡとＮＥＡの割合は5対1にする必要がある。既婚者にとってはずいぶん挑戦しがいのある数字だ。[23]

ＰＥＡ寄りとＮＥＡ寄り、それぞれのコーチングの影響に関するｆＭＲＩを用いたべつの研究では、ＰＥＡがどれくらいあれば副交感神経や再生システムをはっきり活性化させることができるかを調べた。[24]私たちの発見によれば、ＮＥＡに働きかけるセッション1回に対してＰＥＡに働きかけるセッションを2回おこなえば、腹内側前頭前皮質——副交感神経に直接働きかける脳の部位——が有意に活性化した。[25]

もちろん、望ましいバランスの取れる割合は、対象者の現在の状態、気分、生活や仕事のなかで起こる出来事などに左右される。適切なワークライフバランスが最終的なゴールだと主張する人もいるが、それはむしろ願望だと私たちは考えている。到達できる人はなかなかいないのだが、心に留め、時間とエネルギーを使って活動のバランスを調整しつづけることが重要なのだ。その際、ＰＥＡに働きかけるコーチングは、あなたがコーチをする側でもされる側でも役に立つ。

私たちが思っている以上に、ＰＥＡは必要なのだ。たいていの人はネガティブな環境や人間関係に耐えている――悲しいことに、それを待ち受けてさえいる。ある研究によれば、持続的な変化のためには、ＰＥＡの影響下にある頻度または時間を、ＮＥＡの影響下にある頻度または時間の２～５倍にする必要がある。[26]

たとえば３６０度評価のようなデータにもとづいたフィードバックを使い、数字やグラフやレポートを提示すると、だいたいはギャップや弱みやネガティブなコメントに気持ちが集中してしまう。そのうえ結果を分析しようとして問題解決ネットワークが活性化し、防衛的な反応によってＮＥＡが引き起こされる。この時点で、新たな可能性に対してどんどん心が閉ざされていく。フィードバックを活用することの重要性を認めながらも、フィードバックによって加わるストレスや緊張のせいで努力が続かなくなる。

ところが、もしフィードバックを耳に入れる*まえに*パーソナルビジョンに気持ちを集中していれば、フィードバックをポジティブに受け止め、望ましい文脈のなかでとらえるチャンスが大幅に増す。望ましい文脈とは、もちろんビジョンや夢である。私たちの親しい友人で、バルセロナのＥＳＡＤＥビジネススクールに勤める研究者、レティシア・モステオ教授、ジョーン・マヌエル・バティスタ教授、リカルド・セラボス教授らが示すところによれば、25～35歳までのＭＢＡの学生のビジョン、感情・社会知性、行動を劇的に改善させたのは、３６０度評価を含むさまざまなソースによるフィードバックで明らかにされた弱みを矯正する従来のアプローチではなく、パーソナルビジョンに焦点を絞った講座の結果だった。[27] フィードバックを読み解くときにも、コーチはまず対象者の強みに焦点を合わせてPEAを呼び起こし、できるかぎりその状態を保つべきである。その後、対象者の夢やビジョンの文脈に沿った形で弱みやギャップについて話しあえば、共感ネットワークを働かせる役に立つ。

## 再生とストレス

ここまで見てきたとおり、持続的な変化をもたらすためのコーチングをするとき、コーチは（またはマネジャー、教師、親、聖職者、医師などは）対象者がPEAとNEAのバランスを取れるように手助けしなければならない。これにはストレスとそれに対抗する再生とのあいだのより微妙なバランスを取ることも含まれる。PEAとNEAの場合と同じく、ストレスと再生のあいだも頻繁に行き来するのが望ましい。ストレスに対する体の反応（交感神経系の反応）はNEAの一部であり、体の再生の反応（副交感神経系の反応）はPEAの一部である。私たちがストレスを必要とするのは、生き延びるためだけでなく、必要に応じて視野を狭め、意識を集中するためでもある。問題は、こんにちの世のなかではストレスの量が多すぎることだ。たいていは些細なストレスだが、とにかく量が多く、私たちは絶えずストレスを受けつづけている。子どもたちを車で送っていく当番だったのに忘れたり、会合時間の変更についてメールを出し忘れたりして小さなストレスを受け、これに加えてときどき職場や家庭で大きな問題が起こって深刻なストレスを受ければ、慢性的に緊張状態から逃れられなくなる。これは私たち自身にとっても、周囲の人々にとってもよくない。

コーチ、マネジャー、その他の支援者は、コーチングを進めるあいだ、対象者がストレスと再生のバランスを取れるように導くが、いずれは対象者が日常生活において自分で対処できるようになるための準備もする必要がある。メアリーもボブも、コーチの手助けのおかげで再生のための新たな、持続する習慣を身につけることができた。避けられないストレスに備えることを学び、また、再生のための活動を通して、ストレスの解毒剤を手に入れる方法も覚えた。再生のための活動には、たとえば瞑想、適度な運動、ヨガ、慈悲深い神への祈り、将来に希望を持つこと、大事な人と一緒に過ごすこと、恵まれない人や年配の人のケアをすること、ペットの犬や猫と遊ぶこと、遊び心を持ってよく笑うこと、自然のなかで散歩することなどがある。[28]これらの活動は副交感神経系を呼び覚まし、うまくいけばＰＥＡを呼び起こすスイッチにもなる。

自分がどういうときに苛立ったり、不満や怒りを感じたり、傷ついたりするか——つまりストレスを受けて交感神経が刺激されるか——は、たいていの人が知っている。しかしどういうときに再生の瞬間を感じるか知っている人は少ない。再生の瞬間は休息、気晴らし、あるいは退屈さと容易に取り違えられるからだ。これに関してはマインドフルネスの実践が役に立つ（現在に気持ちを集中させ、目のまえの他者を気遣うマインドフルネスについては、7章を参照のこと）。再生の瞬間（地平線に沈みゆく夕陽を見たり、飼い犬を撫でたりしたとき）をそれと認識できるように訓練すること、次いでその瞬間を充分に味わうことが、ストレスと再生のあいだのきわめて重要なバランスを保つ助けになる。多様性を持ち、変化することへの助けにもなる。

## 多様性は人生のスパイス以上のもの

ボブ・シェイファーが不健康な太り方をして体調を崩した理由の1つは、長年のあいだにストレスによって体調不良になり、それがさらにストレスを生むという悪循環を習慣にしてしまったからだ。ファストフードを食べるのは、食料品の買い物をしてそれを調理したうえできちんと座って食べるだけの時間がないからだと説明すれば、多くの人が共感するだろう。また、消費する食料品の質も、体の燃料となる栄養を大きく左右する。過食もストレス反応である場合が多い。満腹感、味と食感の快さに満足を求めるのだ。ときには何かを食べるプロセスそのものが気晴らしになったり、頭から離れない物事を脇へどけておけるホッとする瞬間になったりもする。

依存症も似たような道をたどる。酒癖の悪さは無力感の表れとされている。[29]私たちは息抜きや気分転換を求めて酒を飲む。ときにはさらに気晴らしを求めて2杯、3杯とグラスを重ねる。ストレスを感じたときに飲酒をする習慣がついてしまうと、さらにほかの刺激をほしがるようになる。煙草をやめた人はよく、酒やコーヒーを飲むといまだに煙草がほしくなると言う。これは習慣、または依存の自認である。行動依存の形で始まり、時が経つにつれてカフェインやニコチンやアルコールのような化学物質への依存が定着し、精神生理学的な変容が始まる。そうなると習慣はただ心地よいだけの瞬間ではなくなる。当然のものとして期待し、やがて絶対不可欠なものとして必要とするようになる。

依存症を克服しようとしている人、あるいはパフォーマンスを改善しようとしている人が、より影響の低そうな悪習慣を身につけることで現在の習慣を抜けだそうとすることがあるが、それは大きな間違いだ。もう一度問題をつくりだしているだけである。依存症治療の分野では、これを「依存症の交換（エクスチェンジング・アディクション）」と呼ぶ。

多様性は大いに助けになる。苛立ちや慢性的なストレスに対抗するために、多様な再生の行動を用いて快適に過ごすことが強力な解毒剤になる。[30] ボブ・シェイファーが変化を持続させることに成功したのは、適度な運動を続けること、マラソン大会のようなイベントに参加して妻と楽しく競走すること、食習慣を変えること、仕事へのアプローチの仕方を変えることなど、さまざまな方法を通して再生の瞬間を体験したからだ。メアリー・トゥックも同じである。銀行内のコミュニティで人間関係を築いたり、歌を歌ったり、後進の女性の前向きなキャリア設計を手伝ったり、母や友人と過ごしたりといった多くの活動があった。

ただし「服用量」も重要だ。本物の薬の場合、製薬会社はつねに服用量に気を遣っているし、医師もつねに適切な服用量を見定めようとする。再生の行動にも同じことが言える。もし1日のうち60分を再生の活動に使うなら、その60分を15分ずつ4回に分けて使ったほうがストレスに対抗する効果は高い。[31] たとえば、友人とのおしゃべりを15分、深呼吸や瞑想やヨガを15分、子ども、または飼い犬や飼い猫と遊ぶ時間を15分、家族や友人と笑いあって過ごす時間を15分、といった具合に。もちろん、60分以上かかる運動をやめるべきだという意味ではない（本当のところ、再生の時間は平日に60分では足りないくらいだ）。再生の行動を少しの服用量で頻繁に取るほうが、まとめて大量に取るよりもいいという話である。そして再生の行動に多様性があるほうが、1つか2つの同じ行動をくり返すよりもいいという例でもある。

---

体と頭で起こっているプロセスについて本章で基本的なところは押さえたので、6章では、対象者に高い頻度でPEAをもたらすためにコーチや支援者に何ができるかを、もう少し具体的

に見ていこう。次章では、個人の夢やビジョンなど、将来への前向きな文脈をつくることが学習や変化を持続させるためにどのように役立つかを探っていく。

## キーポイント

1　変化や学びのプロセスを維持するには、ＰＥＡの影響下にいる時間がＮＥＡの影響下にいる時間の２～５倍必要である。

2　再生のための活動は、少ない頻度で長時間おこなうよりも、短時間で頻繁におこなうほうがよい。

3　再生には、１つか２つの同じ活動をくり返すよりも、多様な活動を用いるほうがよい。

4　ＰＥＡは、ストレスを軽減する再生ホルモンを活性化させることによって、安全、希望、喜びなどの感情を生みだし、私たちの繁栄を可能にする。ＮＥＡは、ストレスホルモンを活性化することによって、脅威に対抗するための闘争、逃走、停止などの反応を引きだし、私たちの生存を助ける。

5　学びと変化に関して、私たちの脳にはおもに２つの神経ネットワークがある。「問題解決ネットワーク（ＡＮ）」と「共感ネットワーク（ＥＮ）」である。問題解決ネットワークは、問題解決、分析、意思決定、集中のために必要である。共感ネットワークは、新たなアイデアにオープンになること、周囲を見まわして傾向やパターンを読みとること、他者や他者の感情、モラルの問題に対して心を開くことなどのために必要である。どちらのネットワークも不可欠でありながら、両者は対立し抑制しあうので、それぞれに費やす時間のバランスを取ることが肝心である。

## 内省と活用のためのエクササイズ

4章のエクササイズをふり返ってみよう。生活や仕事のなかで、避けたり、最小化したり、取り除いたりできたNEA寄りの体験や行動はあるだろうか？　また、1週間のうちに、頻度を上げられた、もしくはより長い時間継続できたPEA寄りの体験や行動はあるだろうか？　時間ができたら加えてみたい、新たなPEA寄りの活動があるだろうか？

## 対話へのガイド

1　どうして多くの人が、ワークライフバランスがうまく取れていないと感じるのか、友人や同僚と話しあってみよう。そうした人々の体験は、どこが同じでどこが異なるのか？　どうしたら望ましいバランスに近づけるのか？　周囲の人々は、このバランスを管理する能力をどう評価するだろうか？

2　先週1週間をふり返り、それぞれの日にPEA寄りの瞬間とNEA寄りの瞬間がどれくらいあったか、誰かに説明してみよう。何かパターンが見つかるだろうか？

3　再生の活動として自分が何を、いつやっているか調べ、話しあってみよう。PEA寄りの時間、またはNEA寄りの時間が15分以上続いたことは何回あっただろう？　仕事や義務の中断を最小限に抑えながら毎日、または毎週できる再生のための新たな活動はあるだろうか？

*The Power of a Personal Vision*

Dreams, not Just Goals

# 6

# パーソナルビジョンの力

## 単なるゴールにとどまらない夢

明確で力強いビジョンは人生を変える。２０１３年、当時64歳だったダイアナ・ナイアドは、キューバ・フロリダ間のおよそ１６５キロを泳ぎきった最初の人物に認定された。５回目にして最後の挑戦だった。１９７８年の最初の挑戦からの4回は、途中で断念せざるをえなかった。歴史的快挙を成し遂げたあとのＣＮＮのインタビューで、ダイアナはモチベーションの話をした。35年まえ、この遠泳をやり遂げる夢を持った――まだ誰も成功したことのないチャレンジだった――が、毎回ゴールに到達するまえに必ず何かに阻まれた。

「それでも人生はどんどん先へ進んでいく」とダイアナは言った。「やがて60歳になって、母が亡くなり、自分はまだ何かを探している。すると、想像のなかから夢がやってくるのです」[1]

大事にしている価値観、心の奥底にある情熱、人生のパーパスといったものにつながる夢はつねにそこにある。人生において果たすべき義務や責任の奥に隠れているかもしれないし、長年のあいだ頭のなかのクローゼットに押しこまれてきたかもしれないが、決して本当に消えることはない。ダイアナ・ナイアドの驚異的な野望やレジリエンス、不屈の精神の燃料となったのは、興奮を掻きたてる夢の種だった。20代のころに植えられ、本人にとってずっと意味を持ちつづけ、60代も半ば近くになってからようやく実った夢の種だった。

対象者がパーソナルビジョンを明確にするための支援とは（私たちはこれを「ビジョンに沿ったコーチング」と呼ぶ）、長く温めてきた夢を思いださせ、夢が飛びたてるように――そして実現するように——プラットフォームを整備することだ。スポーツ心理学の研究や、瞑想、心拍数や血圧など身体の情報を可視化するバイオフィードバック療法などを見ると、夢に命を吹きこむことができれば、人はそれに心から没頭できるのだとわかる。切実なパーソナルビジョンは、目的を行動に移し、混沌から秩序をつくりだし、自信を植えつけて、望ましい未来を達成するために私たちを突き動かす。

そうしたビジョンを発見することによって、対象者個人にとっても、また、コーチとの関係においても（あるいはどんな支援関係においても）ポジティブな感情が解き放たれることは、これまでも説明してきた。そうやって解き放たれたポジティブな感情は非常に強力かつ重要で、自分は本当はどういう人間なのか、よりオープンに、より深く考えるために必須であり、持続的な学びと変化を促進できるように導くためにも欠かせない。この章では、パーソナルビジョンについて深く探り、人々がそれを活かすことができるように支援する方法を論じていく。パーソナルビジョンの発見と発展が——神経科学的にも感情的にも——ＰＥＡを引き起こすための最強の方法であり、人生や仕事における可能性に心を開くのを助ける最良の方法であることを示す研究を紹介する。しかしまずは、何がパーソナルビジョンであり、何がそうでないかを見ていこう。

## 単なるゴールにとどまらない夢

ビジョンとは、起こりうる未来のイメージである。ゴールでも戦略でもない。行動や義務によって成りたつわけでもない。起こりそうなことの予測とも違う。夢なのだ。パフォーマンスを上げるためのコーチングがフィードバックを重視する一方で、ビジョンにもとづくコーチングは、対象者が理想の自分を発見し表現することを重視する。パーソナルビジョンは、対象者が最良の自分になるために必要な変化に具体的な形と色彩を与える。

要するに、パーソナルビジョンとは理想の自分や理想の将来を表現したものである。たとえば夢、価値観、情熱、パーパス、天職、アイデンティティの核といったものだ。[2] やりたいことだけでなく、なりたい自分をも表明することである。

パーソナルビジョンの1つの側面を考えるだけでも、最初はまったくなじみのない、居心地の悪いものに感じられるかもしれない。自分の内側を見つめることが、未知の領域の出来事のように思えるからだ。たいていの人はこれまでの人生で、どういう人間になりたいか、どんな人生を送りたいかよりも、何をしたいか自問することのほうが多かったのではないか。この傾向は幼児のころ、親や世話係、教師からなにげなく尋ねられる「大きくなったら何がしたい？」という質問から始まる。子どもたちは、大きくなったらなりたいもの——医師、消防士、バレリーナ、看護師、警官など——の衣装を着て遊んだりしているのに。

その後成長するにつれ、子どもはさまざまなキャリアについて読んだり、社会見学に行ったり、友人の親が自分の仕事について話すのを聞いたりする。こうした諸々の体験のおかげで、将来何がしたいかわかりはじめる。高校生になると、生徒はたびたび「どこの大学に行くの?」と尋ねられる。大学生になれば、面接で避けられない「卒業後は何をしたいですか?」という質問に答えられるよう指導される。その後、組織に入れば、上司や人事のマネジャーからこう聞かれる。「この会社で、これから数年のあいだ何をしたいですか?」

明らかに、私たちは自分が何をしたいかについての質問に答える練習はたくさんするのに、同じくらい、いや、もしかしたらもっと重要な「自分はどんな人間になりたいのか?」という問いを発する機会ははるかに少ない。

コーチとして（あるいは親として、教師として、マネジャーとして、聖職者として）、心から大事に思うこと、夢見るもの、ほかに気がかりのないときに自然と考えることは何かと相手に尋ねれば、新たなアイデアと可能性が堰を切ったように流れだす。たいていの組織は今後2〜3年のキャリア上のゴールに意識を集中するが、私たちが推奨するのは10〜15年のスパンで考えることである。なぜか?　時間軸を長く取ることによって、目先の物事や世間の期待に反応していればいいだけの安全地帯から押しだされるからだ。だから私たちはこう尋ねる。

「あなたの人生がいまから10～15年後に理想的な（あるいは信じがたいほどすばらしい、驚くべき、最高のなどと言い換えてもいい）ものになっているとしたら、それは具体的にはどんな状態ですか？」

最初の反応としては、ぼんやりした視線を向けられたり、不安げな顔をされたり、あるいは熱意あふれる表情を向けられたりとさまざまだ。しかし最初の瞬間がどうであろうと、やがて人々は遠い先の自分の姿を確かに思い描き、目先の心配事から自由になって、最後にはたいてい笑顔になる。[3]そういう反応はＰＥＡを呼び起こし、この質問をしなければ思いつかなかったような、創造的なアイデアや解決を引きだすのだ。

カレン・ミレイはこれを直接体験した。ケース・ウェスタン・リザーブ大学のリーダーシップ開発プログラムに参加したとき、カレンは研究開発部門の部長だった。そのとき出された宿題の１つに、相手のビジョンを引きだす練習をするというものがあった。カレンはまず10代の息子のジョンで練習することに決め、ある晩、暖炉のまえに座ったときにこう尋ねた。「あなたがどうありたいかを教えて。15年後の自分の姿は、どんなふうだと思う？」ジョンはしばらくためらってから言った。「ずいぶん想像力を必要とする質問だね」

ひらめいたのはそのときだった。「これこそビジョン重視のコーチングの力だ。答えるのに想像力を駆使する必要があるのだ」とカレンは思った。

カレンは自分の会社のことも語った。社員は「自分はどういう役割を目指しているのか?」という観点から考えることに慣れていて、「聞かれたらすぐ引っぱりだせるように、考え抜いた5年計画を引き出しに入れておかなければならないように感じています。そして相手を感心させたいと思うせいでしくじるんです。だけど、もっと先のことを考えてみて、と言うと、次に何をしたいかじゃなくて、最後に何をしたいかを答えるようになるんですよ」という。大きな部署の部長として、カレンはこれを新鮮で刺激的だと感じた。ロングスパンで考えることによって部下の思考やエネルギーが前向きになったことに、カレンはすぐに気がついた。

「最近では、ありそうな将来のシナリオを2つか3つ考えるように言います。そして、あとで一緒にベストな道を探りましょうと言うんです。そうすると、みんな顔がパッと明るくなりますね。リラックスできて、気分も落ち着くようです」

パーソナルビジョンを持たないことの問題については、ルイス・キャロルが『不思議の国のアリス』のなかでうまく書き表していると思う。アリスが分かれ道で木の上にチェシャ猫を見つけてこう尋ねたときだ。〈「どうか教えていただけませんか、ここからどちらへ行ったらいいのでしょう?」「それはあんたがどこへ行きたいかによるね」。チェシャ猫は言った。「どこだってかまわないんですけど――」。アリスがそう言うと、チェシャ猫はこう答えた。「それなら、どっちへ行くかは重要じゃない[4]」〉

現実世界では、自分が向かいたい先を知っていることは大いに重要である。キャリアにおいて、人間関係において、人生において、行きたい場所をはっきり思い描けば、それがコンパスの役割を果たし、進む方向を指し示してくれる。1つだけでなくさまざまなルートを考慮に入れたうえで、目的地に到達するのに最適な道を選べるようになる。だからこそ、理想の自分を探り、なんらかの形で表明してもらう（たいていは言葉か絵にして書いておく）ことからコーチングを始めるのが重要なのだ。パーソナルビジョンを発掘し、抽出するプロセスは、強力でポジティブなエネルギーを解き放ち、多くのメリットをもたらす。大きな視野でものを見て、理性的に考え、他者に思いやりを示し、行動を起こし、いままでより大きな範囲で活動し、レジリエンスを確立できるようになる（補足記事「回復とパーソナルビジョン」を参照のこと。本書の著者の1人であるエレンが、健康上の危機に対処するためにこうしたツールを使ったときのことを例として挙げてある）。

私たちのよき友人で研究者のアンジェラ・パッサレーリは、PEA、NEAのそれぞれに重点を置いたコーチングの会話を比較しながら、2種類のコーチングで認知的、感情的、生理学的に何が起こっているのか、また、人間関係はどうなっているのかを調べた。アンジェラの研究への参加者は、異なった方法でコーチングをする2人のコーチと会って話をした。一方のコーチは、ポジティブな未来を思い描くようにと伝えてPEAに働きかけ、もう一方のコーチは現在の問題に意識を集中するように伝えてNEAに働きかけた。どちらも対象者のキャリアを前進させるためにコーチングをする前提である。参加者にとってそれぞれのコーチングは、はっきり異なる体験となった。ビジョンにもとづいたコーチングを受けたあとの対象者には、より強い幸福感があり、コーチとの人間関係の質も高いと感じ、熱意ある目標を表明した。また、PEAにもとづいたセッションで設定した目標のほうが、NEAにもとづいた場合よりも達成のために多くの努力が払われ、ゴールを目指すなかにもより多くの喜びがあった。[5]

パーソナルビジョンを持つことはこのうえなく有益で、価値があるのだが、ときにはディスカバリーのプロセスがまっすぐ円滑に進まないこともある。エイミー・サボの例を見てみよう。エイミーには自分の行きたい場所がわかっていなかったわけではない。ただ、そこにたどりつくための脇道にも興味があったため、心からの望みに気持ちを集中してパーソナルビジョンを発展させるのに、いくらか時間がかかった。

## エイミーの事例

エイミー・サボはギリギリで間に合った。救急バッグを持って走り、心臓発作を起こした患者をまた1人安定させて病院へ運んだ。

エイミーが救急救命士としての初期のキャリアについて語るのを聞くと、人々を助けたいと量を増やした。良質な栄養摂取量を増やすために、野菜や果物でつくったスムージーを毎日飲むようになった。そして有名なアーユルヴェーダの医師から超越瞑想法を習い、週に数回おこなった。頭のなかのイメージを体の動きと連動させるようにガイドするCDを聞き、「もしこうなったらどうしよう、ああなったらどうしよう」と過度に不安になったときには心を静め、怖れたり落ちこんだりせず、希望を持ちつづけられるようにした。ビジョンや価値観に従って暮らすことを意識しつづけるために、持てるエネルギーのすべてを注ぎこんだ。そして「家族、友人、同僚といった多くの人々の支えによって計画に従うことができた」という。「私の健康をサポートするには1つの村ができるくらいたくさんの人が必要で、しかもみんな残業していた」とエレンは冗談めかして言った。

それが15年まえの話で、その後、エレンは毎日健康に過ごせることを贈り物のように受けとめ、感謝しつづけている。闘病経験は人生を一変させ、驚くほど力を与えてくれたという。以下はエレンの言葉である。

「医師のアドバイスに従って従来のがん治療を最後まで受けることに加え、医師、ヘルスケアの専門家、宗教的助言者といった人々から学べることはすべて学ぼうと思い、それを自分のミッションにしました。短期的にはがんの治療について、長期的には一生を健康に過ごす方法について教わりました。がんの診断を乗り越えて生き延びるだけでなく、できるかぎり健康かつ活気に満ちた状態で過ごしたいという願いがモチベーションになりました。体だけでなく、精神的にも、感情的にも、信仰のうえでも、このうえなく健康でいられるようにしたかったのです。私の取った手段に対して、奇異なものでも見るような目を向けてくる人もいましたが、自分のしていることを他人がどう思おうとまったく気になりませんでした。私にとっては、失うものは何もなく、得るものばかりだったのですから。解放された気分でした」

自分の体験は意図的変革理論（ICT）の究極の検証になったとエレンは思っている。「目前に迫った死を見つめることで、自分が何に価値を置いているか、心から望んでいるものは何かが非常に明確になりました」とエレンは言う。「大事なのは、毎日残業して疲労困憊でベッドに倒れこむことではありません。神の意志に従った生活を送り、本当の自分を忘れず、大事な人たちと一緒に過ごし、他者や組織を本当に助けられるような形で仕事をすることが私の心からの望みでした。そこから始めなければ、回復へのチャンスはつかめなかったと思います」

## 回復とパーソナルビジョン

2004年11月、博士課程の最初の学期中のある日、エレンは教室で座っていたとき、首の横のしこりに気がついた。いつからあったかはわからないが、風邪のひきはじめで体が闘っているのだろうと思って放置した。しかし1週間経ってもしこりが消えないので、予約を取って医師の診察を受けた。何度も病院を訪れ、臨床検査や生体組織検査を受けたあと、最も聞きたくない知らせを受けとった。稀なタイプの唾液腺がんだった。不幸中の幸いで、早期発見できたので、エレンは唾液腺の摘出手術を受け、次いで放射線治療を受けた。それにしてもこの診断は完全な不意打ちだった。母親でもあったエレンは（当時、もうすぐ4歳になる娘がいた）予後をよくするためにできることはすべてやった。エレンは娘の世話をし、博士課程で研究をしていたうえに、フルタイムで働いてもいた。夫が内科診療所を開業したばかりで、家族が暮らしていくためにはエレンの収入が必要だった。やるべきことが山ほどあったが、病気は何かを変えなければならないという警鐘であり、エレンはその警鐘を聞きいれるしかなかった。

当時、エレンはすでに経験豊富なコーチであり、意図的変革理論（ICT、詳細は3章）も知り抜いていた。これを自分でも活用することに決め、診断後の人生のビジョンを考えはじめた。自分の価値観の核となるもの――信仰、家族、友情、愛情、健康、誠実さ、生涯学びつづけること、楽しむこと――や、自分が将来に本当に望むものを理解した。

ビジョンを発展させる、自分にとって本当に大切なものと人生で残していきたいものを明確にすることには大きな力があると、エレンはすぐに気がついた。これを明確にしたおかげでエネルギーが湧いて、意図的変革プロセスの3番めのディスカバリーに進むこと――つまり、先々の幸福のために必要な目標や行動をまとめること――ができた。その後、アジェンダに従ってできることはすべてやった。治療に専念できるように、大学を休学した。決して不安がないわけではなかった。博士課程は始まったばかりだったのだから。それから、元高校教師のカソリックの修道女と密接に連絡を取ってコーチングを受け、宗教的な助言をもらった。修道女とは1年のあいだ毎月顔を合わせ、聖書の言葉が彼女の体験にどう関わってくるか、また、試練のなかでの信仰や恩寵の役割について話しあった。

放射線治療と並行して、生活全体を健康的なものにしようとした。自然療法の医師のもとに通ってデトックスに取り組み、薬になる食物の力について学んだ。精白糖の摂取を控え、オーガニック食品や自然食品、野菜の消費思う彼女の熱意が伝わってくる。救急救命士になるまえには、教育学の学士号を取り、教師として短期間働いたこともあった。次いで消防士の仕事をした。フルタイムで働く女性消防士は、男性１５０人に対して２人だった。

その後、救急救命士として何年か働いたあと、エイミーは２つめの学士号を取得した。今度は看護学だった。ほどなく看護師長になり、救命救急診療と医療のサービス価値提供のプロセスに対する継続的改善の推進役を務めた。病院内の効率の悪い部分に気がつくと、エイミーはシックス・シグマという運営手法の活動推進リーダー（ブラックベルト）になり、効率化（リーン）プロセスを進めた。他部署のリーダーたちからもたびたび意見や、助力を求められた。その後はべつの病院に雇われ、経営幹部たちとともに患者経験価値（ペイシェント・エクスペリエンス）（ＰＸ）プログラムの発展に手を貸した。

教師から消防士、看護師、ＰＸプログラムのマネジャーへの転身は、明らかにふつうのキャリアとは異なる。エイミーは一度に１人の命を救う仕事から、病院全体を救う仕事へ移った。その過程で仕事への独自の関わり方をあみだし、要求されるスタミナやスピード、専門知識などを身につけてきた。しかしふり返ると、何か計画があったというよりは、次のステップを踏みだそうとするたびに周囲の人々の提案を受けいれ、それを実際にやってみることのくり返しだった。

少し早送りしよう。現在のエイミーはＭＢＡ取得に向け勉強中で、将来の可能性に興奮しているが、どの道を選ぶかはまだわからない。だが、1つはっきりしているのは、以前のようなキャリアの選び方では効率が悪いということだった。

エイミーを担当したリーダーシップ開発のコーチは、パーソナルビジョンを描かせようとした。「10〜15年後のあなたが最高の人生を送っているとしたら、それはどんなふうですか？」エイミーは、そんなに先のことは考えたことがないと答えた。実際のエイミーは謙虚で、温和で、自分のことに集中するよりも、いつでも誰かを助けたいと思っているような人物なのだ。だから彼女が最初にパーソナルビジョンを描こうとしたときに、自分自身の長期的な夢ではなく、家族のことや、もっとポジティブな医療環境をつくりあげることを中心に据えるのを見ても、コーチは驚かなかった。

---

## 注目の研究

研究者のアンジェラ・パッサレーリは、コーチがどのように力を貸せば、対象者が持続する変化を実現できるか調べるために、対照的なコーチングを実施しながら、生理学的、認知的、感情的なメカニズムと人間関係を観察する実験をおこなった。48人の大学院生が、はっきり異なる2種類のコーチングに参加した。一方は学生が将来をイメージできるようにするコーチング（PEAへの働きかけ）、もう一方は目のまえの問題や課題に集中するコーチング（NEAへの働きかけ）である。パッサレーリは、2種類の会話の最中および次のコーチングセッションまでのあいだに起こったことのデータを集めた。

現在の問題に意識を集中するコーチングに比べて、ビジョンにもとづいた（PEAを活用する）コーチングでは、対象者の感情はより上向きになり、コーチと質の高い人間関係が築けたと感じられ、高い目標が設定された。さらに、そこで設定された目標は本当に重要なものと見なされ、難度そのものはNEAベースのコーチングで設定された目標と同程度だったにもかかわらず、進んで達成のための努力がなされた。

出典：A.M.Passarelli,"Vision-Based Coaching: Optimizing Resources for Leader Development," *Frontiers in Psychology* 6 (2015): 412, doi:10.3389/fpsyg.2015.00412.

当面はエイミーとともに３６０度評価――感情・社会知性のコンピテンシー一覧（ＥＳＣＩ）[6]――の結果を読み解いていこうとコーチは決めた。このツールのユーザーは、３６０度評価を完了するために8～10人の協力を必要とするのだが、たいていそれより少ない人数のフィードバックで進めざるをえない。しかしエイミーは違った。新記録を打ちたてた。自分との関係について質問に答えてくれるよう50人に頼み、47人から回答をもらった。

　エイミーはコーチとフィードバックを見直した。回答率の高さにも驚いたが、この47人分のデータから読みとれる否定しがたいメッセージは、エイミーにとってさらに大きな衝撃だった。エイミーの感情・社会知性、認知的知能は一貫して「際立った強み」の閾値を超えていた。エイミーは高い感情・社会知性を備えた共鳴型のリーダーだった。そのことに自分で気がついていなかったのだ。

　この結果をどう思うかとコーチに問われると、人々をまとめるのはかなり得意なほうだとエイミーはためらいながらも認めた。そしてようやく、単に次の仕事を探すだけでなく、長期的な視野を持つための心の準備ができたと思った。エイミーにとってはこれが個人のディスカバリーにおける新たなラウンドの始まりとなり、病院での仕事に戻るときにも、新しい夢の未来を追求する気持ちで向かった。

　しかし半年後にコーチと顔を合わせたときには、またちょっと道を見失いつつあると言った。

さらなる昇進を経て、より大きな責任を担うようになっていた。病院内の全システムを再調整するための革新的なセンターを創設するチャンス、いや、もっと正確に言えば、効率的かつ効果的な患者のケアに向けた大規模な医療システム構築のチャンスが目のまえにあった。

コーチは、前回の話しあいからの何カ月かでビジョンに変化があったかと尋ねた。変化はあった。エイミーは自分をリーダーと見なしはじめており、誰からも頼られていることを自覚していた。すでに新たな課題に取りかかり、似たような取り組みを始めようとしてアドバイスを求めてくるほかの病院を支援することを最優先事項にしていた。また、みなが影響力の大きい、ポジティブな患者ケアを実践できるように、EQに関するセミナーの講師も始めていた。

コーチはその年の初めにしたのと同じ質問をした。「10～15年後のあなたが最高の人生を送っているとしたら、それはどんなふうですか?」エイミーは病院の院長か最高経営責任者になっていたいと答えるのではないか。そんなふうにコーチは思っていた。ところが意外にも、エイミーが身をまえに乗りだし、興奮気味に口にした一番の望みはこうだった――病院で指導的立場にいる人々を支援し、自分の行動が他者にどういう影響を与えるか知ってもらい、彼らとともに病院スタッフや患者へのよりよい接し方を探ること。エイミーは、医療施設の幹部職員を教育するコーチになりたがったのだ。

「それはすでにやっているのではありませんか?」コーチは尋ねた。エイミーは戸惑ったような笑みを浮かべて聞き返した。「どういう意味ですか？」

「あなたはいまも定期的に病院内のあらゆる部署のリーダーと会って、彼らの部署、行動、方針について話しあいをしているのではありませんか」

「ええ。だけど、私は彼らのコーチではありません」

「本当に？」

エイミーはちょっと考えてから言った。「そうですね、つい先日、病院幹部の1人が電話してきて、私と話をしたことがとても助けになった、できれば継続して話しあいの機会を持ちたい、と言っていました。そういうことが、コーチングのきっかけになるかもしれないとは思います」。次いでエイミーはコーチに、コーチングに関する高度なトレーニングや教育を通じて、自分のスキルを向上させるにはどうしたらいいか尋ねた。

最近のエイミーは、コーチになる夢や、勤務先の大病院で主要部署を運営することに関して語るときには、身をまえに乗りだし、笑みを浮かべて早口でしゃべる。そしてエイミーのエネルギーは伝染する。彼女はもうすぐコーチになるためのトレーニングを終えるところだ。自分自身のコーチのおかげで始めることができたトレーニングだった。先のことを考え、包括的なパーソナルビジョンを構築するように指導してもらったおかげで、エイミーはキャリアと人生の総合的なマップを描くことができ、それを「解放されたような」体験だったと述べた。いま、エイミーは同じようにして今度は自分が誰かを支援したいと思っている。

次は、キャリアのいくつかの転換点でパーソナルビジョンが成長と変化につながったべつの人物を見てみよう。

## バサームの事例

医療業界で働くバサームは、プロジェクトチームのほかの人々に対して不満を募らせていた。プロジェクトリーダーになったときに、バサームは自分が攻撃的になり、イライラしていることに気がついた。妙な感じだった。ふだんのバサームは、人からあらゆる種類の相談を持ちかけられる、「いいやつ」だったのだから。それがいまでは、ほかの惑星から来たエイリアンが体内に侵入して、以前の自分と敵対しているかのようだった。

前進するためには、ビジョンや計画の調整が必要だとバサームは思った。1年まえ、MBAのコースでコーチについてもらってパーソナルビジョンを書きだしたことがあった。そのときに自分自身のことがよくわかったので、難問にぶつかっているいま、またコーチについてもらうのもいいアイデアかもしれないと思った。医療業界で築いてきたキャリアはあるが、もっと多くを求めていた。バサームはヨルダン出身で、何年かドバイに住んでいたこともあるのだが、国際的な経験を積み、ＭＢＡを取得することで、より効果的な、さらにはカリスマのあるリーダーシップを発揮できるようになりたいと考えていた。

新しくコーチと出会うと、そのコーチからもビジョンについて尋ねられた。バサームは考え抜いた夢を説得力たっぷりに説明した――友情を保ち、誰からも気遣いのできるいい人物だと見なされるような、本心から親切な人間でいることも含めて。コーチは尋ねた。「それで、何が問題なんですか?」バサームはこう説明した。自分は組織の問題解決と革新に心血を注いでおり、特別プロジェクトチームの一員かリーダーになることが多い。しかしチームのメンバーのなかには真剣に取り組まない者もいて、そういう人々はあまり熱心に働かず、必要最低限のことしかしない。プロジェクトチーム内では、そういう手抜きやタダ乗りのような態度に対してつねに不満の声があり、バサームも怒りを覚えていた。ほどなくバサームは新しいチームの人々に怒りっぽいタスク管理者と見なされるようになった。バサーム本人が目指していたのは気遣いのできるリーダーだったのに。

不満をためこんだタスク管理者と思いやりのあるチームリーダーとを結ぶ直線があるとした

ら、あなたはその直線のどの辺に立ちたいのかとコーチはバサームに尋ねた。革新的でありたいし、目標を達成したい。それは有能なリーダーでいたいという個人的な夢の一部ではあるけれど、その結果、怒りっぽい人間に見られたり、友情を失ったりするならば理想の自分とは言えない、とバサームは答えた。このようにビジョンをはっきりさせると、行動をいくらか調整する必要があるとわかった。

コーチはさらに、ビジョンのなかに明らかに葛藤があるのをどう思うかと尋ねた。バサームはすばやくはっきりと答えた。人間関係を犠牲にしてまで目標の達成にこだわりたくない、と。「チームのミーティングのまえに、苛立ちが募っているのを自覚していますか？」コーチはそう尋ねた。

バサームはしていると答えたが、それをどうしたらいいかわからない、とも言った。「どうすべきかわかっているとしたら、何をしますか？」

バサームは少し考えてから、笑みを浮かべ、冗談めかして言った。「タダ乗りしてくるような連中は無視して、やる気のある人間だけで進めますね」。次いでまじめな口調に戻って言った。「ほかにどうしたらいいかまったくわかりません」

では ブレインストーミングをしましょうとコーチが促すと、アイデアがいくつか出てきた。チーム・ミーティングのまえに数分時間を取って自分のビジョンを再確認する。その際、それを声に出してもいい。そしてそのビジョンとチームのプロジェクトとの関わりをよく考えるのだ。「あなたの価値観の核となる部分や、個人としてのパーパスをよく考えてください。自分がどんな姿でチームのまえに立ちたいか想像するのです。毎回、ミーティングの最初に、チーム内の共通の価値観、共通のビジョンを全員に思いださせてください」。コーチはそう促した。「チームに共有されたパーパスに気持ちを集中するのです」。コーチは続けた。「そして結果に貢献した人々の努力を認めてください。ほかの人たちにもふり返りを促し、達成の興奮を分かちあってもらいましょう。要するに、チームとして大きく進展した部分に意識を集中し、自分もついていかなければとチーム全体に思わせるのです」

これがバサームにとって転換点になった。チームの仕事の重荷を1人で背負わなくていいのだと思うとほっとした。コーチはバサームが異なるアプローチを考えるためのヒントもくれた。他者からこう見られたいと思う姿を保ったまま、チームの生産性に大きく貢献できる可能性もあるのだ。

---

バサームと同じく、私たちはみな定期的にパーソナルビジョンをアップデートする必要があ

る。自分のビジョンを変える、あるいは少なくとも見直すきっかけとなる出来事が起こるかもしれない。解雇されたり、大きく昇進したり、結婚したり、子どもができたり、親を亡くしたり、ハリケーンやテロなどの災害に見舞われたり。自身の置かれた状況ではなく、周りの人々が変化することもある。何か1つの出来事ではなく、時間の経過に伴う影響もありうる。

人生や仕事における変化は誰にでも起こる。そうした変化が私たちにビジョンのアップデートを迫る。リチャードはウディアン・デアとともに、時間の経過と人生に起こる出来事によって、理想の自分やパーソナルビジョンがどう変わるかに関して一連の研究を開始した。[7] そして特別な出来事などなくても、私たちの人生やキャリアは5～9年（平均7年）のサイクルで動いていることを、2人は研究の初期の段階で発見した。40代や50代には中年の危機があるとよく言われるが、じつはこれも人生や仕事における自然なサイクルの1つだった。[8] 大事なのは、パーソナルビジョンを再検討するために、この自然のサイクルを（あるいは何か大きな出来事があったならそれを）利用することである。

## 個人のビジョンがいかに変化を生みだすか——さらなるエビデンス

「目標」をリストアップすることに対する反応と、パーソナルビジョンについて話しあうことに対する反応はなぜこんなにも違うのか、私たちが理解できるまでには何年もかかった。エイミーとバサームもそうだった。目標を掲げるには、熱望することや達成すべきことを宣言する必要がある。多くの人にとって（営業職をしているような、達成意欲の高い人々を除いて）、これには義務感が伴う。[9]義務感はストレスを呼び、脳内でネガティブなプロセスが始まる。すると目標は、追求するものではなく、避けるべきものになってしまう。

しかしそれでも、心理学と経営学の初期の研究（リチャードと同僚によっておこなわれたもの）によって、目標が有用であること、ただしどのように有用かは状況によって変わることがわかっている。その違いは、対象者が実績志向であるか、学習志向であるかによる。実績志向の場合には、外部から認められることや特定の目標を達成することが重視される。学習志向の特徴は、現在、またはこれから起こりうるあらゆるシナリオに備えて、深い知識やスキルを身につけることを重視するところにある。[10]確立されたほかの研究からも、特定の実績を目標に設定するか、特定の学びを目標に設定するかによって結果が異なることが示されている。タスクが複雑で、学習や適応を必要とするときには、学びの目標があったほうがよりよい実績につながり、対象者がタスクに力を注ぐ時間も長くなる。一方、タスクが比較的単純な決まりきった作業の場合には、実績の目標を設定して方向を明確に提示したほうがよい動機づけになる。[11]

最新の社会神経科学の研究のおかげで、こうしたことが起こる理由がわかりやすくなってきた。目標を設定すると、人はそこへ向けてどう動くか考えはじめる。これによって分析に関わる脳の部位が起動する。5章でも論じたように、このネットワークの一部がストレス反応を引き起こすため、認知的、感情的、身体的な動きに支障をきたすことがある。目標に意識を集中することで、目のまえにあるものにばかり気を取られ、ほかの可能性を求めて遠くまで見渡すことをしなくなる。[12] 研究者のトーリー・ヒギンズによれば、特定の標的を定めることで、意識は目標を外さないことに集中し（つまり、目標達成が最大の関心事となり）、新しい可能性をまったく探さなくなる。[13] 彼の研究は、これが知覚の調整にどういう影響を与えるかを明らかにしている。気が散ることを防ぐ集中の仕方によってかなり防御的になるので、新しいことを始めたり、始めたことを継続したりするのに必要な内なるエネルギーを引きだすことに制限がかかる。多くの人に心当たりがある例は、「新年の抱負」だろう。新しい、まっさらな一年を目のまえにすると、私たちは熱意をこめてさまざまなことを宣言する。食事を改善するとか、もっと睡眠を取るとか、母親に毎日電話をかけるとか、毎週日曜日には教会に行くとか、悪習慣をきっぱりやめるとか。そして数週間後にはすっかりその気をなくす。フィットネスクラブの経営者に聞いてみれば、きっと1月が大好きだと答えるだろう。人々がこぞって入会手続きをし、何カ月も先の分まで会費を払い、3月までにはおおかた来なくなるのだから。変化を起こすのは難しい。とくに成人にとっては、変化を定着させるには心の底からのモチベーションが必要だ。情熱、パーパス、核となる価値観と結びついている必要があるのだ。

エイミー・サボの例をふり返ると、キャリアのスタートでは単に仕事がほしかったから教師になり、次いで高揚する仕事を求めて消防士や救急救命士になり、その後もっと誰かを助ける仕事がしたくなって看護師の職や病院の管理的地位に就いた。将来の夢が発展し、結晶化するにつれ、夢が実現する可能性を、そして夢の実現を表現できる自分を信じられるようになった。夢が深い目的意識を伴うパーソナルビジョンになった。

興味深いことに、fMRIを使ったコーチングの研究の1つで、ビジョンを書きだしたときと、PEAを呼び起こすよう訓練されたコーチに話したときとでは、活性化する神経ネットワークが異なることが判明した[14]。これまでの章で論じてきたとおり、PEA寄りのコーチングとNEA寄りのコーチングの2種類をfMRIを用いて比較することで、パーソナルビジョンに働きかけるコーチングにいかに力があるかがわかっている[15]。最初の研究では、ビジョンに働きかけるPEA寄りのコーチングが、想像力をつかさどる脳の部位を活性化させることがわかった。次の研究では、PEA寄りのコーチングが、たとえほんの30分程度の話しあいでも対象者のグローバルな視野、より大きな全体図をとらえる能力を刺激することが判明した。これに対し、NEA寄りのコーチングではるかにかぎられたローカルな視野を刺激するにとどまった。

つまり、パーソナルビジョン（実質的には、理想の自己像、あるいは未来像と同義）を発見することによって、希望、興奮といったポジティブな感情が解き放たれ、成長と変化へのモチベーションや欲求が増進されるのだ。突然、何か価値あること、望ましいことが起こると信じられるようになる。[16] そしてこの希望が自己効力感――これからしようとしていることができ、なろうとしているものになれると信じること――と楽観によって推進される。自己効力感の燃料をくべられた希望の火によって、私たちはこれからよいことが起こると想像するだけでなく、夢を達成する能力が自分にあると信じることができるのだ。[17]

工学や科学の分野を去る女性がいるのはなぜか、あるいはとどまる女性がいるのはなぜかについての調査で、研究者のキャスリーン・ビュースとダイアナ・ビルモリアは、技術分野の女性の自己効力感を育てる

## 注目の研究

工学と科学の分野で働く495人の女性を対象とした調査で、ケース・ウェスタン・リザーブ大学の研究者、キャスリーン・ビュースとダイアナ・ビルモリアは、この分野で奮闘している女性にはたいていパーソナルビジョンがあることを発見した。パーソナルビジョンには仕事が含まれるが、仕事だけにかぎられるわけではなかった。ビジョンを持つことにより、職場で出くわす偏見、障壁、差別を乗り越えることができた。この調査結果により、自己効力感、希望、楽観はパーソナルビジョンや核となるアイデンティティにとって重要な要素であり、ビジョンを効果的なものにするために必要であるとした先の研究が裏づけられた。理想の自分を明確にすることには、仕事における充実感にポジティブな影響があり、仕事へのエンゲージメントと工学分野にとどまろうとする意思は直結していた。

出典：K.Buse and D.Bilimoria,"Personal Vision: Enhancing Work Engagement and the Retention of Women in the Engineering Profession," *Frontiers in Psychology* 5, article 1400 (2014), doi.org/10.3389/fpsyg.2014.01400.

方法として、ビジョンを持つことが有効であるという実証的証拠を発見した。彼女たちが時間をかけて自分の情熱、パーパス、価値観を見つめれば、仕事への意欲が増し、工学分野におけるキャリアへのコミットメントが強化されるのだ[18]。

食品メーカーの情報システム部で働くブランディ・ディマルコの事例がまさにそうだった。リーダーシップ開発プログラムに参加しているあいだに、ブランディはエグゼクティブコーチの手を借りてパーソナルビジョンを打ちだした。ブランディは次のようにふり返っている。

> パーソナルビジョンを持つことは、物事の優先順位を考えて将来の準備をするのに役立ちました。書いたメモはたびたび読み返します。自分のビジョンや価値観は鏡のそばに吊してあり、毎日それを見て自分が本当はどんな人間なのか思いだすようにしています。いろいろハプニングがあると、簡単に忘れてしまいますから。個人としては、もう1人子どもを産むことに決めました……職業人としては、大学に戻って学位を取ろうとしているところです。履歴書を更新して、資格があるからというだけでなく、それが自分の望みだからという理由でもっと上の地位に応募しようとしています。つい先日昇進しましたが、いまはもう1つ上のレベルのマネジメントができる役職に就こうとして面接を受けているところです。ビジョンをすっかり考え抜いたあと、会社の価値観が自分個人の価値観と一致していることに気が

つきました。おかげで、いまの会社にとどまって社内で地位を上げることに専念しようと決めるのも容易でした。

## ビジョンをつくりあげる

ビジョンをつくりあげるには、想像力と創造力の要るプロセスを経る必要がある。理想の自分を見きわめ、パーソナルビジョンを表現しようとする人を手助けする一番いい方法は、夢を見るように促すことだ。私たちのリーダーシップ開発プログラムのなかで好まれる課題に、「キャッチ・ユア・ドリームズ（Catch your dreams）」という名前のエクササイズがある（現実的な人々はこれを「バケツリスト」のエクササイズと呼ぶ）。この活動では、一生のうちに経験したいこと、やってみたいこと、達成したいことを27個挙げて付箋紙に書きつけ、フリップチャートに貼って、27個の考えをテーマべつにグループ分けする。たとえば、キャリア、家族、旅行、健康、冒険、といったグループだ。それが済んだらギャラリーウォークの時間を設けるのがいいだろう。芸術作品の飾られたギャラリーを歩きまわるようにして、ほかの人のフリップチャートを見てまわるのだ。

多くの人がこの体験を楽しみ、いろいろな可能性を想像する役に立つという。笑顔が見られ、笑い声が聞こえ、室内にポジティブなエネルギーが溢れる。このエクササイズを職場の作業チームや家族でやってみるのも、お互いの夢を手助けするよい方法だ。周囲の人々の夢や願望を垣間見ることで、心の奥を覗き見たような気がして、刺激を受けたり、謙虚な気持ちになったりする。これは夢を見たり発見をしたりといった体験を促進するための準備の一例にすぎない。ほかの例については、本章末尾の「内省と活用のためのエクササイズ」を参照してほしい。

多くの人にとって、コーチングや将来のビジョンというと、おもに仕事やキャリアが頭に浮かぶようだが、私たちがいままでに話を聞いてきた勇気ある好奇心の強い人々の例からは、仕事が人生のほんの一部でしかないことがはっきりわかる。職業生活はもちろん楽しみや満足の源ではあるが、仕事以外の活動のなかに深い目的や意義を見いだせることも少なくない。エイミー・サボは、本業とはべつの、病院の幹部たちとの活動が、多大な満足やエネルギーをもたらしていることに気づいた。病院の一部署のリーダーを務めるよりも、誰かを支援することのほうにより大きな意義を見いだした。そちらのほうがエイミーの人生の目的意識に根ざしていたのだ。私たちはコーチとしての仕事のなかで、相手が希望や夢を全体的に眺めるのを――人生のすべての側面を考慮し統合するのを――手伝うことによって、情熱、パーパス、価値観、アイデンティティなどを含む本当の自分像を育むのを助けるのだ。パーソナルビジョンの発見を支援するプロセスは、将来の生活や仕事についてよく考えるように促すことから始まる。健康、恋愛、友情、家族の健康、心の健康、コミュニティとの関わり、経済問題などにおける夢や希望を尋ねるのだ。もちろん、仕事(有給・無給にかかわらず)について考えるのはプロセスの一部ではあるが、それが相手の夢の中心にあると決めつけることはしない。本書のいくつかの事例でも見てきたように、コーチングにおける対話には、職業人としてのアイデンティティや活動と、個人としての側面を同等に取りこむのがよい。

---

コーチングを含むすべての支援は、変化をもたらすものであり、望ましい変化を維持するものでもある。変化に火がつき、その火が燃えつづけるには、パーソナルビジョンが土台となる必要がある。ビジョンとはその人の情熱、パーパス、価値観が有意義な形で表現されたものであり、人生においてやりたいこと、なりたいものの全体図だからだ。パーソナルビジョンをつくりあげるには、人によってさまざまな反復のプロセスが必要になる。しかしプロセスがどう進展しようと、ビジョンが「できあがった」ところはコーチが見れば明らかだ。対象者はエネルギーに溢れ、取りかかるのが待ちきれない様子になるのだから。これが、ひらめきや内側からのモチベーションが行動に移るときの状態である。

7章では、そうしたエネルギーを維持し、夢を現実に変える手助けをするために、コーチ、マネジャー、その他の支援者が対象者と質の高い人間関係を育むにはどうしたらいいかを見ていく。

## キーポイント

1　パーソナルビジョンとは、夢、天職、情熱、パーパス、核となる価値観などを含む、理想の自分や理想の将来を全体的、総合的に表現したものである。

2　パーソナルビジョンは、特定の目標というよりは、夢を映像化したものに近い。

3　パーソナルビジョンは、本人にとってきわめて重要で意義のあるものである。

4　パーソナルビジョンには、人生や仕事の段階によって変化する部分もあるが、核となる価値観や目的意識のようなものはたいてい変わらない。

特定の価値観、信念、個人の特質をあきらめなければならないとしたらどう感じるか想像することが、重要度を決定する助けになる。または、ある特定の価値観や信念を中心に人生が展開するとしたらどう感じるか考えてみてもいい。ときには、2つの価値観のうちどちらが自分にとってより重要か、比較してみてもいいだろう。

1　後述の「価値観、信念、望ましい個人の特質」のリストから、自分にとって最も重要な項目を15個ほど選び、丸をつける。
2　そのリストから最も重要な項目を10個に絞る。
3　10項目になったリストから、さらに上位5個に丸をつけ、次いでその上位5項目に順位をつける。

### エクササイズC：宝くじに当たったら

宝くじに当たり、10億円が手に入ったとする。あなたの人生や仕事はどう変わるだろうか？

### エクササイズD：いまから15年後のあなたの1日

今日からちょうど15年後を想像してほしい。あなたは理想の人生を送っている。ずっと夢見ていた場所で、一番一緒にいたいと思う人々と暮らしている。もし仕事が理想のイメージのうちの一部なら、あなたは大好きな仕事を好きな量だけやっている。

あなたのシャツ、またはブラウスには、ライブ配信用カメラが取りつけられている。あなたの1日の動画には何が映っているだろうか？　あなたはどこにいて、何をしているだろうか？　周囲にはほかに何があるだろう？

### エクササイズE：私が残すもの

自分の人生の遺産として、あなたは何を残したいだろう？　長年生きて、仕事をしてきた結果として、残ったり続いたりするものはなんだろうか？

## 内省と活用のためのエクササイズ

### エクササイズA：キャッチ・ユア・ドリームズ（Catch your dreams）

付箋紙と、大きめのフリップチャートを用意する。人生でやってみたいこと、経験したいことを、全部で27個になるまで挙げていく。それぞれを別々の付箋紙に書く。これはあなたがまだ始めていないか、まだ最後までやり通していない物事だ。現実の制約に縛られることなく、できるだけ自由に考えよう。子どものころに、いつかやってみたいと夢見たことを思いだそう。内なる批判者のスイッチを切ること。そばで評価されていては、夢を見ることは不可能だ。

人生でやってみたいこと、経験したいことを27個書いたあとは、テーマごとにグループ分けしてフリップチャートに付箋紙を貼っていく。テーマには、たとえばキャリア、家族、旅行、健康、冒険、信仰、所有物、職能開発、娯楽などがあるだろう。

このエクササイズはグループでもできる。各人が手順に従い、フリップチャートが完成したら、全員分を壁に貼る。その後、ギャラリーを歩きまわるようにして、ほかの人のフリップチャートを見てまわる時間を取る。こうすると、全員にほかの人の夢を垣間見るチャンスができる。芸術作品に接するように、謙虚な好奇心を持って、褒めるような気持ちで鑑賞すること、とガイドラインに加えておくとよい。ほかの人のフリップチャートに、思いついた短い感想を貼るのもよい。短い感想の例をいくつか挙げると、「インスピレーションをもらいました」「あなたならできる！」「すごくいいね」など。コメントをつけるときに大事なのは、敬意を持つことと、否定しないことだ。評価したり、アドバイスを連発したりしてはいけない。

### エクササイズB：私の価値観

価値観、信念、個人の特質などの一覧をつくって内省の準備をする。あなたにとって何が一番重要か、何が人生の指針となっているかを見きわめるためだ。挙げた価値観や特質の多くが少なからず重要なはずなので、選ぶのは難しいかもしれない。気がつけば、本当はXを大事に思っていないのに「私はXを重視して、リストの一番上に持ってくるべきだ」などと考えているかもしれない。

# 価値観、信念、望ましい個人の特質

| | | | | |
|---|---|---|---|---|
| 成果 | 達成 | 冒険 | 愛情 | やさしさ |
| 所属 | 野心 | 寛容さ | 所有 | 知恵 |
| 挑戦 | 他者支援 | 権威 | 自主性 | 美しさ |
| 気遣い | ほがらかさ | 汚れなさ | 快適な生活 | 感受性 |
| 仲間付きあい | 思いやり | 有能さ | 競争力 | 順応性 |
| 満足 | 他者への貢献 | 支配 | 強力 | 勝利 |
| 勇敢さ | 礼儀正しさ | 創造性 | 頼もしさ | 規律正しさ |
| 富 | 経済的安定 | 効果的であること | 平等 | 興奮 |
| 名声 | 家族の幸せ | 家族の安定 | 許すこと | 選択の自由 |
| 自由意思 | 友情 | 楽しみ | 純粋さ | 幸福 |
| 健康 | 有用であること | 正直さ | 希望 | 想像力 |
| 社会の改善 | 自立 | 革新 | 高潔さ | 理知 |
| 人との関わり | 喜びくつろぐこと | 論理性 | 愛 | 愛情豊かであること |
| 成熟した愛 | 国の安全 | 自然 | 従順さ | 秩序 |
| 平和 | 個人の成長 | 満足 | 几帳面さ | 丁重な態度 |
| 力 | プライド | 合理性 | 承認 | 信頼性 |
| 信仰 | 敬意 | 責任感 | 抑制 | 救済 |
| 自制 | 自助 | 自尊心 | 真心 | 精神性 |
| 安定 | 地位 | 成功 | 象徴 | 平静 |
| チームワーク | リスクをとること | | | |

## 対話へのガイド

1 「エクササイズB：私の価値観」でつくったあなたのリストの上位にある、核となる価値観に当たるものを3つ明らかにする。そのうちの1つを取りあげ、それが自分にとってどういう意味を持つものか自分の言葉で定義し、その価値観が自分の人生でどんな役割を果たしてきたかについて例を挙げる。価値観を明らかにする、定義する、例示する、という手順をくり返す。ほかの人の話を聞いているときには、その人の価値観を評価したり批判したりしないように気をつける。

2 3章のときと同じように、人との付きあい、職業、組織における人間関係についてそれぞれ考えてほしい。どのグループの人々と最も長い時間をともに過ごしているだろうか？　また、一番親しい人々のなかで、本当にあなたのことを「わかって」いて、何があなたを「動かす」か理解しているのは誰だろうか？

3 あなたはどの社会的アイデンティティ・グループに属しているだろうか？　たとえば、誇らしく思いながら身につけるものはなんだろう？　何かスポーツのファンクラブには入っているだろうか？　地域や信仰にもとづくコミュニティに帰属意識があるだろうか？　現在属している社会的アイデンティティ・グループは、理想の自分やパーソナルビジョンを実現するために、どのように助けになってくれているだろう？

Cultivating a Resonant Relationship

Listen Beyond What You Hear

# 7

# 共鳴する関係を育む

## ただ聞くより、深く耳を傾ける

ショーン・ハニガン（仮名）は、アメリカをおもな拠点とする多国籍企業の経営者で、周りからの評価も高い。25年の経験があり、財務部門のリーダーとして複雑な仕事を監督することに長け、努力は昇進に次ぐ昇進で報いられて、いまでは最高財務責任者としての役割を果たしている。

そうした職業的な成功を自負していたので、上司、同僚、部下からの360度評価で感情・社会知性に関してネガティブなフィードバックを受けとったときには驚いた。[1] この評価はリーダーシップ開発プログラムの一部であり、このプログラムでショーンには1人のエグゼクティブコーチがついていた。コーチはいままでも、ショーンがパーソナルビジョンを発展させるのに手を貸してきた。今度は360度評価を検討することになった。

「フィードバックはどうでしたか？」コーチが尋ねた。

ショーンは書類をパラパラとめくり、途中で手を止めた。そしてコーチを見て言った。「全体としてはよかったです。ほかの人が私の強みに気づいていてくれたのは意外だったし、うれしかった。そういう評価は以前にも聞いたことがあったけれど、各所でさまざまな問題の対処に忙殺されていると――私はいつもそんな感じですが――うまくできていることについてはほとんど意識しなくなりますからね」。際立った強みは何か、それがほかの人にはどう見えているのか、360度評価の結果にもとづいてもっと説明するようにとコーチは促した。

ポジティブなフィードバックについてひとしきり話したあと、コーチは尋ねた。「ほかに気になる点はありますか？」

ショーンは書類を見おろしながら言った。「同僚や直属の部下のなかに、話をきちんと聞いてもらえない、ひどいときにはまったく耳を貸してもらえないと感じている人がいるようです。これは明白な課題ですね」

コーチはさらに尋ねた。「妥当な評価だと思いますか？」ショーンは少し考えてから答えた。「まあ、複数の人間がそうコメントしているわけですから、否定はできません。一歩離れて考えてみれば、彼らの言いたいこともわかる気がします。私のスケジュールはつねにタイトなので、おしゃべりに興じている暇はないんです」。ショーンとコーチはさらに時間をかけて報告書のなかのほかのフィードバックも取りあげ、評価を熟考してショーンの資産と負債（つまり、強みと弱み）がわかるパーソナルバランスシートをつくりあげた。

それからコーチが尋ねた。「どれに取り組みたいと思いますか？　最大のエネルギーを注ごうと思うのはどこでしょう？」ショーンは間髪入れずに答えた。「もっとよく人の話を聞ける人間になることですね。すべてのフィードバックのなかで、そこが一番引っかかるので。ただ、具体的にどう改善したらいいかよくわからないのです」

幸いにも、ショーンが望む変化にどのように手を貸したらいいか、コーチにはわかっていた。

コーチングによってポジティブな人間関係を築くことで、最初の一歩はすでに踏みだしていたからだ。ショーンには社内の人々とも社外の人々とも一緒に働いた経験が豊富にあったが、部下は言うまでもなく、マネジャーや同僚との間にも、働きやすい人間関係を築くことが最優先事項だと思ったことはなかった。仕事上の人間関係はタスクをこなすための手段、またはプロジェクトを完遂するためのリソースとしか思っていなかった。

会計士や弁護士やかかりつけ医といったほかのアドバイザーと違い、ショーンのコーチは信頼感があって支えとなる、共鳴する関係（2章と3章でも論じた関係）を築こうとしてきた。ショーンの職業人、個人としての来歴を尋ね、彼の話に興味を示すことによって、まずはラポール（親密な関係）をつくりあげようとした。また、コーチングの結果に何を望むか尋ね、プロセスの指針とするために要約して書き留めておいた。その後のセッションでは、一緒にいるあいだはショーンの目標やアジェンダを優先させ、対話から内省の助けになるものを持ち帰れそうかどうか、いつも尋ねた。そしてショーンが人として、リーダーとして、ベストな自分を忘れずにいられるようにと意図した質問を投げかける一方で、積極的に話を聞くことに時間の大半を費やし、ショーンの「鏡」としての役割を果たした。

このプロセスのおかげで、コーチはショーンを単に知るだけでなく、深いつながりを築くことができた。おかげでショーンにとっては評価されるという恐れを抱かずに内省できる、心理的な安全地帯ができた。もしコーチと一緒にデータを正直な気持ちで吟味することを渋ったり、コーチのまえで身構えるようになったりしていたら、ショーンが心を開いてみずから欠点を直そうとすることはなかっただろう。コーチがしたのは、ショーンを1人の人間として気にかけ、成功を願っていると態度で示すことであり、それがコーチングにおける人間関係に信頼を根づかせる結果につながった。

支援する側とされる側の人間関係は、あらゆる変化のプロセスの核となるものだ。ショーンの例には本章で後ほどもう一度触れるが、まずはコーチングにおいて効果的な人間関係を育む土台をいかに築くか、その方法を探っていく。また、支援者側の心の準備が対象者との関係にどう影響するか、積極的に耳を傾けることがいかに重要であるかも見ていく。まずはコーチングの相手、支援しようとする相手とどうやって共鳴する関係を育てるか、そこを探っていこう。

## どうやって共鳴する関係をつくるのか？

刺激的で有意義なコーチングの時間と、コーチと対象者のあいだの質の高い信頼関係は、なんの理由もなく生じるものではない。意志と準備と実践が必要だ。たとえばマネジャーと従業員のあいだの質の高い人間関係は、二者の対話によってつくられる。誰かを支援したいと思うとき、支援者としての主要な役割は、相手が自分で学び自力で成長できるように手を貸すことだ。成長のための効果的な対話は、個々の人間関係の質、大事な局面をともに過ごし深く話を聞くコーチとしての能力、対象者が意義ある議論を通して学び、成長し、変化するための励ましによって形づくられる。

ウェザーヘッド経営大学院に勤める研究者のジョン・ポール・スティーヴンスは、もともとジェイン・ダットンとエミリー・ヒーフィーが「質の高いつながり（High Quality Connection＝HQC）」――双方向、短期間のポジティブなやりとりによって生じる結びつき――として研究していたものを、さらに詳しく論じた。質の高いつながりを経験することで、人々は元気になったり、気分が高揚したり、エネルギーが湧いたり、本当に大事にされていると感じたりする。[2] やりとりのなかで相手へのポジティブな関心が生じる。互いの弱さを理解し、それに応えあう体験を通じて、深い思いやりの感情が湧く。スティーヴンス、ヒーフィー、ダットンらによれば、質の高いつながりについては潜在的な認知、感情、行動のメカニズムによって説明できるという。

質の高いつながりは、支援する側とされる側の双方に活力をもたらす。さらに、長く続く共鳴する関係を育てるための基礎となる。共有ビジョン、思いやり、ＰＥＡや再生を呼び起こすエネルギーも同様の効果を及ぼす。活力を与えるポジティブなつながりは、信頼を築き、サポートを提供するために欠かせない。ダットンとヒーフィーによれば、短期間のやりとりでも質の高いつながりが生じることはありうる。彼らはこれを「感情のキャパシティ」「張力」「結びつきの強度」という3つの側面から説明している。[3]「感情のキャパシティ」が大きければ、ポジティブな感情からネガティブな感情まですべてを共有できる。「張力」とは、二者の関係をあらゆる状況や背景に適応させる能力のことである。「結びつきの強度」は、心を開くことをどの程度相手に促せるかを測る尺度になる。感情のキャパシティのような側面は、個人やチームのレジリエンスの高さと関連している。基本的には、二者の関係において共有する感情が多いほど、レジリエンスも高くなる。[4]

研究者のキャシー・クラムとウェンディ・マーフィーは、転機をもたらすような影響を与えるには、コーチと対象者のあいだにポジティブな相互関係が必要だという。両者が互いに相手に敬意を払うこと、関係のとらえ方が同じであること、やりとりから双方に等しくメリットがあることが必要だ。そうした人間関係は、相手が学びや変化に対してオープンになるのを助ける。この点こそ、成長のための関係としてのコーチングが、典型的な職場の人間関係や、ただアドバイスを授けるだけの従来のメンター制度と大きく異なる部分である。コーチングにおける関係の核となるのは、成長を促すパートナーシップであり、おもな焦点は学びを刺激しサポートすることにある。この場合の学びは、個人的なものでも、仕事に関するものでも、両者の混じりあったものでもかまわない。[5]

個人は、他者とのやりとりから感情の伝染や模倣を通して影響を受ける。だからこそ、コーチングやマネジメントや支援における人間関係の質が重要になる。変化しようとする個人やチームにとっては、支援者との関係がサポート、挑戦、学び、励ましの土台をつくるのだから。[6] コーチや支援者は互いの気分や感情に対して多大な影響力を持つことを忘れてはならない。自分の気分や感情が誰に伝染しているかをつねに意識する必要がある。[7]

3章で紹介した意図的変革理論の図のなかでも、共鳴する関係は中心にあり、持続する望ましい変化のそれぞれの段階や、ある段階から次の段階へ移るときに影響を与えるものととらえられていた。成長や変化のプロセスはまっすぐ均等に進むわけではないというのも心に留めておいてもらいたい――たいてい、変化は断続的に進む。そして自己認識は何もないところから自動的に生じるわけではない。私たちはみな、自分の感情やその背景にある理由に対して敏感になる必要がある。職場や家庭からのプレッシャーも自己認識や成長の妨げになることがある。成長への努力を維持できるのはたいてい、1人か2人、もしくは1つのネットワークからサポートが受けられるときだ。これまでの章でも説明したとおり、「共鳴する関係」とは、サポート、安心、安全を形にしたものであり、深く考え、イニシアチブをとり、挑みつづけるためのエネルギーやモチベーションを吹きこんでくれるものだ。

ショーンの話に戻ろう。共鳴する関係を育むために、コーチは心からの興味を示してショーンのことを知ろうとした。また、本心からあなたを助けたいのだとはっきり伝えた。そしてショーンが評価されるのを恐れずオープンに、率直に内省できる環境を整えた。おかげでショーンは信頼と心理的な安全を感じることができた。コーチはショーンに、核となる価値観や強みを声に出して挙げ、それらに自分なりの意味を見いだすよう促した。

本章でさらに見ていくが、これがビジョンを共有し、ポジティブなエネルギーを解き放ち、コーチ（またはマネジャーやその他の支援者）と対象者を結びつける対話である。ショーンにはコーチが自分の長所を認識し、高く評価していることがわかったので、強みも弱みも、能力を高め成功をつかみとる能力も含めて丸ごと理解してもらえていると感じた。2人の関係におけるこの要素は、ショーンがまえに進むためのモチベーションを得るのにきわめて重要な役割を果たした。もし自分の能力を俯瞰することができず、強みと苦労を等しく考慮することができなかったら、ショーンはひどく弁解がましくなるか、気を挫かれてしまっただろう。それでは人の話を聞く力を改善するという、望ましい変化に向けての取り組みをする気にはなれなかっただろう。

コーチは次のセッションで、ショーンがよりよい聞き手になろうとするのを手伝うまえに、彼のふだんの1日はどんなふうなのか知りたいと言った。彼の仕事内容が、経営幹部の同僚とともに世界中の経済動向に目を配りながら、戦略的にグローバル企業を率いるためにCEOのサポートをすることであるのはコーチもすでに知っていた。ショーンはウォール街のアナリストとよい関係を築いていたし、四半期ごとの投資家への報告を準備する仕事も楽しんでいた。部下のチームには会社の財務関連のリーダー8人と、世界中のあらゆる事業分野の人員が含まれていた。

「私があなたの部下の1人だとします」。コーチはそう始めた。「私たちのあいだにどんなやりとりがあるのか、1日の様子をひと通り説明してください。物理的な空間の話から始めましょう。オフィスはどんなふうですか？　何が目につくのでしょう？」

ショーンが答えた。「窓のほうを向いたデスクがあって、パソコンが2台置いてあります。1台は社内の仕事用、もう1台は株式の動向を追うためのものです。もう1つ、ドアに向けて置いたデスクもあって、私は2つの机のあいだに座っています。オフィスにいるときは、大半の時間を画面に向かって過ごしていますね」

「では、ドアに背を向けているのですね？」コーチが尋ねた。

「だいたいは」

「わかりました。それでは、私があなたのところへ話をしにいったとします。まえもって約束があったかどうかは、どちらでもかまいません。あなたはどうしますか？」部下や同僚はドア口に立ったまま、自分は2つの画面に張りついたままで相手に背を向けて話すことになる、とショーンは言った。「会うこと自体が目的のミーティング」が嫌いなので、会話は手短に終わらせると説明した。また、些末なことまで管理するのも好きではないので、重要な最新情報か、解決に助けが必要な問題でもないかぎり顔を合わせる必要も感じない、だからたいてい10分か15分で話を切りあげ、やってきた人はそのあいだ立ったままだという。

３６０度評価で、ショーンのスタッフや同僚は、自分のために時間を割いてもらえない、自分の話などどうでもいいと思われているように感じると書いていた。いま、コーチと話してみて、ショーンにもようやくすとんと腑に落ちた。自分とほかの人々との関係は、タスクや問題解決のみに焦点を絞った、機能一辺倒なものだった。その認識を正面から受けとめると、ショーンはコーチを見て言った。「みんなが私に話を聞いてもらえないと感じるのも無理はない！　なんて嫌なやつなんだと思われていたのでしょうね」。コーチはその自己評価に全面的に賛成したわけではなかったが、1点については同意した。ショーンはたいてい、人ではなく、問題やタスクに注意を向けていたのだ。それが効果的にチームを率いるのを阻害していた。

その後何カ月か、ショーンは部下や同僚への接し方を変える実験をしてみた。目標は、職場でよりよい人間関係を築くことだった。机の間から出て、チカチカ瞬いてひどく気を散らすパソコンの画面から離れる実験もした。最初は会議室を使い、後には自分のオフィスの小さなテーブルを使った。月に1回、部下との議題を決めないミーティングをスケジュールに組みこんだ。部下にとっては話したいことを自由に話せる時間だった。ショーンの仕事は、いくつか質問をして、あとはひたすら聞くことだった。気を散らすものがほとんどない場所を意図して選んだ。最初は妙な感じがして、壮大な時間の無駄遣いなのではないかという考えに抗わなければならなかった。しかしその後何カ月かのうちに、みなが以前より自分に対して心を開くようになったこと、より多くの情報を伝えてくるようになったことに気がついた。周囲の人々について、仕事のことも仕事以外のことも多く知るようになり、結びつきが強まったような気がした。

ショーンの例を見ると、最小のステップ——この場合には、机の間から出て相手ときちんと向きあうこと、人との関わりに心から興味を持つこと、みなの話に積極的に耳を傾けること——が最大の結果につながることもあるとわかる。行動の変化は、一度に一つずつ思考や習慣を変えることで生じるのだ。

ショーンの例は、共鳴する関係と、それを育てるためにコーチに何ができるかという話でもある。ケース・ウェスタン・リザーブ大学のコーチング研究ラボで働く同僚と共同で、私たちはここ12年のあいださまざまな背景における人間関係の質について研究してきた。そして質の高い人間関係を3つの特質によって定義した。その3つとは、共有ビジョンと、双方向の思いやりと、関係によって生じる共有されたエネルギーである。ショーンとコーチとのことを説明した話とよく似ている。３つの要素がさまざまなリーダーシップや組織の成果（やる気、効率、健全さなど）にポジティブな強い影響を与えるのを、私たちはくり返し見てきた。[8]

変革に乗りだそうとする人が望む変化を維持するためにパーソナルビジョンを指針にするのと同じように、コーチする側とされる側に共有されたビジョンは、希望に満ちた壮大な将来のイメージを支える。達成やタスクをこなすことだけを目指したやりとりの代わりに、共通の目的意識が生じる。マネジャーと部下の関係だろうと、教師と生徒の関係だろうと、医師と患者の関係だろうと、配偶者同士の関係だろうと、時間の管理をうまくこなすよりも、練習問題をより多く解くよりも、家族の休暇を計画するよりも、目的意識を共有することによって大きな一体感が得られる。２人以上のあいだに共有ビジョンがあるとき、関係はより深いところでつながり、共鳴する。会話は短期的な目標を達成するだけのときよりも意義があるように感じられる。そうした関係にある人々は互いにシンクロして動いているように見える。

本物のパートナーシップの土台は、理性や感情のレベルの一致する二者の関わりから生じる。アイデアを交換するだけの関係とは違う。共有ビジョンが希望やパーパスを浸透させるのに対し、思いやりは気遣いを浸透させる。互いへの気遣い、信頼が生まれ、自分は高く評価されている、大事に思われているという感覚を双方にもたらす。相手の役割だけを見るのではなく、人として互いを思いやるような感情は、支援する側とされる側を密接につなげる接着剤になる。希望、楽観、マインドフルネス、気遣い、遊び心などを呼び起こすことによって、支援したい、インスパイアしたいという思いと同時にPEAが活性化され、3章でも論じたとおり、健康面などにもよい作用が生じる。

共有ビジョンや思いやりのほかにも、コーチングにおいて注目すべき重要な要素を挙げている学者がいる。アクロン大学の学者たちは、コーチングにおける質の高い人間関係には4つの特徴があると述べている。心からのつながりがあること、効果的なコミュニケーションが取れていること、一緒に過ごすのが心地よく感じられる間柄であること、協力することで成長が促進されることの4つである。[20] 軍事学校におけるコーチングを研究したべつの学者チームによれば、ラポール、信頼、連帯が重要であることが判明した[21]（コーチングにおける人間関係を発展させる際に念頭におくべき重要な注意事項については、補足記事「コーチングの倫理」を参照のこと）。

## コーチングのマインドセット

コーチとして、対話に使うスキルと同じくらい重要なのがマインドセットだ。自分の内面のバランスが崩れた状態では、コーチングをうまく進めることはできない。準備とマインド

## 注目の研究

ウェザーヘッド経営大学院の〈組織行動およびコーチング研究ラボ〉の学生たちが、共有ビジョン、双方向の思いやり、関係から生じるエネルギーの3つがさまざまな現場でポジティブ（またはネガティブ）な感情を引き起こす際の影響力を調査するために、広範囲の研究をおこなった。関係のなかで生じるPEAとNEAは、最初はポジティブおよびネガティブな因子の調査（PNEAサーベイ）で測定され、のちに現在の形——関係風土調査（リレイショナル・クライメート・サーベイ）——に更新された。[9] 多数の研究のなかからほんのいくつか、以下に概要を挙げておく。

- 医師にかかっている375人の糖尿病患者に、将来の望ましい健康状態について医師とビジョンを共有してもらったところ、それをしなかった関係よりも、患者は医師の指示に従うという「治療アドヒアランス（指示の遵守）」が向上した。[10]
- 銀行関係の上級幹部85人が、コーチと2回のセッションをおこなった。コーチとの関係の質が、2種類のツールを使って測定された——PNEAサーベイと、「従業員から見るコーチングにおける人間関係の質（PQECR）」のテストである。コーチングにおける人間関係の質は、感情・社会知性が幹部のパーソナルビジョン、やる気、キャリアへの満足度に対して与える影響を増大させた。[11]
- IT企業のマネジャーと従業員のあいだの思いやりによって、2つの異なる尺度でやる気の上昇が見こまれた。[12]
- 218のコミュニティ・カレッジの校長を対象とした研究で、共有ビジョンのおかげで学部の教授陣にやる気の上昇が見られた。[13]
- より効果的な指導力を持つ医師たちは、患者との関係においてビジョンを共有しており、社会知性の影響力も大きかった。[14]
- ハイテク企業の幹部と直属の部下とのチームに共有ビジョン、思いやり、関係から生じるエネルギーがあったケースでは、ほかのチームよりも革新的な新製品を開発できた。[15]
- 家族経営の事業で共有ビジョンがある場合、その後5年の業績と次世代のリーダーの成長が格段によくなった。[16]
- 家族経営の事業で、娘が父親と共有ビジョンを持っている場合、兄弟よりも後継者になる確率が高かった。[17]
- コンサルタント業と製造業において、チーム内でビジョンが共有されている度合いが高いほど、メンバー全員のEQが効力を発揮して、みなのやる気が増した。[18]
- 多国籍の大手製造業の研究開発部門では、チーム内に共有ビジョンが浸透していたとき、プロジェクトに対する技術者たちのやる気が大幅に増した。[19]

セットがすべてである。本書ではさまざまな形のコーチングについて論じているが、私たちの多くが「親」としてコーチをしてきた経験があるというのも重要だ――とりわけ子どもが何かの節目を迎えているときには。本書の著者の1人、エレンの例を以下に挙げる。娘の将来に関わる決断のときに、エレンは娘をコーチしようとした。

モーリーンは高校の最上級生になったところだった。ある秋の夕方、一日中大学で教えたあと、エレンが遅くに帰宅してみると、夫が夕食の支度をととの

---

なものになることもある。いかなる場合でも、秘密を守ることが必要とされる。コーチは（あるいはマネジャーでもほかの支援者でも）相手のプライバシーを守らなければならない。話したことを二者のあいだだけにとどめておくことで、あなたが信用できる相手だと示すこともできる。信用は壊れやすい。築くには何年もかかることもあるのに、一瞬の誤りで失われる（あなたがプロのコーチなら、契約書に機密保持関連の事項を盛りこむとよい。コーチング開始時に話しあい、どのように、どういった手段で情報をやりとりするか決めておくことだ）。

第４に、境界を決め、それを相手にもはっきりさせておくこと。相手があなたのコーチングの範囲を超えた個人的な問題や医療に関わる問題などを開示したり、気軽に話したりしてきたら、その問題については助けになりそうなべつのプロを紹介することだ。たとえば離婚や、子どもに手を焼いているといった家族の問題、鬱や不安神経症のような心の健康の問題、経済的な問題、違法行為に関わる問題などに遭遇する可能性もある。問題が境界線に近づいたときに重要なのは、プロとしての距離を保つことだ（もちろん、コーチしている相手が自分の子どもや友人の場合にはべつだが）。コーチングがうまくいっているときには、相手との関係が密接なものに感じられ、距離を置くことが難しい場合もあるかもしれない。相手の幸せにつねに気を配りながらも、プロとしての関わりと、（たとえば恋愛関係のような）個人的な関わりとの境界を曖昧にしないことが重要だ。

これはごく一般的なガイドラインで、いわば出発点にすぎない。すべてを網羅したリストなどではない。コーチングの一番の指針は、「害を及ぼさない」ように意識することだ。プロのコーチなら、現在の倫理基準をつねに把握し、倫理上の懸念になりそうな事柄はつねに念頭に置いておくとよい。

えてくれていた。エレンは心からほっとした。長い一日だったし、食料品店に行く時間がなくて冷蔵庫が空っぽだったのだ。夫がつくった夕食はありがたい贈り物のようだった。なにしろエレンはラッシュアワーと道路工事による渋滞を抜けてモーリーンの学校へ向かい、大学への出願と支払い方法に関する説明会にも行ってきたところだったのだから。

説明会のあいだじゅう、学校の進路相談員たちが次から次へとさまざまな詳細に言及したので、エレンはストレスレベルが

---

## コーチングの倫理

プロのコーチとして働くなら、守るべき重要な行動基準がある。この行動基準があってこそ、コーチングは高いプロ意識に支えられた専門職になる。コーチングに関するさまざまなネットワークのメンバーになる際にも倫理のガイドラインに従うことが要求されるので、既存の倫理基準は熟知しておいたほうがいい。コーチングに関わるすべての組織の基準をここで解説することはできないが、よく練られた倫理基準を公表している組織が２つある。資格認定・教育センター（CCE）と、国際コーチング連盟（ICF）である。この２つから提案されている行動基準は、プロとしてのクライアントとの接し方や、利害抵触、プライバシーと守秘義務といったトピックまでカバーしている。各組織のウェブサイトにさらなる情報が掲載されている。

他者を支援するときの人間関係の本質を考えれば、倫理的配慮は誰もが心に留めておくべき重要な事柄である。おおまかに言って、どんなコーチングをするにも重要な土台となる普遍的な原則が４つある。第１に、主要なゴールは対象者の成功であるのを忘れないこと。コーチングの一番の狙いは、対象者が自分の望みを認識し、最良の自分に成長するのを助けることだ。バーバラ・フレドリクソンの言葉を借りれば、コーチの仕事の真髄は「広げて、つくりあげること」である。決して操ったり支配したりすることではない。

第２に、これは明らかにプロのコーチのための原則だが、必ず契約を交わすこと。相手が個人でも組織でも同じである。関わりを持つすべての人が同意のうえ署名した契約書を作成し、役割、責任の範囲、期待する結果を特定しておくべきである。コーチングで実施する内容と、完了までの期間も記載しておくとよい。

第３に、秘密を守ること。コーチする側とされる側の関係は、深く複雑

ぐっと上がるのを感じた。「大学の出願はいつからこんなにややこしくなったの？」とエレンは思った。気がつけば、モーリーンが小さな子どもだったころはもっと生活がシンプルだったのにと、ぼんやり考えていた。「幼稚園の保護者会に参加したのがまるで昨日のことのようじゃない？　時間が経つのが早すぎる」と思った。進路相談員は、生徒たちがたどるべき重要なステップを説明していた。共通テストの最後の結果を登録するところから始まって、出願する大学のリストを最終決定し、応募のための小論文を書くところまで。エレンは３ページにわたるメモと頭痛を抱えて説明会場をあとにした。

エレンは空腹で疲れきって食卓についた。モーリーンと話をして、保護者説明会で知った内容を伝えたかった。エレンは本心からの興味で尋ねた。「行きたい大学は決まったの？」「うん、まあね」モーリーンは感情をこめずに答えた。「だけどまだあと何校か調べようと思って」。これを聞いてエレンは驚いた。すでに夏いっぱいかけていくつかの大学を訪問し、興味を持った大学５〜７校ほどをリストにまとめたはずだった。キッチンテーブルのまえで、エレンは保護者会のときに感じた不安がまた高まるのを感じた。それでも、娘はおそらく決めなければならないことの多さに圧倒されているのだろう、と自分に言い聞かせた。

べつの質問をすることにして、エレンはできるかぎり穏やかな声で尋ねた。「小論文の進み具合はどう？」進路相談の教員たちは、異口同音にアドバイスをしていた。応募要項が公開されたらすぐに小論文の下書きを始めてください、後回しにしてはいけません、と。エレンにはなぜかわからなかったが、優等生だったはずのモーリーンは夏じゅうぐずぐず先延ばしにしており、小論文を書きはじめることに気が乗らないようだった。まるで麻痺して動けないかのように。

「まだ書きはじめてない」。モーリーンが苛立った顔をして答えた。「来週の国語の時間に、みんなで取り組む時間があるから」

突然、エレンのなかで何かのスイッチが切れた。疲労が押し寄せて怒りがすべてを呑みこみ、エレンはこう言った。「いったい何が問題なのよ？　時間なら夏じゅうあったでしょう。ぐずぐずしてないで、さっさと書きはじめなさいよ！」

沈黙がおりた。モーリーンは窓の外を睨んでいる。エレンはすぐに後悔して、口にした言葉を引っこめたくなった。意思の疎通がうまくいっていないのは明らかだ。エレンは助けになりたいだけなのに、失敗してしまった。娘とポジティブなつながりを築いて、小論文に取りかかるように促すためのチャンスを、たったいま、少なくとも1つ潰してしまった。モーリーンの返答に感じた苛立ちをあらわにし、耳を傾けることと思いやりを示すことをやめてしまったのだ。

あとになって、違うやり方ができたのではないかとエレンは考えた。会話が熱を帯びるまえに、自分の心や体の状態を点検することが最も重要だった。自分の状態をきちんと認識していれば、疲れていてとてもコーチなど、いや、きちんと話を聞くことさえできそうにないと気づいたはずだった。それなら日を改めて、自分も娘ももっとリラックスしているときに再度試してみればいい。そのときには、自分が10代だったころを思いだして、娘が人生の岐路で感じているであろうプレッシャーに思いやりを示すことができるだろう。たとえば、モーリーンの向かい側に座るのではなく、肩を並べて歩くようにして、PEAに働きかける質問をするのだ。「大学では何を勉強して、何をやってみたいの?」とか、「次の授業が待ちきれないくらいおもしろいのはどの科目?」とか。これならモーリーンが自分の可能性やビジョンに目を向ける助けになるかもしれない。罪悪感を誘発する質問をしても、ストレスや不安が引き起こされ、モーリーンはさらに心を閉ざすだけだろう。

エレンの親としてのエピソードがはっきり示しているのは、誰かを支援しようとするときに、自分のマインドセットや感情の状態が会話の展開を左右するということだ。以下に、自分の状態を自覚しながらコーチングのやりとりをするための基本的なガイドラインを挙げておく。

## コーチングの土台

コーチングにおいて質の高い人間関係を築くため、また、相手を育てるマインドセットを整えるために、土台となる3つの事柄を挙げておこう。

第1に、**人の変化は単発の出来事ではなく、一連のプロセスであると知る**こと。成長や発達には時間がかかる。新しい習慣を身につけるには、オープンでいること、自覚的であること、いままでとは異なる考え方や行動をするエネルギーを持つことの3つを可能にする実践とフィードバックが必要だ。これは変わろうとする側、手助けを受ける側と同様に、支援する側にも言えることだ。間違いをおかしたあとに改善したり成長したりするためのスペースは誰にでも必要なのだ。時間の制約や日々のストレスのせいで忘れがちではあるが、変化のプロセスは一夜にして完了するわけではない。

たとえば、娘の将来に関してコーチしようとするエレンの努力は、あの晩の夕食の席で始まったわけではない。エレンはこの1年ほどまえからずっと、モーリーンにぴったりの大学やキャリアを考えるための助力を惜しまなかった。娘が自分の望みを見きわめ、適切な大学を探すのを手伝おうとするプロセスは、長い時間をかけて展開してきた。しかし夕食の席でのあの瞬間、エレンは否定的な言葉を投げかけ、すぐに答えが返ってくることを期待した。たとえ本当に支援しようと思っていても、これでは決してうまくいかない。幸いにも、エレンとモーリーンのあいだにはすでに絆ができあがっていたので、気力や落ち着きが回復すればまた娘の問題に取り組めると、エレンにはわかっていた。

第2に、**コーチングへのアプローチを、ただ土を掘り返すだけでなく金（ゴールド）を発掘するチャンスと考える**こと。何年かまえに〈ヒューストン・ビジネスジャーナル〉で見かけた記事のなかに、私たちがコーチの教育プログラムや認定プログラムで好んで引きあいに出すようになったエピソードがある。[22] 19世紀末、アンドリュー・カーネギーがアメリカでトップの富豪だった時代の話である。スコットランドからの貧しい移民の若者だったカーネギーは、さまざまな仕事を経験したのちにアメリカ国内最大の製鋼所の経営者になった。ある時点で、カーネギーの下で働く者の多くが富豪になったが、これは当時としてはじつに稀なことだった。何か秘訣があるのだろうかと興味を持った記者がカーネギーにインタビューをして、どうしてこんなに大勢の人が裕福になることができるのかと質問したところ、人は金（ゴールド）が発掘されるのと同じようなやり方で成長するからだとカーネギーは答えた。「30グラムの金を手に入れるには数トンの土砂を掻きださねばならないが、鉱山に入るときには土砂を求めているわけではない。金を求めているのだ」。優秀なコーチは、相手や相手グループのなかに金を求めてコーチングの対話を展開する。これは当たりまえのことのようだが、稀にしか実践されない。また、最高のコーチが最大の善意をもって臨んでも、黄金のチャンスを逃すことはある。エレンと娘の例で言えば、エレンは感情的になったせいでモーリーンを支援する重要なチャンスを逃し、少なくとも一時的に対話の道を閉ざしてしまった。

第3に、**対話の内容は相手から引きだすべきと考える**こと。コーチはプロセス全体の管理者ではあるが、そもそものプロセスが存在するのは相手を助けるためであって、コーチがアドバイスや経験を披露するためではない。だから、話題は柔軟に変えられるようにしておき、相手に合わせるほうがよい。プロセスの管理者として重要なのは、最終的なゴールを心得ておくことと、そのゴールに向かって忠実に進みながらも、ともに過ごす時間をどう使うかについての意見や選択は相手に任せることである。エレンの話も落とし穴にはまってしまった例だ。モーリーンが口を開くように促すのではなく、エレンのほうが会話を無理やり進めてしまい、しかも自分に残されたエネルギーを確認しそびれていたため、思いやりを示すべきだったのにそれができなかった。

これら3つの基本的なガイドラインとはべつに、コーチングにおいて質の高い人間関係を築くために最も重要なのは、目のまえの物事に集中し、相手に注意を払うのと同じくらい、自分の状態も意識しておくことである。経験豊富なコーチでさえ毎回気をつけなければならないことだ。信頼を育みサポートを実践するための決定的な要素は、細かく注意を払うことと、相手の話に深く、積極的に耳を傾けることである。次のセクションでさらに詳しく見ていこう。

## ただ聞くより、深く耳を傾ける

ショーンの例を思いだしてもらいたい。ポジティブなフィードバックについて長々と話しあったあと、コーチは大事な質問をした。「ほかに気になる点はありますか？」

するとショーンは、ネガティブなフィードバックもあり、それが引っかかっていると認めることができた。「ほかには？」（「もっと話してください」でもよい）というのは私たちが好んで使う質問で、対象者との対話で使うようにと、コーチングを学ぶ生徒にもつねに勧めている。相手の深層心理に興味があることを示す質問なので、質問そのものに言葉を引きだす効果があるのだ。また、言いづらい内容がなんであれ、こちらにはそれを聞く準備があると伝える質問でもある。こうした質問が本人さえ驚くような新事実を引きだすことも多い。

誰かがあなたに注目してくれたときのことを――相手が完全にあなたの言っていることに集中し、考えや感情を理解しようとしてくれたときのことを――ちょっと思いだしてみてほしい。かなり気分がよかったはずだ。尊重され、関心を持たれ、愛されているとさえ感じたかもしれない。特別な人間になった気分。基本的に、人はみな理解されたい、正当に評価されたいと思っている。だから話を聞くために時間を取るときには、相手が言うことに関心があり、価値を見いだしていることを態度で示すべきなのだ。

周囲の人々と共鳴するための鍵となるのは、聞くことである。信頼を招き、相手のほうも信頼されていると感じることができる。精神的、感情的に安全であると思えれば、新たなアイデアや経験に心を開くことができる。しかし職場では、実績を上げなければというプレッシャーや専門性を誇示したい気持ちに負けて、深く聞くことの重要性がないがしろにされてしまうことも多い。

聞く、というのは気遣いを示しながら話に耳を傾けることだ。[23] アクティブ・リスニング（積極的傾聴）とは、すべての注意を相手に向け、意識を総動員して耳を傾けることである。目指すところは、相手の考えやメッセージを完全に理解し、たとえ賛同できなくても相手の見解を尊重することだ。自分が賛同するかしないかは言葉や非言語のシグナルを通して伝えるべきではあるが、まずは相手の考えや感情を理解し、相手が言わんとしていることを受けいれて敬意を払うのが先である。

大半の人が、聞くとなると苦労する。相手の言葉を遮ったり、文章の終わりを先取りしたりする。相手の言っていることを評価する。私たちの内なる判定者は30秒以内に相手が考えていること、感じていること、言おうとしていることをわかったような気になり、しかも提案やアドバイスや命令を発したい気持ちに抗えなくなることも多い。

1952年のハーバード・ビジネス・レビュー誌上に掲載された重要な記事のなかで、ハーバード経営大学院の教授、カール・ロジャーズとＦ・Ｊ・レスリスバーガーは、私たちが耳にしたことをすぐに評価したくなるのは、本能的で無意識な反応だと述べている。これは聞くこと、学ぶこと、オープンにコミュニケーションを取ることの障壁となる。誰かの言葉を耳にしたとき、私たちは即座に賛成か反対かを判断し、その人が言った内容に対してだけでなく、自分自身の応答に対しても反応する。会話で感情が刺激されれば、私たちは強い反応を示す。苛立ちや緊張が高まるにつれて対話は閉ざされ、学びや理解は停滞する。[24]

コーチングでは、聞き方次第でさらなる断絶が起こる。コーチの基本的な仕事は自己認識と感情のコントロールであり、話を聞くときにはとりわけそれが必要になる。ただしこれは諸刃の剣だ。自制は容易ではないため、口を開きたい衝動に抗えば、コーチ自身のＮＥＡが活性化してしまうこともある。

最良のコーチは優秀な聞き手であるというのは本当だ。しかし集中力は簡単に途切れる。すぐに自分自身の思考にとらわれるし、積極的に相手の話を聞いていると思うときも、たいていは自分が次に口にする言葉を考えている。聞く能力や、聞くことへの興味の程度は意外に低い。私たちは自分の頭のなかでくり広げられる会話を聞いているだけで、目のまえの相手の話を完全に聞いているわけではない。

アクティブ・リスニングは意志の力と、努力と、エネルギーを大量に必要とする。自分はどういう人間で、コーチングに何を持ちこもうとしているのかを深く認識するところから始まる。それには自分の偏見を認識することも含まれる。ゲシュタルト療法士のロバート・リーはこう言っている。「思いこみや固定観念は、人の話を聞くときのフィルターになるのです。私たちは相手の言葉を相手の立場で聞くことができません。相手がどういう人間であると思うか、思いこみのフィルターを通して聞きます。だから目のまえの相手や、パソコンの画面の向こう、または電話の向こうにいる相手が何を言おうとしているのかしっかり聞けるくらいオープンになって、誠実に受けとめるためには、自分のなかの潜在的な偏見を認識しておくことが欠かせないのです[25]」

深く聞くというのは、相手を意識しつづけることである。意識のすべてを用いて聞くというのは、

## 注目の研究

聞き上手になるための意識やスキルを強化することには、ポジティブで生産的な人間関係を築くうえでさまざまな利点がある。研究者のガイ・イツチャコヴとアヴィ・クルーガーは、集中している聞き手と気の散った聞き手に関するいくつかの研究をしている。ある研究では、114人の学生に、集中している聞き手と気の散った聞き手をランダムに割り当ててペアを組んでもらった。集中するように指示された聞き手と話をした学生からは、気の散った聞き手と話をした場合よりも高い自己認識、不安の減少、行動の明確さが報告された。そうした学生たちは、気の散った聞き手と組んだ学生たちよりも、強みと弱みの両方について考えを深めることができた。また、トピックもより複雑で、より多面的なものになった。問題の全体像をとらえることができ、より大きく想像力を働かせることができた。この結果から、気持ちを集中して思いやりを示しつつ話を聞くことには、相手がリラックスし、自己認識を深め、オープンに自分と向きあう能力を伸ばす効果があると、研究者たちは述べている。

出典：G. Itzchakovand A. Kluger," The Power of Listening in Helping People Change," hbr.org, May 17, 2018.

相手が明かしたり見せたりする内容や、相手の経験に耳を傾け、目を向け、感じることである。言葉を聞き、感情や非言語のシグナルにも注意を払う。言葉や表情や声のトーンにアンテナを合わせる。相手が目を明るく輝かせたり、しかめ面になったり、椅子のなかで身じろぎしたりするのに目を向ける。声の変化、話す速さ、呼吸を聞き取る。相手を理解し、相手が考えたり学んだりできる安全で支えとなるスペースを維持するためである。

　コーチや支援者が対象者に波長を合わせようとするときに頼れる自分のなかのリソースはエンパシー（共感力）である。エンパシーとは、私たちが「他者の靴を履いてみる」ための能力、相手が見ているもの、考えていること、感じていることを、自分のことのように想像するための能力だ。ハーバード大学医学大学院出身で研究者のヘレン・リースは、人にはミラーニューロン――運動前野にある特殊な脳細胞――を通して共感する力が生まれつき備わっているという。「ミラーニューロンが発見されるまえは、脳が論理的思考プロセスを経て相手の行動を解釈したり予測したりするのだと思われていました。いまでは、この神経科学的な『鏡』と共有された思考回路のおかげで相手が考えていることを理解するだけでなく、相手が感じていることを自分も感じることができるのだと考えられています」。この特殊なニューロンのおかげで、私たちは他者と認知的なつながりを持ち、リースの言う「共有された思考力」の基盤を形づくることができる。文字どおり、相手と認知の波長を合わせることができるのである。[26]

エンパシーには3つの側面がある。それは認知的側面、感情的側面、行動的側面であり、これらは支援関係においてつながりや絆を強化する役に立つ[27]。「認知的エンパシー」は、相手のものの見方を概念的に理解するために、分析のプロセスに関連する神経ネットワークに作用する。相手の全体像、もしくは状況の全体像を形づくるための情報収集に意識を集中し、相手のものの見方を学び、受けいれるために問題解決ネットワークを使うからだ。「感情的エンパシー」とは、相手の感情に同調し、相手が感じていることを自分も感じるための能力である。たとえば、懸命に仕事に取り組んできた同僚が昇進したときに自分までうれしくなるとか、親友の母親が予期せぬ病気で亡くなったときに自分も悲しく重苦しい気持ちになるといったことだ。感情的エンパシーは、感情をつかさどる脳の部位や共感ネットワークを活性化させる。相手と自分に似た要素があると、感情的エンパシーを引き起こしやすくなる（生まれ故郷が同じ、高校で同じスポーツをやっていた、宗教的または政治的見解が同じであるなど）。二者の違いが大きい場合には、すばやく本能的な反応が起こることはあまりない。

「行動的エンパシー」は、エンパシーの3つめの側面であり、「共感的な気遣い」とも呼ばれる。相手を支援したいと思うときの原動力である。思考と感情が統合されて、行動の推進力となるときに湧き起こる。心が強く引かれ、相手を助ける行動を取らずにはいられないときに表れるのが共感的な気遣いである。

それぞれのコーチに固有の気質によって、対象者がどれくらい感情を見せるかは異なるかもしれない。感情の波長が合えば、心のつながりが築きやすくなる。一方、分析的なアプローチを前面に押しだすと、コーチが問題解決だけに関心を示しているような印象を与えるかもしれない。いずれにせよ、最良の道は1つに決まっているわけではない。現実の世界で本当に誰かを支援するためには、エンパシーのすべての側面を使う必要がある。他者に波長を合わせる能力も、他者を理解したいという思いも、成長や変化の途上にある他者を手助けして積極的に関わりたいと思う気持ちもすべて。

上手に話を聞くことに苦労している私たちにも希望はある。聞く力は伸ばすことのできるスキルなのだ。ヘンリー・キムジーハウス、キャレン・キムジーハウス、フィル・サンダール、ローラ・ウィットワースは、聞くことには3つのレベルがあり、この3つの段階を通してコーチングにおける人間関係や結びつきが築かれるという。[28]

・レベル1は「つながる段階」。他者の話を聞き、相手の言葉が自分にとってどういう意味を持つかを判断する段階である。聞き手の意識は内側へ向かう。このレベルでは、対話によって相手と共通の土台を築くことができる。

・レベル2は「集中する段階」。相手にすべての注意を向け、理解やつながりを深めるためにエンパシーを示す。

・レベル3は「包括的な段階」。意識を総動員して言葉を超えた部分まで聞きとる。相手にすべての注意を向けながら、より大きな背景を視野に入れ、明かされた内容に加えて言葉にされなかった物事についても考慮する。

レベル1では他者とつながることができる。これは職場や、交流会で人と会ったときや、一緒にチーム・ミーティングに参加しているときなどにもつねに起こる。たとえば、1人が湖畔の別荘で過ごした週末の話をする。あなたも同じ湖畔の貸別荘で週末を過ごしたばかりだとすると、その近隣のお気に入りのレストランの情報を交換したりする。これは重要だ。他者と何かしらつながりを築くことで、職業上の、そして個人としての人間関係の基礎ができるからだ。しかし効果的なコーチングのためには、ただつながりをつくるための段階を越えて、レベル2や3へ進む必要がある。質の高い人間関係を築き本当に助けになるためには、一歩踏みだし、全身全霊で聞く必要がある。

相手に注意を向けたままベストの状態で耳を傾けられるようにする、簡単なコツが2つある。まず、8対2の割合がよいと覚えておくこと。コーチ、マネジャー、その他の支援者になったら、自分が話すのはコーチングの時間の2割程度にとどめ、あとの8割は相手に話してもらうのがよい。焦点は相手のほうにあることを確認する助けにもなる。もう1つは、ＷＡＩＴと覚えておくこと。これは「なぜ私が話しているのか?（Why am I talking?）」の頭文字を取ったものである。もし自分がしゃべりすぎていると感じたら、それはコーチングではない。自分語りをしているか、教えているか、管理しているか、命令しているかのいずれかである。ＷＡＩＴを思いだせば、道を踏み外すことなく進める。自分がしゃべりすぎていると気づいたら、何か質問をして焦点を自分や自分の話からずらし、コーチングの対象者に戻すとよい。

---

質の高い人間関係を育てるために役立つ内容と実際的なヒントを、本章で見つけてもらえただろうか。8章では、組織がコーチングの文化を築くためにどのような取り組みをしているかを探りつつ、ピアコーチング、マネジャーによるコーチング、外部コーチによるコーチングを含むさまざまなアプローチを見ていく。

## キーポイント

1　コーチする側とされる側、支援する側とされる側のあいだの人間関係は、成長の核であり、共鳴によって質の高いものになる。そういう人間関係の特徴は、感情のトーンが全体的にポジティブであること、ビジョンが共有されていること、思いやりが示されていることである。

2　誰かの変化を手助けしようと努力する際には、コーチングのマインドセットで臨むこと。変化は一連のプロセスであり、単発の出来事ではないので、時間を要する。誰のなかにも金（ゴールド）が存在することを信じ、その宝を見つけるために何トンもの土砂を掻きだすことが自分の仕事であると心得ること。プロセスや問題ではなく、つねに対象者に気持ちを集中すること。対話のトピックは自分で決めるのではなく、相手に任せること。

3　コーチとして相手の話を積極的に深く聞くことは、質の高い人間関係を築くために不可欠な土台である。

## 内省と活用のためのエクササイズ

1　次の１週間、他者との会話に意識的に注意を向けてみよう。誰かがあなたの話を聞くとき、またはあなたが誰かの話を聞くときに、気づいたことがあれば書き留めておくこと。互いの話の聞き方に関して何かパターンが見つからないだろうか。

2　職場に向かう交通機関のなかで（自家用車を運転している場合にはお勧めしない）、または一日のうちで早めの小休止のあいだに、配偶者やパートナー、子ども、親、ルームメイトといった人々とのその朝のやりとりをふり返ってみよう。何を話しただろうか？　あなたはどれくらいきちんと耳を傾けただろう？　相手が言おうとしたことや、相手がどう思っていたかに耳を傾けることができただろうか？

3　毎日の職場での会話から何か１つを取りだしてみよう。グループ・ミーティングでの会話でも、１対１の会話でもかまわない。あとでその発言者に話しかけ、彼らが伝えようとしたことをあなたがどう聞き、どう感じたか話してみよう。あなたは発言者の意図を正しく受けとめていただろうか？

## 対話へのガイド

1　一緒に学習をする人たち、または同僚と、参加したミーティングについての見解を話しあってみよう。ミーティングの参加者はみな、ほかの人の発言に積極的に耳を傾けていただろうか？　なんらかの理由から気が散っている人はいなかっただろうか？　あなたの観察の結果とミーティングの生産性には関連があるだろうか？　人間関係はどうだろう？

2　1で取りあげたのと同じミーティングについて考えてみよう。講演のように1人で長々としゃべったり、一緒に話すのではなく、一方的に話していた人はいなかっただろうか？　そういう人々に際立った特徴はなんだろう？　そういう人と、同じミーティングにいてほかの人の話に熱心に耳を傾けていた人を比べたとき、両者の一番の相違はなんだろうか？

3　最近の会話（できれば配偶者、パートナー、同僚との会話）で、相手が注意を払ってくれているように見えたのに、じつはきちんと聞いていなかったときのことを話しあってみよう。あなたはどう感じただろうか？

*Creating a Culture of Coaching or Helping*

Pathways to Transform the Organization

# 8

# コーチングや助けあいの文化を築く

## 組織変革への道筋

人事および人材マネジメント担当の上級部長であるジェフ・ダーナーが、フォーチュン・ブランズ傘下のモーエン社に最初にコーチングを持ちこもうとしたとき、変化はなかなか進まなかった。ダーナー曰く、幹部たちには「従業員にどんな気分か尋ねるような習慣がなかった」そうである[1]。そのうえ、モーエン社のマネジャーたちは日々の仕事をこなすだけで精一杯で、やることリストはすでに充分長いのに、そこにまた成長のための対話というタスクが1つ加わるのかとうんざりしただけだった。しかし少しずつ、研修や対話を通して組織の文化は変わっていった。会話をする時間など取れない、ましてや話を聞く時間など取れるわけがないと思っていたマネジャーたちが、まさにそれをするために時間を使いはじめた。会議後の廊下で上司と部下のあいだに生じる非公式のコーチングなども、日常的な光景として目につくようになった。

　これこそ私たちが組織のなかにつくりだそうとしているコーチング文化であり、本書で伝えようとしているのもこうした学びなのだ。とくに効果的なコーチングの文化が組織で醸成されるのは、人々がＰＥＡに働きかけるコーチングを通して他者を手助けするスキルを身につけたときである。

　べつの状況――家族や友人とのあいだ、あるいはコミュニティ内――でも、互いが成長し、学び、新しいアイデアに対してオープンになる手助けができるような枠組みが広がれば、絶え間なく変わる世界に適応するための役に立つ。そこで生じる気遣いは、共鳴する関係を築いて維持する助けになる。また、定期的にＰＥＡを呼び起こすことによって、支援する側の人の助けにもなる。本章で論じるのはおもに職場の環境だが、例や要点はすべてほかの状況にも当てはまる。

## 職場にコーチングを持ちこむ

もちろん、組織にとってコーチングは比較的新しい存在だ。１９６０年代後半から１９７０年代前半に企業に導入されはじめたものの、定着したのは１９９０年代後半から２０００年代前半にかけてだった。私たちはいまもさまざまな形のコーチングを模索しているところであり、完成させる道を探している最中である。いままでにわかったことが1つあるとすれば、人間関係が鍵であるということだ。とりわけ、みなを動機づけてやる気を起こさせるような、共鳴するリーダーシップが求められる組織の場合にはそれが言える。また、組織のなかで不利な状況にさらされている特定のグループ——たとえば新米のリーダーや、マイノリティのグループ、女性たち——にとっては、コーチングで将来のキャリアを前向きにとらえられるようになることもわかっている。家庭でも、自分は締めだされている、周縁に追いやられていると感じる人々にとって似た効果をもたらす。

たとえばアメリカでは、組織で働く女性は男性よりもコーチングを受ける機会が少ないことがわかっている。しかし私たちの友人で研究者でもあるトリード大学教授のマーガレット・ホプキンスと、ボーリング・グリーン州立大学教授のデボラ・オニールによれば、「男性とは性質の異なる個人的、組織的な現実に直面している」女性たちこそ、コーチングが現実の課題を解決するための助けになることが多いのだ。マーガレットとデボラは私たちとの議論のなかで、リーダーとしての役割を果たす女性はいまだに少ないし、総じて男性より賃金が低いことを何度も指摘してきた。コーチングは、働く女性が男性優位の分野でキャリアアップを考え、仕事と生活の両立について見直すための安全な場を提供することができる。研究者たちは、女性やマイノリティが独自の声をみずから見きわめ、組織における地位向上を支援するようなコーチングを勧めている。家庭内やコミュニティにも同様の力関係が働いていると考えられる。

しかしコーチングを提供することがつねに容易であるとはかぎらない。とくに、ジェフ・ダーナーがモーエンにコーチングを導入した初期のころには困難もあった。また、コーチングが導入されて長い時間が経ったあとでさえ、まだ努力を要することもある。ニルーファー・ゴーズがシスコシステムズ社でコーチング推進リーダーになったときがそうだった。彼女はシスコ社の大勢の幹部や技術者にさまざまな育成プログラムを提供することを楽しみにしながら現地に赴いた。ところが最初の仕事は——あとからわかったのだが——すでに現場に氾濫していたコーチングの実態を把握することだった。シスコはコーチングに大金を投じていたが、実際に会社や従業員のために雇われていたコーチが何をしているかはほとんど説明できなかった。ニルーファー曰く、「大掃除をしなければなりませんでした[2]」。

似たような話は、フォーチュン５００に入るような企業の人材開発担当幹部の多数から聞く。ニルーファーと同じく、まずは現状でどの程度のコーチングが誰によっておこなわれているかを調査しなければならないのだ。その時点で、従業員がコーチと接触できる最良の方法を見直す。さらに、コーチングの質と料金を一定に保つのがまた難題だった。ニルーファーはシスコが使う社内コーチ、社外コーチの全員に対して、訓練と認定のためのプログラムを導入した。

しかし、最良のコーチングを説明・提供するだけでは済まない、はるかに複雑な難題に直面する組織もある。エイミー・グラブは、連邦捜査局（ＦＢＩ）で２万５０００人の職員を支援する能力開発部門の調整業務を担っている（ときにはコーチングもする）。仕事そのもののプレッシャーに加え、ＦＢＩのリーダーたちは毎日のように公の場で注目を浴びている。彼らは真実と公正と派閥政治からの要求を巧みにさばきながら、完璧な世間体を保たなければならない。ＦＢＩは新たな幹部の研修や、新しい部署に異動になった者がいるときには必ずコーチを使うのだが、エイミーはこれに加え、リーダーが必要に応じてコーチを要請できるプログラムをつくった。だが、連邦予算が厳しくなると、本人がマインドフルネスを実践する「セルフ・

コーチング」を促すようになった。[3]

こうした例が示すとおり、効果的なコーチングの文化をつくりだすには、広範なマネジメントのスキルと優れた判断力が必要になる。全体的なニーズの判断やコーチへのアクセスの管理から、ときにはコーチの質を保つための訓練や認定の集約まで、あらゆる仕事をこなさねばならない。事例研究から、組織にコーチングを導入する際の３つの基本的なアプローチが浮かびあがった。

（1）ペアまたはチームでのピアコーチングを促し、その訓練をする
（2）内部コーチと外部コーチ（プロのコーチとして訓練を受けた者、およびプロの団体から認定を受けた者）にアクセスできるようにする
（3）マネジャーや上級幹部が部下にコーチングを提供できるように、幹部教育をする

これからこの３つのアプローチを順に見ていこう。

## ピアコーチング

組織にコーチングの文化をつくりだすために使われるアプローチの1つに、ピアコーチングがある。家庭、チーム、社会集団、コミュニティなどに思いやりのコーチングや支援の枠組みを導入するためにもよい方法だ。もちろん、これは昔ながらのプロセスでもある（昔なら「友達になる」と表現しただろう）。しかし昨今では、私たちの多くは時間に余裕がなく、親友とさえ直接話をする機会がほとんどない。たいていはフェイスブックの更新を見たり、テキストメッセージや電子メールをやりとりして済ませ、感情的に深く結びついた人間関係を維持したり発展させたりする機会を犠牲にしている。

ピアコーチングは、相互支援のための個人的な支えとなる結びつきを形にしたものである。ほぼ同じ地位にある2人以上の人が、個人および職業人としての成長を助けあうために集まり、有意義な出来事や特定の瞬間をふり返る。研究者のキャシー・クラム、アイリーン・ワッサーマン、ポリー・パーカー、ティム・ホールは、ピアコーチングのおもな目的を「明確な境界をもうけつつ、ゴールに向けた相互の学びを推進すること」と説明している。[4] 仕事上の特定の出来事をふり返ることで、同じ場を経験した人々にとってはそれが生きた事例となる。1人が仕事上重要だと思う出来事を選び、相手またはグループに対して発表し、その後みなでそれがどうなったか、ほかに選択の余地はあったかといったことを話しあう。こうした形の対話は、立場的に横並びの人々が話しあい、助けあうときにより大きな価値が生じる。専門家や「上の人」

から指導を受けるとなると、「他者が規定した自分」を押しつけられ、NEAを呼び覚ますことにもつながるからだ。

3人以上の集まりはピアコーチング・グループと呼ぶ。人々の行動の変化を助けるのに最も成功しているピアコーチング・グループの1つは、〈匿名のアルコール依存症者たち（AA）〉だ。[5]集まった人々は地位や立場の違いを取り払い、平等な人間同士として話をする。AAに信頼が生じるのはこのためである。人々は、非常に困難な行動の変容、つまり依存症の克服に、明るい可能性を感じながら取り組むことができる。AAのメンバーは、洞察、励まし、慰めを求めて互いを頼るようになる。全員が「一度はひどい場所にいた」ことを知っているので、交わされる言葉を信じることができ、話すときにも正直になれる。

ピアコーチングは公式な形でも非公式な形でもできるし、組織内の人だけで集まっても、組織の壁を越えて集まってもいい。そこでできた人間関係はたいてい長続きする。参加者のあいだに深く共鳴する関係が生じ、互いへの気遣いや思いやり、共有ビジョンやパーパス、楽観的な助けあいの空気を経験することができるからだ。

組織の立場から見たピアコーチングの美点は、コストが低く、それでいて大勢のマネジャーや従業員の助けになり、ポジティブな土壌をつくることにもつながるところだ。毎日コーチングの実践ができて、マネジャーから従業員へと滝が流れるように成果が広がるのも優れた点である。

では、ピアコーチングは具体的にはどう機能するのだろうか？　ピアコーチング・グループは長続きし、深い結びつきができる傾向にあるので、ポジティブな感情が伝染してほかの場所でもよい変化が起こる。そういう意味では、ピアコーチング・グループは新たな形態のサポート集団と言える。うまくいったケースでは大家族に似たものになる。こうしたことがすべて、最終的には組織の枠組みの改善につながる。ピアコーチングが組織の文化を変えるために使われるのは前述のとおりだが、ときには社内文化そのものの重要な一部になることもある。ほかのトピックやほかの参加者に触れることで気晴らしになる程度の各種研修よりも、重要なものになりうる。ピアコーチングは、グループのメンバーが助けあう方法をひたむきに探るような、特別な状況を生むのである。[6]

ピアコーチングはさまざまな形を取りうる。ケース・ウェスタン・リザーブ大学の講座では、各自「個人のための取締役会」を持つようにと言う。これは、鍵となる人間関係やサポートの出どころを意識するだけでなく、進捗をチェックしてくる人々のリストにもなる。研究者であるモニカ・ヒギンズとキャシー・クラムは、これを「成長のためのネットワーク」と呼ぶ。[7]このネットワークに何人か重要な人々を配し、個人として、または仕事のうえで成長しようとするときに、そのうちの1人または全員を頼ることを勧めている。

ピアコーチングでも、訓練された専門家によるコーチングと同じく、人間関係が鍵となる。組織での仕事はすべてネットワークのなかで生じるため、誰もが誰かとつながり、誰かの行動がべつの誰かに影響を与える。ピアコーチングを通して助けあいや支えあいのある有意義な人間関係のなかで働くと、従業員は全員、革新的で、適応力に富み、パフォーマンスを上げ、より健康で長生きできる人生のためのサポートが得られるのだ。ピアコーチングにおける信頼に満ちた人間関係はセーフティネットとして機能し、人々は助けあい、さまざまなアイデアの実現性を互いにチェックし、ともに経験した出来事の意味を確認しあう。大きな効果を生むには、参加者の自己認識や内省、互いへの気遣いと思いやりが必要だ（質の高い人間関係を築くこと、コーチングのスキルに磨きをかけることに関するさらなる情報は、補足記事の「組織のなかでコーチングのスキルを伸ばす」や、7章を参照のこと）。こうした要素は感情面で接着剤の役割を果たし、意図的変革を容易にしたり、学びを促進したりする。単なる作業グループとは違い、人間関係や感情的な結びつきを深めること自体が目的のグループなのだ。私たちの友人で研究者のヴァネッサ・ドラスカットとクリス・キーズは、MBAの学習チームを対象とした研究をおこなった。その結果、ある学期内に最高の成績（作業成果、と言い換えてもいい）を上げたチームの行動基準は、その1学期あとに最大の学習効果を上げたチームの行動基準とはほぼ正反対だった。[8] 前者の最高の成績（つまり最高の作業成果）を上げたチームは、不公平な分担やフリーライド（相応の分担を

## 組織のなかでコーチングのスキルを伸ばす

コーチングのスキルを伸ばすステップは、意図的変革理論（ICT）でも説明されている、持続する望ましい変化のステージに沿って進む。

1　まず、将来のビジョンを吟味し、他者を支援することが自分の望みのなかでどの程度の割合を占めるか見きわめる。

2　コーチングを含めたパーソナルビジョンを確認したら、効果的な支援ができる人間関係を築くための自分の能力を評価する。チームにとってよりよいコーチになりたいと願うマネジャーでも、ピアコーチングの場合でも、研修に参加すればコーチの役割の理解とスキル向上の役に立つ。定期的な評価やフィードバックもあれば理想的なので、対面の研修やオンライン講座（視聴専用の大規模なオンライン講座や、学習者参加型のライブ・オンラインセミナーなど）を、いくつか組みあわせて活用してもよい。プロのコーチになりたいのなら、必要なスキルを身につけるためにかなりの訓練が必要になる。

3　手本にしたいと思うコーチングを実践しているプロのコーチを見つけ、そのコーチ（またはピアコーチング・グループ）のシャドーイング（模倣）をする。実際におこなわれているコーチングを見ることは重要で、観察したことをあとでほかのコーチと話しあって、自分の考察をシェアしてもよい。

4　コーチングのプロセスは非常に多くの要素や段階から成り立っている。そこにはコーチングの対象者にPEAをもたらす質問や行動も含まれる。だから、なじみのないコーチングのプロセスを体験してみることも大切である。学習の取り組みと、内省や信頼できる他者からのフィードバックを両輪として進めるとよい。

5　内省とフィードバックを含めた実践によって実験を進める。

6　完全に習得したと感じられるまで、ステップの４と５をくり返す。

こなさずに他者の仕事にタダ乗りすること）による衝突について議論することを避けた。一方、自分たちが最も多くを学んだという自負のあるチームは、あれやこれやの衝突についてオープンに議論し、解決を試みた。そして長い目で見ればそのほうがよい成果につながった。

注意点が1つある。ピアコーチングはときどき、とくにグループでおこなっているときに「ダークサイド」に転じ、ネガティブな感情を引き起こすことがある。従来マネジャーに対しておこなわれてきたトレーニング――問題の見きわめと問題解決に意識を向けるもの――が身に染みついているからだ。このアプローチが役に立つこともあるのだが、人間の成長に関してはあまり効果がない。本書でここまでにも示したとおり、問題に意識を集中するアプローチは効率がいいように思えるかもしれないが、目のまえの問題について考えたり気を取られたりしているとNEAを活性化させ、新たなアイデアや可能性を閉ざしてしまうこともある。目のまえの問題を認識することと、問題について考えたり話したりするのに大半の時間を費やすことはまったく違う。そこにばかり時間をかければ、せっかくの成長の機会をネガティブなものにしてしまう。結果として、みなで泥沼に浸かり、行きづまりを感じるようになる。グループがネガティブな方向に転じる可能性を最小限に抑えるには、スキルを備えたコーチに定期的にチェックしてもらうとよい。あるいは、グループ活動促進のための特別な研修を受けてもいい。

私たちの友人で研究者のフランク・バレットは、組織のなかでポジティブなピアコーチングが定着すれば、「社会構造が変わる」と言う。[9] フランクの指摘によれば、友達になり、その状態を維持するには「予定表に組みこまれていない時間と、何回ものやりとりと、安心感」が必要だ。友人は社会生活の鍵であるとアリストテレスも言っている。[10] 新しい社会構造を生みだすのも同じだ。社会構造が新しくなれば、組織のなかに身を置く意味も変わる。

## 新しい社会的アイデンティティ・グループ

ピアコーチング・グループの効用の1つは、「社会的アイデンティティ・グループ」に形を変えて人間関係が継続する点である。[11] 私たちが研究したリーダーシップ・プログラムを例に取ってみよう。対象は医師、看護師、エンジニア、教授、学部長といった人々が20人ほど集まったグループだった(このうちの多くが幹部の地位にあった)。プログラムが終わってから1年後、2年後、3年後におこなった計4回の長期的な調査での受講者たちからの報告によれば、行動や仕事に大きな変化があっただけでなく、お互いを新しい準拠集団(レファレンス・グループ)*の一員と見なすようになったという。日常生活のなかでは、最も親しい人々の大半からいまやっていることを続けてほしいと思われていた——大きな変化について話しあうことは脅威と見なされていた——のに対し、このプログラムの参加者グループは、夢や将来について語りあえる友人でありつづけたと

---

＊準拠集団：パーソナルビジョンに向けて自身が成長しているかを知るための、基準となるような人々の集まり

いうのだ。

このグループは、ウェザーヘッド経営大学院の〈プロフェッショナル・フェローズ〉という革新的なプログラムから生まれた。それぞれの分野の最高学位を保持している上級のプロが成長しつづけるためのプログラムである。参加型の教授法を用いたもので、グループは1年のあいだ毎週1回夕方のセミナーで顔を合わせ、これに加えて毎月1回土曜日には個人の成長に合わせた授業を受けた。受講者は新しいパーソナルビジョンステートメントを書き、そのビジョンを今後数年の学習アジェンダへ落としこみながら、互いに相手を「コーチする」練習をした[12]。

多くのエグゼクティブ教育プログラムや大学院教育のプログラムで、社会的アイデンティティ・グループが自然に生まれている。こうした人間関係が、新兵訓練のブートキャンプのような、共通の苦痛やつらい経験から生じたものでないことに留意してほしい。効果的なコーチングにおける関係について本書で論じてきたように、ＰＥＡを呼び起こす活動によって人が集まり、互いの夢を深く理解した結果なのだ。彼らは互いを大事に思い、相手の成長を気にかけ、ビジョンを共有し、思いやりを示し、同じレベルのエネルギーで動いた。ポジティブな感情の伝染と、共有された目的から生まれる「共鳴する関係」には永続性があるのだ。

## ピアコーチングの歴史

もちろん、こうしたピアコーチング・グループは組織にとってまったく新しいわけではない。1960年代と1970年代には「サポートグループ」または「Tグループ」（感受性（センシティビティ）トレーニンググループの略）と呼ばれていた。1980年代には、クオリティ・サークルや、その他の従業員参加型のグループ活動がトレンドになった。1990年代になるころにはこれが自主運営（セルフマネジメント）や自己設計（セルフデザイニング）をうたう作業チームに形を変え、2000年代前半には組織内に学習チームやスタディグループをつくる実験が始まった。

これらすべてに共通する点がいくつかある。第1に、非公式かつ自発的に生じた横のつながりであること。第2に、生活、仕事、学びに関して助けあうのが目的であること（会合に飲食が伴うとしても、それは主要な目的ではない）。第3に、メンバーがみずからテーマを決め、プロセスを管理すること（つまり、世話役はいない）。

グループでの活動に慣れ、メンバーがラポールを感じるようになると、新しい社会的アイデンティティ・グループとして機能するようになり、メンバーにとっては会合が楽しみになる。グループの人間関係は、メンバーが親密になるにつれ、会合以外の場所へも広がる。メンバー全員が同じ組織で働いている場合には、会合の外でも人との付きあい方が変わったことに、ほかのメンバーも気づくだろう。感情の伝染が広がれば、新しい実践が組織内に新しい枠組みをつくるかもしれない。

ピアコーチングを推進するエネルギーを育てるには、2つの方法がある。まず、幹部だけでなく、もっと広い範囲の人々がコーチングにアクセスできるようにすること。そして継続するプロセスを大事にすること。グループのなかに生じた人間関係や感情は、たいていの場合、授業や研修や活動が終わったあとも3〜6週間ほど消えずに続いた。また、コーチンググループに手が届きやすい状態を保てば、組織内の大勢の人々がコーチングから利益を受けられる。そのうえ組織側はコーチやコンサルタントを何百人も雇って料金を払う必要がない。

ピアコーチングを広めることは、組織にとって究極の成長活動と考えてもいい。「コーチとしてのマネジャー」に注目し、その考え方をすべてのマネジャー、従業員、運営スタッフ、生産労働者のあいだに広めるのだ。これにより、ふつうなら雇われたコーチにアクセスできない層の社員にも成長の可能性が生まれる。誰もがピアコーチになることができ、コーチングが組織全体に広がる。ピアコーチング・グループは「個人のための取締役会」にもなる。ピアコーチングは、組織内に持続的な学びと成長の文化を築くアプローチとして最も期待できるのだ。

実際、ある研究の示すところによれば、MBA取得プログラムに参加しているあいだにペア活動をおこなった人々は、何年も経ったあとに、職場でもペアをつくり利用したという。パーカー、クラム、ホール、ワッサーマンらの研究は、組織内でピアコーチングを根づかせるためのモデルを提供した。まず、ペア（または小グループ）はポジティブな人間関係にもとづいた「安心できる環境」をつくる。次に、その環境の効果によって、職場で期待される問題解決ができるようになる。最後に、完成形のペアが小グループへと発展し、組織文化に浸透していく。すると今度は組織文化がピアコーチングのスキルや精神を吸収する。共通の目的が媒介となることで、成長のすべての段階でピアコーチングが可能になることが研究によって判明した。[13]

ピアコーチングはさまざまな形で持続する。たとえば、サンフランシスコ・ベイエリアにあるクーパース・アンド・ライブランド社の女性共同経営者のグループは、人生やキャリアについておしゃべりをするために月に1回集まることにしている。この非公式の集まりはもう何年も続いていて、抜けていったメンバーも、新しく入ったメンバーもいる。彼女たちは同じ立場の女性を探しだし（女性の共同経営者は、当時は少なかった）、助けあった。集まりでの話題は、特定のプロジェクトへのアドバイスから、キャリア相談、個人的な支援、職場環境での心配事に対処するアイデアまで多岐にわたる。これは横のつながりによる助けあいのすばらしい例で、ビジネスウィーク誌の特集記事にもなった。[14]

医学でも法学でも経営学でも、大学院での課程を修了した経験がある人なら、スタディグループをつくったり共同作業をしたりすることが生き残るためのテクニックであると知っているはずだ。企業幹部のためのＭＢＡ取得プログラムで、スタディグループがあるからこそ学びが可能になること、受講者たちがその活動を楽しんでいることを、私たちは長年のあいだ直接見聞きしてきた。一方、MBA取得を目指すふつうの学生は（ケース・ウェスタン・リザーブ大学のように、チームで働くことについて学ぶ大学ではべつだが）、チームでの作業が大嫌いだとしばしば口にする。ふつうの学生は、一時的に組んだチームで作業することを、終わらせなければならない1つのタスクと見なし、そのチームはいずれ解散するものと思っているからだ（問題解決ネットワークとNEAが優勢な状態）。一方、企業幹部のほうは、講座やプログラム全体を通して同じスタディグループで活動する。助けあって学べる利点があるうえ、彼らはそこで人間関係を築くことをスタディグループの目的の1つと見なしている。だから、チームで取り組むのが楽しいという意見が多いのも意外ではない。

こうした大学のプログラムを経験したことのない人なら、映画の『キューティ・ブロンド』や、テレビドラマの『ペーパーチェイス』、『殺人を無罪にする方法』を見るとイメージがつかめるだろう。〈ポジティブ組織開発修士プログラム〉の修了生であるローリ・ナイスワンダーは、クラスメート2人とまさにそういうチームをつくった。そしてそのグループを「ワインとビデオの会」と名づけ、毎週金曜日の夜にワインのボトルを持って集まり、授業に関係のある動画を見たり、練習課題や読んだ本について議論をしたりするそうだ。

感情・社会知性を高めることを目的とするプログラムでも、ピアコーチングはよく使われる。プロのコーチを何人も雇っていては、プログラムの予算を超えてしまうからだ。本書著者の1

人のエレンも、MBAの学生の感情・社会知性の成長をはかるために1対1の個人コーチングとピアコーチングを併用しているが、学生の講座の主要な要素としてピアコーチングを導入しているのは工業系の大学が多い。エレンは聞く姿勢に焦点を絞った思いやりのコーチングに関して、学生に短期間のトレーニングを施し、その後3人組のピアコーチング・グループをつくらせる。学生はコーチングの実践とともに、成長の支えとなる人間関係を経験できる。スキルのあるコーチがメンターとしてそれぞれのグループにつき、必要な指導をおこなう。

ピアコーチング・グループのなかには、何十年も付きあいが続くものもある。リチャードは1974年にクリーブランドで、プロとしての成長を助けあう歯科医療従事者のスタディグループに出会った。20年後、リチャードがボストンからクリーブランドへ移ったあと、そのグループの人々がリチャードを見つけ、再会を果たした。グループのメンバーはずっと会いつづけていて、発足から45年ほど経ついまも会合が続いているという。スタディグループがプロとしての成長を助けることに加え、各々配偶者を伴って参加するような社交イベントもするようになった一例だ。

## ピアコーチングの新たな展開

ピアコーチングが最も強力に効果を発揮するのは、5〜12人の小グループでPEAを呼び起こす活動をしたときである、というのが私たちの主張だ。本書でも説明してきたとおり、PEAを呼び起こす活動やグループ基準を用いることで、メンバーは心を開き、グループからの励ましを感じることができる。PEAを強化する方法に関しては、多少のトレーニングが必要であることを覚えておいてほしい。

自分でピアコーチング・グループを育てようと思ったら、少ない人数で始めることをお勧めする。コヴィディエンのイベリア支社で人事部長を務めるカルロス・デ・バルノーラ・トレスによれば、コヴィディエン社でピアコーチングを始めたときには、誰か1人相手を見つけて話しあいをするようにと従業員に伝えたそうだ。カルロスは、みなが質問をするスキルと支援するスキルを身につけること、問題解決のためにプロのコーチに頼るだけでなく社内コーチを育てることに重きを置いた。しばらくすると、ペア同士で組むように言った。従業員は今度は4人組になり、対話を続けた。まもなくコーチは対話から身を引くことができ、4人組の会合と助けあいが続いた。社内に新しい枠組みが根づいたのだ。

## もう1つのアプローチ——社内コーチを使うか、外部コーチを使うか

組織がコーチを雇いたいと思ったら、まず誰に頼むのか——外部から雇うのか、社内人材

を使うのか——決めなければならない。ときには両方を選ぶ企業もある。[15]社内コーチを選んだ場合には、有能なコーチを育成する研修から始まる可能性もある。大半の企業は、コーチ認定機関に連絡を取ることになるだろうが、認定機関には2種類ある。コーチングに関する認定証を出している機関で最も一般的なのは、その人物が該当機関の特定のアプローチ、テクニック、方法論を学んだことを認定する大学や会社である。こうした機関がそれ以上の保証をすることはない。コーチとしての能力を判断する際に、その機関が出す認定証に価値を見いだすかどうかはコーチを受ける側次第である。自社のコーチ育成プログラムの効果を示すために研究論文を発表している機関もあるにはあるが、多くはない。大半の機関は、エビデンスとして顧客リストを挙げるだけである。

もう1つは、その人物が信用できるコーチであることを認定する協会や会社である。こちらは当該組織の能力モデルにもとづいて認定証を発行する。この種の最大の組織には、国際コーチング連盟（ICF）、国際ビジネスコーチ協会（WABC）、センター・フォー・クレデンシャリング・アンド・エデュケーション（CCE）などがある。厄介なのは、どのようなコンピテンシーや特徴を示すコーチがほかのコーチよりも効果的であるかを示す研究が発表されていないことである。つまり、これらの機関は、自分たちのモデルが実際に機能するという経験的なエビデンスのない状態で認定証を発行しているのだ。彼らも一応の調査はしているが、たいていいコーチの自己申告（コンサルティング業界ではこれを「デルフォイの神託」と呼ぶ）による考えや意見の聴取にとどまっている。不運にも、こうしたアプローチはさまざまな分野でくり返し見られ、凡庸な結果に甘んじる風潮をつくりだしているうえ、特定のグループを排除してしまうこともある。[16]

組織にとってはジレンマだ。既存の認定証を見ても、それが自分たちの求めている能力を示すものなのかはっきりしない。それでもそのコーチを雇う価値があるかどうか、なんとかして知る必要がある。おそらく最善の方法は、紹介状と、正式な学歴と、さまざまなアプローチによる認定証を総合的に判断することだろう。この方法でよいコーチが雇えれば、「コーチング専門のコールセンター」に回されたり、能力の足りないコーチのチームが送られてきたりするよりも助けになるだろう。

自社の組織文化が、部外者が理解するのに時間がかかるような独特なものであれば、社内コーチがいると助かる。たとえば、クリーブランド・クリニックはアメリカ国内で2番めの規模を誇る病院グループだが、全科の管理者になれるような医師のリーダーをもっと育てたいと思ったときに、まず社内コーチの1人に目が向いた。クリーブランド・クリニックでは、これまでにも非常に効果的な患者経験価値（ペイシェント・エクスペリエンス）（ＰＸ）プログラムによって病院内の文化を変えてきた。一方、他の都市や国外でも多くの病院を買収して急拡大していた。クリーブランド・クリニックのこうした実情は、一つひとつを見れば決して珍しいものではないが、これらがすべて組みあわさった状況となると、経験したことのあるプロのコーチはほとんどいなかった。複数のコーチを使った積極的なプログラムが、医師や看護師やスタッフを有能なリーダーに成長させる助けになった。こうしてリーダーシップを持った人材が増えることで、計画的な取り組みと多様な領域における成長が可能になった。

## マネジャーを育ててコーチにする

マリオット・インターナショナル社のリーダーシップ開発および人事の部長であるクリス・ベアは、コーチングの文化を根づかせるのにべつのアプローチを用いた。マネジャーを育ててコーチにしたのである。具体的には、「マネジャーにコーチのマインドセットを植えつけ、順応性が高く業績のよいチームをリードできるようにする」[17]ための複数のプログラムを導入した。クリスの目的は、とりわけ「即時にフィードバックを提供し、協調性を育み……ジャストインタイム方式で専門的能力を開発する」ことができるよう、マネジャーの思考を変化させることだった。プログラムには、マネジャーのコーチング・スキルを訓練することや、新たなマインドセットを促進するためのピアコーチング・グループをつくることが含まれる。クリスと彼の同僚は、これが変化と競争の激しい昨今のビジネス環境のなかで比類のない結果を生む鍵になると信じていた。

このアプローチは新しいものではない。１９７０年代前半には、旧モンサント社の上級幹部がいまで言う人材開発に取り組み、コーチングのパイオニアだったウォルト・メイラーに依頼して、選ばれた何人かの幹部にコーチングのスキルに関する講義をしてもらった。[18] ウォルトは、３６０度評価のフォーマットのなかの「コーチング実践のための調査」を使い、幹部陣が育成しようとしている従業員から情報を集めた。

当時から数えて何十年ものあいだに、多くの組織の人材開発スタッフが、マネジャーの役割のなかのコーチとしての側面を強化しようとしてきた。最大の理由は、マネジャー自身が生き残りをかけて成長を意識するようになったからだった。従業員の育成を介した成長や進歩をマネジャー自身が望み、コーチングがそのための有効な方法だと気づいたことが、研究結果からも示されている。

コロンビア大学のコーチング認定プログラムを担当するテリー・モルトビアが強く感じているのは、長い目で見たときの組織の将来は、組織内のすべてのマネジャーがよりよいコーチになれるかどうかにかかっているということだ。コロンビア大学のコーチング・プログラムはテリーが開発したモデルを使って、成果をあげるコーチングに必要なコーチの条件や接し方、能力や明確にすべきものを学ぶもので、マネジャーにコーチングを日常業務に取り入れるためのスキルや視点を教えている。[19]

もちろん、日々の業務にコーチングを加えることをマネジャーに課すなら、コーチングの重要性の周知や、コーチングに必要な視点とスキルの両方を身につけられる研修が必要になる。他者を育てるスキルは、標準的なマネジメント能力とは違う。マネジャーが研修によってコーチングのスキルを身につけることで、チーム全体の売上が向上したことを示す研究がある。[20] こうした研修がなければ、マネジャーはみずからの「人を見る目」に頼るしかない。偏見や、人は変われないという思いこみが紛れこむ隙もあるだろう。そしてそれは、人がどれほど他者の成長に対して興味や気遣いを持てるかを理解する際の妨げになる。[21]

マネジャーを育ててコーチにする取り組みは、病院などの医療現場でも役に立つ。パトリック・ラネルズ医師は、精神科医であると同時に、特別研究員奨学金プログラムの運営もおこなっている。精神科の研修期間を終えたあと、コミュニティ内のメンタルヘルスに関わる現場で働こうとする医師のための奨学金制度があるのだ。ドクター・ラネルズはコーチングの開発プログラムに受講生として参加して、思いやりのコーチングを経験し、実践した。「監督者の立場でフィードバックを与えていたときにはまったく気づきませんでしたが、思いやりのコーチングを用いれば、より多くの人に手が届くんですね」と彼は言う。ラネルズ医師は、治療班を監督することになる医学博士たちにグロース・マインドセットを持たせようとしていた。自分の仕事は単なるタスクの管理ではなく、人々にモチベーションを与えることであると認識できるように心の準備をさせようとしたのだ。

フェロー（特別研究員）のためのプログラムを運営しているあいだ、ラネルズ医師は対象者たちにパーソナルビジョンをはっきり思い描くように言った。そして互いに対するコーチングを実践してもらい、その後、各々の勤務先の病院でほかの人々を監督・管理する仕事の一部としてコーチングを用いることについて、同じ立場の者同士で議論してもらった。ラネルズ医師は研修と同時に実験もやってのけた。11人いたフェローの半数に思いやりのコーチングを体験させ、残り半数には体験させなかった。その後、思いやりのコーチングを体験した人とそうでない人でペアを組んでエクササイズをおこない、コーチングによって相手の医師のモチベーションを高めるようにと指示を出した。

エクササイズ終了後の全員参加の討論では、室内が興奮で沸いた。思いやりのコーチングは理にかなっているうえ、他者に動機づけをするためのよくあるほかの方法よりもずっと楽しかった、と参加者たちは言った。ラネルズ医師曰く、彼らの反応は「すばらしかった」。みな精神科医なのだが、「参加者の3分の2が、ＰＥＡに働きかけて他者のモチベーションを高める方法なんて考えたこともなかった」らしい。いまではフェローの多くがこの方法を実践している。

より広い、戦略的なイメージはこうだ――もしマネジャーのうち必要最少人数だけでもコーチングを役割の一部としてとらえ、それを日々実践すれば、コーチングはたまにおこなわれるだけのものではなく、新たな規範になるだろう。組織の文化は成長を促す、思いやりや気遣いのあるものに変わるだろう。そしてその文化は従業員の大きな新興勢力――ミレニアル世代の人々――にも受けいれられるだろう。国際的な調査によれば、ベビーブーマー世代ほどではなくとも、ミレニアル世代の人口は多く、彼らはよりパーパスによって動機づけられ、仕事で成長することを求めている[22]。

もしマネジャーや幹部のようなリーダーが、そして親が、コーチングを自分のスタイルの一部と見なすなら――役割を果たすときのふるまいの1つと見なすなら――それもまた、組織や家庭の文化を変えるのに役立つだろう。コーチングをあなたの役割の一部と見なすことで、マネジャー（それに親、教師、医師、看護師など）は他者を支援し、コーチするものだという期待を広く植えつけることになる。もちろんこれは裏目に出ることもある。支援する側にとっては、またもや他者が規定した自分が1つ増えるからだ。しかし私たちの経験では、リスクを上回る利益がある。多くの人がコーチの役割を楽しみ、丸ごと受けいれている。支援者の日々の行動が期待に応えるような形で変化すれば、他者をコーチして育てることは自分の仕事や役割の基本的な一部であり、適切な行動なのだと、周囲の人々を納得させることができる。人々がゲームのルールだと思っているものを変え、彼らの思いこみや価値観を変えることができたら、あなたは文化を変えたことになるのだ。

---

ニルーファー・ゴーズが私たちに話してくれたように、彼女が着任して以来、シスコでは「混乱があたりまえだった」社内コーチングの方法が一変した。「ポジティブ心理学がコーチングを後押ししてくれます。私たちはコーチングへのアクセスを民主化し、利用を広げなければなりません。テクノロジーが助けになります」と彼女は言う。技術に強いスタッフを抱えるテクノロジー企業として、シスコのテレプレゼンス技術を使ったり、あるいはウェブ会議ツールのＷｅｂｅｘを使ったりすることで、大陸を越え、世界中にコーチングを届けることを容易にしていきたいとニルーファーは言う。

著者としての私たちの望み、私たちのビジョンは、ＰＥＡに働きかけて互いに相手をコーチすることを学んだ人々が、すぐにそのアプローチを職場で試し、同時に家族、友人、知人とのあいだでも試すことである。組織は毎日利益を享受し、そのなかで働く人々にとっても日々メリットがあるだろう。感情の伝染が起これば、さらに多くのピアコーチング・グループが活動しはじめる。やがてその数はピアコーチングのプロセス普及のためのクリティカルマス（最少必要人数）を超えるだろう（クリティカルマスは、その集団のおよそ3分の1である）。最後には、思いやりのコーチングが社内の標準的な文化になり、人々は自分がどうやってピアコーチング・グループをつくったかというエピソードを世界中で交換しあうようになるだろう。真のコーチング革命の始まりだ。

しかし現実には、夢についての個人的な会話や、共鳴する関係に居心地の悪さを覚える人々もいる。ときにはコーチングの土台となる思考や感情になかなか到達できない人もいる。9章では、気の進まない参加者にはどう対応すればいいかを探っていく。

## キーポイント

1 家族など、非公式の社会的グループ、コミュニティにおいて、他者が成長し、学びに対して心を開くのを支援する文化は、変化しつづける世界への適応を助けてくれる。

2 効果的なコーチングや支援をおこなう社内文化をつくりだすには、慎重なニーズの評価と、コーチにアクセスできる場所を1カ所に集約することが必要である。ときにはコーチの研修や、コーチングの質を保証する認定資格が必要になることもある。

3 組織にコーチングを提供するための基本的なアプローチは3つある。(1)スタッフがペアまたはチームでピアコーチングができるように奨励し、訓練する。(2)マネジャーや幹部が直属の部下や同僚に対してコーチングできるようにする。(3)社内コーチまたは外部コーチにアクセスできるようにする(この場合のコーチは、プロとしての訓練を受け、関連団体から認定されている人々のこと)。

4 コーチングにおける質の高い人間関係は、仕事へのエンゲージメントとキャリアへの満足度を高め、とりわけ新リーダーやマイノリティや女性のような、不利な状況にある特別な人々のグループのなかにある最高の才能を組織が育て、保持するのを助ける。

5　ピアコーチングとは、個人としての成長、または職業人としての成長を目的として、2人以上の人々が集まるだけのシンプルなものである。公式でも非公式でもよく、社内でおこなってもおこなってもかまわない。成長するというパーパスが、グループの存在理由を補強する。

6　ピアコーチングにおける人間関係は、気遣い、思いやり、共鳴、理解、共通の目的を通して開花する。この関係には持続する力があり、ポジティブな感情の伝染を助長する。組織内の規範をつくるための基礎にもなる。

7　ピアコーチングにおける人間関係が「ダークサイド」に転じ、ネガティブな側面ばかりに気持ちが集中しないように気をつけること。

8　グループ学習と人間関係に焦点を合わせたMBAプログラムは、修了後も互いの支援を続けることを通して、長期的なメリットを生む。ピアコーチングに積極的に関わることで学びが浸透する。

9　ピアコーチング・グループではすべてのメンバーが密接に関わりあい、結果として、組織を超えた社会的な結びつきが長く続く。こうしたグループによって、健全な集団アイデンティティが形成・強化される。

## 対話へのガイド

1　グループに分かれて、組織内でのリーダーシップ開発にコーチングが用いられたときのことを話しあってみよう。

2　個人と組織がコーチングや成長の経験から引きだせる利益について、誰かに説明してみよう。もし経験があれば、コーチングが与える影響について分析してみよう。

3　あなたの組織のなかで、あるいはクライアントとのあいだで、危機にさらされた人々を助けるためにコーチングを活用できるか、ほかの人々と検討してみよう。さらに、家庭などの非公式な社会的グループのなかではどうだろうか。

4　あなたの組織が公式または非公式に小グループでのピアコーチングをおこなっているかどうか話しあおう。ピアコーチングを始める、または広めるために、何ができるだろうか？

5　職場でも職場の外でも自分にとって重要な同僚は誰か、ほかの人たちに説明してみよう。あなたが社会的な結びつきを感じるのはどの人々だろうか？

6　人生や仕事について集まって話をするような非公式または公式のグループに参加しているなら、それについてほかの人々と話しあってみよう。会合の頻度はどれくらいだろうか？　どんなやりとりがあったか、説明してみよう。おもに刺激されるのはPEAだろうか、NEAだろうか？　あなたやほかの人々の助けになっているだろうか？　あなたやほかの人々が仕事を変えようとしたとき、あるいは職場でのパフォーマンスを改善しようとしたとき、そのやりとりは助けになっただろうか？

Recognizing Coachable Moments

Seize the Opportunity

# 9

# コーチングに適した瞬間を感じとる

コーチャブル・モーメント

チャンスをつかめ

秋が訪れた。空気はひんやりして爽やかで、街路樹の葉は緑から明るい黄色、オレンジ、赤へと色を変えつつある。しかしレイ・ルイスにとっては、単に季節の変わりめというだけでなく、人生の転機でもあった。レイはキャリアにおける次の大きな一歩を踏みだすための――家族経営のビジネスでより大きな責任を引きうけるための――トレーニングを始めようとしていた。

経営者への道はもう何年もレイの目のまえにのびていた。1989年に家族が設立した会社ですでに顧客担当マネジャーとして働き、流出油除去、環境復旧、廃棄物の輸送などを含む定期および緊急の対応に当たっていたが、会社の共同経営者であるレイの父親は長いあいだ、もっと重要な役割を果たせるようにレイを教育しようとしていた。

レイにとっては職業人としての将来が目のまえに広がっていただけでなく、個人としての将来にもまえもって決められている部分があった。たとえば、一家の子どもたち全員が生まれ育った家を売りに出さねばならなかったとき、家族は家を一族のものにしておくために、買いとってリフォームするようにとレイを説得した。

それはべつにかまわなかった。しかしレイは心の奥底で、はっきりとはわからないながらも、何かべつのことがしたいと思っていた。幸いにも、レイが受講したエグゼクティブ向けMBAプログラムにはコーチングが含まれていた。そのプログラムは受講者がパーソナルビジョンを熟考して表現するのを手助けするようにつくられていた。

　コーチとのセッションを始めると、レイは家族のビジネスに深入りするのは気が重く、少しばかり束縛されているように感じると認めた。しかしコーチは、レイにはまだ自分のために入念に（愛情をこめて）準備されたキャリアの道を受けいれる気持ちがあるようだと思った。ただ、家族関係と仕事が混じりあうと、他者が規定した自分像がとくに力を持ってしまう場合がある。レイは学び、成長することに熱心ではあったが、自分の情熱が本当はどこに向いているかを見きわめ、それを追求するときに発揮できる力の大きさにはまだ気がついていなかった。

　これはまさしく「コーチングに適した瞬間（コーチャブル・モーメント）」そのものである。コーチ、マネジャー、教師、その他の支援者にとって、コーチングに適した瞬間を見きわめるコツは2つある。

（1）今後を左右する危機的状況や学びの機会（本人が気づいているかどうかにかかわらず）を観察する

（2）相手がオープンになり、内省や学びの準備ができているときに、その機会を正しくキャッチする

　本章では、コーチングに適した瞬間の例と、相手が本当に準備のできた状態であるかどうか

を判断する方法をさらに見ていく。内省や自己開示のための安全な場所をつくれるようになる実践的なガイドを提供し、よくある「難しい」コーチングのケースと、そのようなときに思いやりのコーチングのテクニックがどう役立つかを論じていく。

## コーチングに適した瞬間はどこにでもある

レイの状況が明らかになったのは正式なコーチングの最中だったが、少し気をつけて見れば、コーチングに適した瞬間は身のまわりにいくらでもある。最高幹部への昇進を打診された人が、その話を受ければ毎月3週間は出張先で過ごすことになり、妻や子どもたちとの関係が犠牲になるのではないかと危惧しているケース。恵まれない高校生が大学への道を見つけるのを助ける非営利団体をつくりたいと願いながら、高給の現職を辞めるのは気が進まないと思っている友人のケース。チームを監督する新しい役割に苦戦して、自分が昇進の話を受けたのは、それが家族の考える「キャリアアップ」だったからだと気がついた会社員のケース。糖尿病患者が、健康に甚大な影響があるのを知りながら、治療計画を守れないケース。いくつかの一流大学に合格した高校3年の生徒が、将来何をしたいか思いつかず、ギャップイヤーの制度を利用してヨーロッパ遊学を考えているケース。あるいは、子育てのためにいったん退職したのち、キャリアに戻ろうとして途方に暮れている女性も周囲に大勢いるだろう。

しかし鍵となる瞬間はほかにもある。私たちの友人で研究者でもあるクローディオ・フェルナンデスアラオスの研究が示すところによれば、コーチングや支援に対して人が一番心を開きやすいのは、新しいポジションに就いたときである。彼の発見によれば、新しい仕事に就いたときに肝心なのは最初の2年であり、その人が能力を発揮するために手助けするならその2年のあいだが望ましい。[1] クローディオはさらに、より広い視野で見れば、コーチングに適した瞬間は人生やキャリアの転換点であると述べている。となると、ほかに加えることのできる例には、卒業まえ、新たな仕事に就くまえ、初めて家を購入するまえ、結婚まえ、子どもを産むまたは養子を迎えるまえ、解雇されたとき、宝くじに当たったとき、遺産が入ったとき、一生の病気または末期疾患を宣告されたときなどもあるだろう。いま挙げたものほど重大でない、ほかの転換期もあるかもしれない。こうした瞬間はすべて、個人の夢やビジョンを再考するのに適した機会である。そうした機会をつくりだす人生やキャリアのサイクルについては、先の章で言及してきたとおりだ。

コーチングに適した瞬間を見過ごし、相手を支援するチャンスを逃してしまうこともある。もちろん、わざとではない。慌ただしいスケジュールや日々のストレスのなかにあっては、同僚や家族の人生の重要な瞬間を見逃してしまうことがあっても仕方がない。あるいは、相手が直面しているような事態の経験が自分にはなく、なんの提案もできないから役に立てないと思うこともあるだろう。さらに、たとえコーチングに適した瞬間を正しく認識していたとしても、効果的な対応ができなければ、本当の支援にはならないかもしれない。人生のほかの物事と同じく、タイミングと準備が鍵になる。

## レディネスを見分ける

長期的で大きな変化に関するものでも、比較的狭い範囲の問題やチャンスに関するものでも、相手にコーチングを受けるための準備ができている必要がある。準備ができていないとコーチングの意味が半減してしまう。ブルース・アヴォリオとショーン・ハナは、リーダーシップ開発の分野でレディネス（準備できている状態）の研究をしている。これがコーチングのレディネスにも当てはまる。企業がリーダーとなる従業員を選ぶとき、対象者の成長のためのレディネスを評価し強化することが必要になる場合がある。[2] 同様に、コーチングに適した瞬間を見定めて誰かを助けようとするまえにも、コーチや支援者はできれば相手のレディネスを評価し強化するべきなのだ。[3]

ジェイムズ・プロチャスカらが考案した変化のモデルでも、対象者のレディネスに重きが置かれている。このモデルは心理療法やエグゼクティブコーチングの分野で広く採用されている。5つの段階からなるもので、最初の3つがレディネスのレベルに当てられている（計画前段階、計画段階、準備段階）。

計画前段階では、対象者に変化への準備ができていないことがはっきりしている。変化の必要性や変化への希望がまだ明確になっていない段階である。計画段階とは、変化への準備が完全に整ったわけではないが、少なくとも意識しはじめ、実行への準備をしようとしている段階である。しかし本当に準備が整うのは、準備段階に到達してからである。レディネスのこの段階にいたらなければ、行動段階と維持段階へ効果的に進むことはできない（これが4つめと5つめの段階、実際に変化を起こす段階と、それが継続される段階である）[4]。

## コーチングに適した瞬間に反応する

私たちは、コーチングに適した瞬間を、解決すべき問題のように扱ってしまうことがある。コーチングではなく、アドバイスや解決策を差しだしてしまう。そのときはうまく手助けできたように思えるかもしれないが、これでは相手の学びや成長にはつながらない。持続するものではないからだ。アドバイスとコーチングの違いは、この格言にうまく表現されている。

「ある人に魚を与えれば、今日一日は食うに困らない。魚を捕まえる方法を教えれば、一生食うに困らない」。もう1つ例を挙げるなら、親から価値ある「人生の教訓」を聞かされるティーンエイジャーだ――まだその状況を自分で経験したことがないために、教訓をすぐに忘れてしまう。

コーチとして、また、30代の多い博士課程の学生にアドバイスをする教授として、私たちはもう1つ例を挙げることができる。私たちが衝動に抗えずアドバイスをしてしまうとき、ときどき（頻度はそう高くはないが）学生がそれを無視することがある。しかしコーチングに適した瞬間を見きわめ、学生の成長や好奇心を引きだせれば、そのときこそ単なるアドバイザーが本当のコーチになるのだ。

思いやりのコーチングとは、相手がどんな人間になりたいか、理想の未来では何を達成していたいかという大枠に、状況やチャンスをはめこんでいくのを手助けすることだ。そうした大きな枠組みは、相手が自分のなかにあるリソースを引きだす助けになる。このリソースがあれば、現在の状況がどうであろうと、学び、変化し、有意義かつ継続するやり方で成長できるようになる。

それから、これも覚えておいてほしいのだが、コーチングに適した瞬間は必ずしもキャリアや人生の決断に関わるものではなく、もっと小さなスケールで現れることもある（補足記事「ごく小さな瞬間を見分ける」を参照のこと）。

## コーチングが難しいケース

本書で論じてきたとおり、思いやりのコーチングはおおむね対象者を高揚させ、エネルギーで満たし、変化を維持できるよう準備させることができる。大半の人はこのような方法でコーチングを受けられる機会を歓迎する。結局のところ、夢や理想の未来を明確にし、追求する際に手助けしてもらえることを望まない人などいないのだ。しかし、思いやりのコーチングを用いても、相手を助けることが難しいケースもある。以下では、コーチングの難しい5つの状況を見ていく。ここに挙げるのはすべてプロのコーチングの例だが、そこから学ぶべき内容は誰にとっても同じである。こうしたケースを見ておけば、似た状況に遭遇したときにうまく対処できるようになるはずだ。

### 現状に満足している場合

何年もまえの話だが、メルヴィンが意図的変革理論と思いやりのコーチングのアプローチを使ってコーチを始めたばかりのころ、途方に暮れてしまうようなケースに出会った。それまでに、期間は短いながら思いやりのコーチングを実践してみて、メルヴィンはこれを「人を自由にするコーチング」だと思うようになっていた。人々が残りの人生に本当に望むものに沿って、現状から抜けだすためのコーチングに当たるのは、なんという解放感だろう。情熱、夢、心からの望みを活かして変化への取り組みを進めるのは、多くの人にとって革新的な出来事だった。いや、必ずしも何かを変革することはなくとも、メルヴィンがコーチングをしたほぼ全員にとって少なくとも活力の湧く、ポジティブな感情を伴う体験だったのだ――アンジート・シン（仮名）に出会うまでは。

53歳のアンジートは、アメリカの大手化学薬品会社で品質管理、生産管理、ＩＴ部門の重要ポストを首尾よく渡り歩いてきた。結婚して30年以上になる妻インディラとのあいだには子どもが3人いて、もうみんな成人し、それぞれの人生に乗りだして着々とキャリアを築いている。

メルヴィンがこれまでにコーチしてきた人々の大半は、理想の自分やパーソナルビジョンをつくりあげるエクササイズを楽しんでくれたが、アンジートはそれを難しいと感じ、それほど価値を見いだせずにいるようだった。アンジートからすれば、自分にはすでに大好きな仕事があり、さらに大事な妻も家族もいて、人生全般に不足はない。これ以上どんな夢がある？　アンジートは人生にまったく変化を望んでいないのだった。

理想の未来をなにものにも縛られない形で思い描くことに最初はためらいを覚える、という

## ごく小さな瞬間を見分ける

同僚が、あなたの部署のある特定のメンバーの扱いに苦労しているとする。二者の関係は張りつめ、うまく機能しておらず、彼女は状況を改善するために何をしたらいいかわからずにいる。あるいは、大学時代に傑出したスポーツ選手だった親友から、息子（やはりアメリカンフットボールのスター選手）が高校のチームを辞めて、学校の演劇部と地元の劇団で芝居をすることに時間とエネルギーを注ぎたいと言っているんだが、という相談を受けたとする。親友は感情に流され、失望や不満、怒りをあらわにして、息子に向かって暴言を吐いてしまったが、いまではそれを後悔し、息子との関係をなんとか修復したいと思っている。

本書で論じてきたような意図的変革のプロセスを当てはめるほど問題が深くも広くもないかもしれないが、これもコーチングに適した瞬間である。扱う時間軸や範囲を狭めて相手を助けることができる。たとえば、職場の人間と緊張関係にある同僚の例では、理想的な関係だったらどのように見えると思うか尋ねてみればいい。その後、同僚にこれまでのやりとりを（自分の視点と、ほかの人々の視点の両方から）ふり返るように言い、そのうちの何が現在の状況を生んだのか考えてもらう。次に、緊張関係を改善するために可能な戦略を挙げてもらう。過去に試したものはあるか？　試しにやってみようと思う新しいアプローチは？　最後に、ほかの友人や同僚にも聞いてみるように促すこともできる。彼らもやはり、緊張関係を改善するための努力を支えてくれるかもしれない。

基本的には、長い時間をかけて意図的変革のプロセス全体を体験する人へのコーチングと同じステップを踏んでおり、「小さなサイクル」をそのコーチングに適した瞬間に当てはめている。人生のビジョンや目的のようなスケールの大きなものより狭い範囲で似たロジックを適用するのだ。小さなサイクルも、理想の自分やパーソナルビジョンの追求のような大きなものと一致し、それを支えるものであることが望ましい。そしておもな目的はやはり、相手が新たなアイデアや可能性に対してオープンになれるよう、PEAを呼び起こして支援することである。

人はいままでにも何人かいたので、メルヴィンはアンジートにも、たとえいまが信じられないくらい幸せでも、人生の次の段階の理想を思い浮かべるように促しつづけた。それでもアンジートからは反応がなかった。アンジートは相変わらず、現状以外のものを思い描くことに価値を見いだせなかった。

メルヴィンは困り果て、自分が間違っているのだろうかと考えた。いま以上の人生の可能性に対してアンジートの心を開く「魔法の質問」がなぜ見つからないのだろう?

メルヴィンは、メンターだったリチャードに助けを求めた。リチャードならきっと、人生の望ましい変化に向けてアンジートの心を開く銀の鍵を持っているだろうと期待して。しかしリチャードの答えは意外なものだった——人によっては、意図的変革のプロセスが望ましい変化を起こして理想を達成するためのものでないこともありうる。すでに達成された理想を持続することを目指す人もいる、とリチャードは言った。コーチとしてのメルヴィンにとって、目から鱗が落ちた瞬間だった。意図的変革のプロセスは必ずしも変化を起こすためのものではなかったのだ。望ましい人生をすでに手に入れている人にとっては、理想の自分像が変わらないかぎり、理想の人生を支え、維持するためのプロセスが必要なのだ。

メルヴィンはアンジートへのアプローチを変え、今度はうまくいった。アンジートは意図的変革のプロセスを、自分にとってあまり価値のないただのエクササイズとは思わなくなった。

すでにつくりあげたすばらしい人生をより堅固なものにし、持続する方法を思い描きはじめた。ビジョンを表現し、すでに手にしている理想の人生に影響を与えかねない要因に対して、準備ができるようになった。

### 抑圧的、または過酷な環境にいる場合

1996年、ウェザーヘッド経営大学院は、ロシアのいくつかの企業の経営トップに現代の経営やリーダーシップに関する先進的な技法や考え方を教えるための補助金を受けた。6週間のプログラムへの参加者のなかに、ジュリア（仮名）という、ロシア最大手の技術製造会社の最高財務責任者がいた。プログラムの一環として、リチャードがジュリアのコーチを担当した。

プログラムが始まって3日めの朝、管理棟に入ったところでリチャードはジュリアを見かけ、調子はどうですかと笑みを浮かべながら尋ねた。

ジュリアは顔をしかめて答えた。「最悪です。動揺してしまって、眠れませんでした」。リチャードは、それはお気の毒ですと答え、なぜそんなに動揺しているのですかと尋ねた。ジュリアはリチャードに向きなおって言った。「あなたのせいですよ！」

セミナーもディスカッションもうまくいっていると思っていたリチャードには衝撃だった。「私のどの言動のせいで、そんなに動揺したのですか？」ちょうどロビーに到着したところだったの

で、リチャードはコーヒーを飲みながら話をしましょうと提案した。コーヒーを手にして席に着くと、ジュリアは説明を始めた。

私は42歳です。いまの会社でスキルを伸ばし、早いうちから出世しました。上層部が私の仕事やマネジメント方法を気に入ってくれたのです。けれども「夢を見る」ように言われたことはいままで一度もありませんでした。数年まえまでは、経営陣や共産党幹部から次の仕事を言い渡されるのがあたりまえでした。それは決定事項なのです。実際、現在の状況を批判するような形で望ましい未来を夢見たりしたら、扇動的であるとして当局に密告され、深刻な結果を招きます（強制収容所に送られるとか）。だから、よりよい可能性を夢見るのは避けるべき悪い考えだと、あなたにも知ってもらいたいのです。

このとき、ジュリアは顔を伏せていた。リチャードはジュリアの次の言葉を待った。「能力の無駄遣いのように思えるんです——これまで何十年もしてきたことが。自分にパーソナルビジョンなんて持てるかどうかわかりません」。

ジュリアの例は極端だが、戦争状態の国から、あるいは宗教的、経済的、政治的、精神的な弾圧のある国から逃れてきた移民が、ひとたび自由になるとトラブルを抱えるケースは多い。

ヴィクトール・フランクルはかつて、自分を含むホロコースト生還者たちが、新しくたどりついた国々で何年ものあいだ困難を抱えていたことを報告している。なぜなら、彼らはそれまで生き延びることと家族を生かすことだけに全身全霊をかけてきたからだ。そしてそのプロセスのあいだにくり返し希望を打ち砕かれてきたからだ。[5]

ジュリアのケースでは、プログラムが終われば、アメリカとは劇的に異なる——以前のままの信念やマネジメント方法だけが通用する——環境へ帰ることになる。この場合、コーチングに適した瞬間にできるのは、ジュリアの不安を軽減し、自分がどういう人間になりたいかという点に意識を集中させることだった。何をしたいかよりも何に価値を置くか——どういう人間になりたいか、他者に対してどうふるまうか——に焦点を合わせることで、リチャードはジュリアの目を、彼女が自分でコントロールできる範囲の物事に向けさせることができた。ジュリアの価値観は彼女独自のものである。その価値観について熟考することで、ジュリアは本来の自分に戻ることができた。地に足のついた状態でありながら、解放感も得られた。

制限の厳しい環境にいる人々にコーチングをするとき、最善のアプローチは相手の核となる価値観——何が正しく、何がよく、何が本当か、といったことに関する信念——に意識を集中することだ。核となる価値観はその人の存在や人生の土台であり、その土台の裏づけがあってこそ日々のふるまいや行動をじっくり考えられるからだ。制限の厳しい環境では、そのほうが10〜15年先を見据えたパーソナルビジョンを組み立てるより現実的な場合も多い。

### 同じくらい魅力的でありながら両立不可能な2つの理想に引き裂かれている場合

ジョセフ（仮名）は中規模企業のCEOという夢の仕事に就いたばかりだった。しかしさらに上を目指したいと思い、並行して博士号を取ろうとしていた。ビジョンにもとづいて人生全体を計画し、そのプロセスを非常勤講師としてMBAの学生に教えてもいた。ジョセフはこれからのステージの輪郭を描き、ステージごとの優先順位の変化を予測した。現在のステージでは、よき父、よき夫であると同時に、コミュニティに貢献するための活動をしている人々にとってよき隣人でありたいと思っていた。ストレスを減らし、目のまえのことにより配慮できるようになるのが望みだった。

ジョセフには夢が3つあった。1つは、会社を成長させ、効果的なリーダーシップがうまく機能するところを示すこと。2つめは、もっとバランスの取れた生活を送り、家族や友人と質の高い時間を過ごすこと。3つめは、本を執筆・出版し、教え、夢を目指すためのモチベーションを人に与えるような講演者になることだった。

しかしすべてを同時に達成するのは無理だった。ビジネスを運営し、成長させることに必要な時間とエネルギーは、バランスの取れた、ストレスの少ないライフスタイルとは相容れなかった。ジョセフのコーチはある方法を試してみた。両立不可能に思える複数の夢を持つ人々にたいてい効果のある方法だ。コーチはジョセフに夢の優先順位を尋ねた。文字どおり、順位をつけるように言ったのである。「1つだけ選ぶとしたら、どの夢を叶えたいですか?」もっと家族と一緒に過ごすことだと、ジョセフは自覚していた。しかし彼の人生や仕事のスタイルは、目標のためにがむしゃらに突き進むものだった。そこでコーチは尋ねた。「ほかの2つのうちどちらを選べば、仕事の夢を追いながら、いまより家族と過ごす時間を増やせますか?」

雷に撃たれたかのように突然頭がはっきりし、ジョセフは2年以内に会社のリーダーの地位を譲る計画を立てる必要があると思った。リーダーを降りるまえに、本の出版や、さまざまな大学での講演を始めることができるだろう。家族を出張に連れていくこともできるし、休暇や、リラックスできる時間を過ごす計画を立ててもいい。CEOの仕事が終わったら、妻や子どものためにもっと多くの時間を割くとジョセフは約束した。2年のうちに博士号を取り、コンサルティング会社のオーナーになって、教授職に就くつもりだった。教えることに重きをおく大学で、終身在職権を得られる仕事に就くのだ。論文を書かなければクビになるような大学は避けたかった。家族との時間を増やすという、べつの理想を脅かすからだ。そこから何年も経ったいま、ジョセフはうまくいっていると報告してくれた。しかし自分の願望と向きあって優先順位を考え直すことがなかったら、ここまで来ることはできなかっただろう、とも言っている。

## すでにかけたコストが大きすぎて、いまさら路線変更できない場合

ガブリエラ（仮名）はアメリカの中規模都市で検察官をしていた。彼女はコーチングがどんなふうに機能するものか興味を持ち、パーソナルコーチと会うことにした。しかしガブリエラが進んで実行したのはそこまでだった。

コーチが最高の人生の夢について尋ねると、ガブリエラは時計を見て言った。「そんな利己的な話をしている時間はありません」。彼女は自分の将来の可能性についてポジティブな感情を持っていないのだな、とコーチは思った。しかし口にすることさえ気が進まないほど夢の話を避けたがる理由はわからなかった。コーチは仕事に関する理想を尋ねた。ガブリエラの答えは現在の仕事の問題を解決することだけに集中していた。コーチが理想の人生に関する夢を重ねて尋ねると、ガブリエラはその話をしている時間はないと答えた。

ガブリエラは労働者階級の家に生まれ、家族のなかで大学まで進学したのは彼女が初めてだった。大学院まで進んだのも、専門職に就いたのもやはり彼女が初めてだった。政府関係の権威ある職に就き、若い女性にできるとは思ってもみなかった仕事を成し遂げた。周りの誰よりも努力して得た結果だった。友人たちと楽しく過ごせたはずの時間も犠牲にした。他人からはちょっと頑固すぎると思われるほど勉強に専念してきた。

だが、それが彼女の道だった。いま、ガブリエラは中年で、成功には代価があることを知っ

ていた。家庭を持つ機会は逃したし、ほかの人のように個人的な気晴らしがあるわけでもなかった。意図してこうなったわけではない。ただ結果として起こったことだった。つねにキャリアに集中し、それと同じだけのエネルギーや集中力を仕事以外の活動や社交に向けることはなかった。それでも、友人たちのうちに職業的にも社会的にも自分と同じところまで到達した者はいないと思うと慰められた。

ガブリエラのコーチはたくさんのアプローチを試し、人生に何を望むか考え、将来の可能性を探るように促そうとした。ガブリエラに見えるのは現在だけだった。心の一部では罠にはまったように感じているのかもしれないが、そんなふうに考えることをガブリエラは自分に許さなかった。大変な思いをしてここまで来たのだから、いまの自分を手放すつもりは毛頭なかった。ガブリエラにとって、コーチングは新たな学び、新たな洞察、新たな行動への転機にはならなかった。もしかしたら将来のある時点で、人生の危機やほかの転換期を経てなんらかの目覚めを経験し、コーチングのプロセスに参加する準備ができることはあるかもしれない。しかし明らかに、いまはそのときではなかった。

コーチングを受ける準備ができていない、または気が進まない人のべつの例として、「目のまえの試合をこなす」しかない場合がある。私たちの同業者の1人に実際にあったことだ。以前のコーチングの相手、フランクリン（仮名）を支援しようとしたときのことだった。フランクリンは仮釈放の身で刑務所から出てきたばかりだった。最初の対話は調子よく進んだものの、コーチにはこの対話の結果として何かが起こるようには思えなかった。複数の有罪判決を受けた前歴や、それ以上の数にのぼる逮捕歴があり、おおいに希望が持てる状況とは言い難かった。しかし、フランクリンが運転サービスを始めたことや、地元のコミュニティ・センターでヘルパーの仕事を得たことをコーチは知っていた。少なくとも、今度こそ努力次第でなんとかなる可能性はあった。

問題は、フランクリンに現在の仕事より先の見通しが立たないことだった。長期的な夢が持てず、短期の計画――刑務所に戻らないこと、合法的な仕事を続けること――しかなかった。ふつうの「長期的なビジョンにもとづいたコーチング」の方法ではフランクリンの助けにならない、いや、興味を引くことさえできなかったが、少なくとも仮釈放の規則に従う意思があることと、自分の人生を築くためのこれからのステップについては進んで話してくれた。

コーチが焦点を将来から現在に移したのはこのときだった。「いま、あなたはどういう行動を取って、人からどう見られたいですか？　今週は？　来月は？」コーチはそう尋ねた。これがフランクリンの関心を引いた。薬物依存や悪習慣を抱えていたり、問題行動をくり返したりする人々は、つねに自分の過去や再犯の可能性と闘っている。フランクリンは現在に焦点を合わせることで、コーチとともに新しい仲間を探したり、人生に変化を起こしてそれを持続するための新しいアイデンティティを育てたりすることができた。新たなビジネスをたちあげて、信頼できる、頼れる、親しみやすい人間と思われるようになりたい、とフランクリンは言った。コーチと一緒にこの望ましいアイデンティティを考えだしたことで、フランクリンの人生に新たな意味が生まれた。

### 他者が規定した自分にとらわれている場合

本章の最初に出てきたレイ・ルイスを思いだしてほしい。彼もコーチにとっては難しい相手だった。いまやっていること以外にやりたいことがあるのはわかっていながら、それをはっきり思い描くことはできないというケースだ。さらに問題を難しくしていたのは、どうしたらきっちり敷かれたレールから外れることができるのか、レイ本人が想像もできずにいることだった。

コーチには、殻を破って外に出ようとしているもう1人のレイが見えた。しかし他者が規定した自分の殻が固すぎて突き破れないようだった。コーチはさまざまな方法を使って理想の未来を引きだそうとしたが、レイは父親の要望をはっきり知っていたので、独自のビジョンをつくりだせなかった。父親のことは心から愛していて、失望させたくないという思いが強く、レイは本当に身動きが取れなかった。

コーチングが始まった当初から、自分を分析し、心の声に従うようにとコーチはレイに促しつづけた。レイも最後には飛躍するべきときが来たと思った。自分で選んで人生を探求したい気持ちを抑えるのはもう無理だった。レイは休暇を取り、しばらくのあいだ世界を旅してまわった。どんな人間になりたいのか、人生とキャリアを本当はどうしたいのか、旅のあいだにじっくり考えた。レイにとって物事がようやく収まるべきところに収まったのは、この旅のあいだだった。何をしたいのか、どうやってそれを実行すればいいかがわかったのだ。

帰国後しばらくして、レイはエグゼクティブMBAコースの同窓会に出た。コーチを見つけるとすぐに近づいていって、自信たっぷりに握手しながらこう言った。「こんにちは。新しいレイ・ルイスを紹介しますよ」。レイはようやく自分を見つけたのだ。理想の自分を発見し、それを追求するための情熱と自信も見つけだした。いまでは将来何をしたいかがわかっていた。新たに見つけた情熱と自信を糧に、レイはほどなく家族のビジネスから抜け、共同経営ので小さなビジネスをたちあげた。他者が規定した自分の縛りから逃れ、独自の理想を追いはじめた瞬間から、レイは個人的にも仕事のうえでも成功を収めた。父親も最後にはレイの決断を理解し、尊重してくれて、親子関係は以前にも増して堅固なものになり、レイは新たに発見した喜びと冒険のなかで日々を送っている。

---

コーチングに適した瞬間を見分け、それを効果的に活かすこと、そして比較的容易なケースに加えて難しい事例も扱えるようになることは、コーチ、マネジャー、その他の支援者にとって非常に重要だ。思いやりのコーチングのアプローチと、本書で論じてきたさまざまな細かい点を思い返せば、この2つに備えることができるだろう。10章では、あなたがまえへ進み、コーチングにおける対話を通して人々を支援し、鼓舞するときに本書で学んだことを活用できるように、インスピレーションの源となる最後の言葉を贈ろう。

## キーポイント

1 コーチングに適した瞬間（コーチャブル・モーメント）とは、今後を左右する重大な状況や学びの機会である。その瞬間には、仮に本人は自覚していなくても、コーチは相手が内省や学びに対して心を開き、準備のできた状態であることを正しくキャッチしている。

2 コーチングに適した瞬間を最大限に活用するには、対象者のレディネスを評価し、強化しておく必要がある。もし対象者の準備が整っていなければ、コーチングによって手助けできる変化の範囲はかぎられたものになってしまう。

## 内省と活用のためのエクササイズ

1　コーチングに適した瞬間の只中にいる人に出くわしたときのことを思いだしてほしい。あなたはその瞬間であることを認識し、ふさわしい対応をしただろうか？　相手はどう反応しただろう？　相手の準備は整っていただろうか？　もっと助けになるために、いまならこうしただろう、もっと違うようにできただろうと思う言動があるだろうか？

2　コーチ、マネジャー、教師、親、聖職者などの支援者として誰かを助けようとするときに、難しいケースに出会ったことはあるだろうか？　本書で学んだことを応用して、この先そうした状況により効果的に対処することができるだろうか？

## 対話へのガイド

1　本書に出てくるアイデアやテクニックのうち、あなたが試してみたいもの、発展させたいものはどれだろうか？

2　人生や仕事のある一面においてはコーチングに適した瞬間を見つけられるのに、ほかの面では見つけられない、といったことはないだろうか？　どうしたらほかの面でも敏感に見つけられるだろうか？

# *The Call of Compassion*

An Invitation to Dream

10

# 思いやりの呼びかけ

夢への招待状

多くの人は他者を気にかけ、助けようとする。気遣いの源は、学びや成長を持ちかけて人々を鼓舞したい、子どもを守ろうとする人々を励ましたい、といった願いかもしれない。また、他者が行動を改善したり、可能性を活かしたりするのを手助けしたい、という願いもあるかもしれない。あるいは心の奥にある愛から生じる気持ちかもしれない。

しかし、願いは気高いのに、私たちはしばしば意図と正反対のことをしてしまう。いきなり他者の行動を直そうとしたり、変化のための特定の行動を指図したりする。そのほうが効率がいいように思えるかもしれないが、本書をここまで読んできた読者なら、他者の行動を自分が直そうとするのは誘導型のコーチングであり、たとえ善意にもとづいた言動であってもネガティブな感情やストレスを引き起こしてしまうとわかるだろう。

リーダー、親、教師、医師、看護師、その他のあらゆる種類のコーチとして、私たちはみな「人生」という名のリアリティ番組を見ているようなものだ。身のまわりの不当な行為や、粗末に扱われる人々を目撃している。「無料のもの」がもらえるのを当たりまえと思っている人々や、人の親切につけこむ人々に憤慨している。しかし何より、影響力のある立場にいる人々が、他者を助けるリーダーになるよりも自分を売りこむことに血道を上げているところを目撃している。

ナルシシズム、独善、自己中心的な思考の蔓延した世界で（結局のところ、「セルフィー」がソーシャルメディアを賑わす時代なのだ）、自己防衛的な行動を取らずに済ますために私たちにできるのは、他者を支援し、よりよい人間関係を築くことだ。利己的なナルシシズムへの最良の対抗手段は、他者を気遣うことである。他者を本当に助けるためにあなたにできるのは、相手がなりうるベストの自分になれるよう鼓舞し、動機づけをすることだ。そのプロセスで起こるポジティブな感情の伝染によってあなた自身も鼓舞され、次いでまわりの人々にもポジティブな影響を与える。思いやりは伝染するのだ。

これまでの章で、あなたがいまの自分になるために、あるいは人生においていまいる場所に到達するために、一番助けになってくれた人のことを思いだしてほしいと書いた。その問いかけに答えることで、感謝のこもった思いやりがＰＥＡを含むさまざまなよい物事を呼び起こすのを体験してもらえたのではないだろうか。そこで次の質問をさせてほしい——あなたは誰のリストに載るだろうか？　誰かの人生を変えるというのは、私たちの人生における最大の遺産（レガシー）だ。

## 思いやりは利己主義への対抗手段

人々が新しい未来への可能性によって活力を得る本物の事例を通して、他者とポジティブで深いつながりを築くことが、あなた自身と交流相手の双方にとっていかに、なぜ有益か、改めて理解を深めてもらえたことと思う。他者を気遣い、支援するために、一番身近で強力な方法は思いやりのコーチングであると、私たちは研究にもとづいて主張してきた。もちろん、すべての会話がコーチングに適した瞬間というわけではないし、私たちが提案するコーチングが唯一の方法というわけでもない。ときには（そして少しは）誘導型のコーチングが必要になる場合もある。ただし頻度が高すぎればＮＥＡの優勢な経験になってしまい、学びや変化の継続時間は短くなり、持続の可能性もかぎられる。これまでに挙げてきたエピソードが示すように、思いやりのコーチングは、意志があれば誰にでも実践できる。おもな例を復習しておこう。

グレッグ・レイキン医師、サッカーから陸上競技に転向したエミリー・シンクレア、救急救命士から病院幹部へ転身したエイミー・サボの事例は（それぞれ1章、2章、6章）、誘導型のコーチングとは対照的に、思いやりのコーチングが人々の人生に劇的なインパクトを与えることを示している。優秀な支援者やコーチは、相手が夢を追い、持てる可能性をすべて使って何かを成し遂げるのを励まし、支える。いま挙げたどのケースでも、思いやりのコーチングは対象者が理想の自分やパーソナルビジョンを掘りさげて明確にするのを手助けし、理想の自分と他者が規定した自分の違いを解き明かすことから始まった。銀行家のメアリー・トゥックのケース（5章）でも見たように、パーソナルビジョンとは理想の自分や理想の未来が関わる全体的、包括的なもので、夢、天職、情熱、パーパス、核となる価値観なども含まれる。ビジョンは人生や仕事に意味を与える。実り多い、それでいてもどかしい思いをすることもある道――理想の自分に近づく道――を進みつづける助けにもなる。

電話でコーチングを受けつづけたニール・トンプソン、思わぬ夢を実現したダリル・グレシャム、コーチングによって「聞く耳」を強化したショーン・ハニガンの事例（それぞれ2章、4章、7章）で見たように、人々を飛躍的に前進させる鍵となるのは共鳴する関係だった。感情は伝染するので、コーチとの人間関係の質は、PEAをくり返し呼び起こすためにきわめて重要だ。コーチとの関係のほかに、信頼のおける、支えとなる人々とのネットワークを育てることができれば、学びや変化のための努力が持続する可能性はより高くなる。「ワインとビデオの会」のローリ・ナイスワンダーの例（8章）は、ピアコーチング・グループをつくって助けあうと――個人・職業人としての成長という目的のために2人以上が団結すると――どうなるかを示している。こうした付きあいは長続きして、持続的な変化を助けてくれるうえ、ポジティブな感情の伝染も広げるので、組織や家族に新しい枠組みを根づかせる土台ともなる。

ほかの園児とは違う絵を描いたアーロン・バネイの事例（4章）で見たとおり、オープンで、ポジティブで、効果的な問いかけをすることによって、相手から新たな情報を引きだせる。そうした問いかけはPEAを呼び覚まし、脳の特定のネットワークを活性化させ、副交感神経系のホルモン（再生ホルモン）分泌の引き金となる。ネガティブな問いかけをしたり、防衛的な反応を引きだす質問や、NEAを呼び起こす質問をしたりすると、脳のべつのネットワークが活性化して、交感神経系のホルモン（ストレスホルモン）分泌の引き金となる。本書著者の1人であるメルヴィンの事例（3章）では、そうした問いかけによって、他者が規定した自分が刺激され、可能性が狭まり、行きづまりを感じさせた。

本書著者の1人であるエレンの健康問題（6章）では、PEAを多く呼び起こすことが、新たなアイデアに対してオープンである状態と、持続する望ましい変化への転機の両方を招くところを見てきた。同業者の研究や、神経画像を用いた私たち自身の研究から、変化や学びのプロセスを継続するにはNEA寄りの活動の2〜5倍の頻度でPEA寄りの活動をする必要があることがわかっている。減量に成功したボブ・シェイファーの事例（5章）では、再生のための活動について、短時間ずつ頻繁にこなすほうが、少ない頻度で長時間おこなうよりもよい結果を生むところを見てきた。また、1つか2つの活動をくり返しおこなうよりも、多様な活動を用いたほうがよいことも明らかになっている。

メルヴィンの事例では、弱みを克服するよりも、パーソナルビジョンと調和する強みに焦点を合わせることで新たな可能性が開かれるところも見てきた。結果として、メルヴィンは自己のパーパスを実現し、そこから得られる自由を実感した。変化のプロセスは往々にして、一定しない調子で徐々に進む。ショーン・ハニガンがよい聞き手になることによってよりよいリーダーに変化したときもそうだった。ほかの方法としては、気分が高揚する未来を思い描くことや、活力の湧くような計画を立てることでＰＥＡを呼び起こすのもよい。より辛抱強く親しみやすいプロジェクトリーダーに変わったバサームの事例（６章）でもそれが見られた。

対話のあいだにＰＥＡを多く活用するには、気遣いや信頼感の伴う、共鳴する関係が必要になる。カレン・ミレイと息子の対話（６章）にはそれが見られた。カレンはその経験をそっくりそのまま職場の部下との対話にも応用した。エレンの10代の娘との対話（７章）でも見てきたように、誰かを支援するために質の高い人間関係を築くには、支援側の準備が必要だ。相手の話に積極的に、深く耳を傾けることを通して、ポジティブで有意義なつながりを築く――これは思いやりのコーチングの基本であり、本質でもある。

エレンの娘との対話からもう１つわかるのは、コーチングに適した瞬間を活かすには、コーチや支援者がそれに気づけるように、いつでもコーチングのマインドセットの準備をしておく必要があるということだ。きわめて重要な可能性をひめたチャンスでありながら、本人がそれを自覚していない場合もあるので、内省や学びに対して準備のできた好機であることをコーチのほうが正しくキャッチする必要がある。コーチングに適した瞬間を最大限に活用するには、相手のレディネスを評価し、強化することも必要だ。

本書では、コーチングを用いる多数の企業に言及してきた。しかし同時に、コーチングが家族やほかのさまざまな支援関係において有益であることも示してきた。ポジティブな支援を家庭、コミュニティ、職場で新たな枠組みとして定着させるための基本的なアプローチは3つある。（1）人々が互いに相手をコーチできるように促す（場合によっては訓練する）こと（職場では、これは2人組またはグループでおこなうピアコーチングになる）。（2）内部または外部のさまざまなコーチや支援者へのアクセスを提供すること。（3）チームや組織の人々にコーチングをおこなえるように、マネジャー、医師、その他影響力のある立場の支援者にスキルを身につけてもらうこと。

## 自分を助けることを学ぶ

たとえどんなに善意があっても、自分自身がＮＥＡの影響下に落ちこんでいる状態では、他者の学びや成長を鼓舞したり助けたりすることはできない。支援者やコーチとしての耐久力は、他者が心を開き、成長し、変化するのを効果的に支援しつづける能力の骨格となる。

私たちの提案は単純明快なものだが、日々の暮らしや仕事からくるストレスの只中では、実践が難しいこともある。重要なのは、あなた自身が毎日再生の活動をすることだ。自分のコンディションを保ち、ＰＥＡをより多く経験しているからこそ生じるポジティブな感情の伝染を広げることは、コーチの責務である。つまり、あなたが毎日再生の瞬間を確保するのは利己的な行為ではないのだ。長期的にある程度のレベルを保とうとするコーチは、ほかのコーチとピアコーチング・グループをつくってもよい。支援しようとしている相手に必要なサポートが、コーチにも同じだけ必要なのだ。

## 夢への招待状

私たちが本書で強調してきた一番のテーマは、パーソナルビジョンを用いてポジティブな感情を呼び起こすことである。望ましい終わりへつながる道をならすかのように、脳や感情のネットワークをセットアップしていく。さて、ここであなたをひと時の夢にご招待しよう。いまから10～15年後を想像してほしい。もしあなたが……

**コーチなら**――あなたには、さまざまな文化的背景を持つ大勢のクライアントがいる。彼らは変化し、学び、成長し、発達し、パフォーマンスを上げている。みな有意義な人生を送っている。そして何より、感情的にも、身体的にも、精神的にも、人間関係においても順調である。クライアントのなかにはピアコーチング・グループをつくった人もいるし、企業クライアントのなかにはピアコーチング・グループがあたりまえになったところもある。さらに、あなたのクライアントの勤務先では、いままでにないほどやる気と成長を生む文化が根づきはじめている。

**マネジャーなら――**あなたの会社の社員は高い意欲をもって仕事に専念している。みなが目的意識を共有している。社員は革新的で、変動する市場や顧客のニーズにうまく対応している。あなたが社員のニーズにつねに注意を払い、社員の成長のために努力していることが、彼らにもわかっている。あなたは社員の成長と発達に投資するかのように、気分の高揚する新規プロジェクトを差しだす。社員はみな会社にとどまりたいと思うだけでなく、仕事にもっと時間を注ぎこみたいと思っている。やる気に満ち、自分たちでピアコーチング・グループをつくって現実検証をしたり、助けあって問題に対処したり、よりよい未来を思い描いたりしている。実際、組織文化が変わったおかげで、誰もが誰かの成長に貢献している。

**医師、看護師、医療助手なら――**人々が健康でいられるように、動機づけをしているところだ。あなたの役割は、人々が本当に回復し、健康を維持し、治療計画を１００パーセント守るのを手助けすることだ。あなたの患者はすばやく回復し、健康な状態を長く保てる。それというのも、彼らが自分できちんと気をつけるようになったからだ。疾患は減り、生活の質は上がり、医療費は低く抑えられる。もしあなたの仕事が緩和ケアなら、あなたの患者は尊厳を保ったまま、愛されていると感じながら、心穏やかにこの世を去ることができる。

**親なら**――家庭生活における日々の出来事が、愛と思いやりに満ちた家族映画のように理想的なものに感じられるだろう。10代の子どもたちはいつでもあなたと話をしたがる。家族で食卓を囲めば、興味深い会話と笑い声が絶えない。家族の誰かがアドバイスをほしいと思ったら、相談する相手はあなただ。成人した子どもたちは定期的にあなたを夕食に連れだし、あなたは休暇を子どもたちやその家族と過ごすことになる。

**セラピスト、カウンセラー、教会カウンセラー、ソーシャルワーカーなら**――あなたのクライアントは自分の問題をものともせず、ひたすら幸せになろうとしている。健やかでありたいと願い、セラピーや治療計画を実践するためのモチベーションはたっぷりある。自分のことばかり気にしているわけではなく、コミュニティ内の自分より恵まれない人々を助けることにも多くの時間を使っている。他者を気遣い、精一杯がんばっている。家庭では愛情に満ちた楽しい暮らしを送っている。職場をよりよくしようと努力してもいる。

どうだろうか？　こうしたビジョンが実現する可能性を高める方法をここに披露しよう。いわゆる「恩送り」の実験をしてみることだ。来月になったら、1日1回だけ、15～20分間、毎日違う人と会話をして、相手が最良の自分、価値観、夢の生活、望ましい仕事、パーソナルビジョンを発見し、いまの自分と結びつけるのを手伝うのだ。

最初は気後れを感じるかもしれないが、あなたが親でも、マネジャーでも、コーチでも、医師でも、教師でも、聖職者でも、その他の形の支援者でも、来月は30人以上の人々とやりとりをすることになる。毎日睡眠時間を除いて使える時間が960分あるうち、15～20分の会話をたった1回だ。短時間の会話を交わすあいだ、相手がポジティブな感情を体験して、パーソナルビジョンを発見（または再発見）するのを助けるのだ。コーヒーを飲みながらでもいいし、ランチをとりながらでも、相乗りで会社または学校へ向かう車中でもいい。あるいは、職場ならスタッフミーティングの最初か最後に、全員に向かって何か話してもいい。そうやってインスピレーションを受けた人々が、今度はべつの知りあいに会話をつなげていくところを想像してほしい。感情の伝染や社会的模倣の結果として、影響がとてつもなく大きく広がる可能性もある。思いやりのコーチングを土台としてパーソナルビジョンを考えるなかで、人生を変える可能性のあるポジティブな感情を大勢の人が体験する。コーチングを意識した15分～20分の会話という1つの慎ましいスタートから、こうしたことが起こりうるのだ。

---

本書の事例やアイデアを読み、あなたの人生、あなたの周囲の人々の人生において、ポジティブな変化のきっかけをつくってみたいと思ってもらえたなら幸いだ。他者を気遣い、他者の向上を鼓舞した結果として、あなた自身が希望、思いやり、マインドフルネス、遊び心を持てることを、私たちは心から望んでいる。それこそが思いやりのコーチングの本質なのだから。

# 謝辞

ケース・ウェスタン・リザーブ大学組織行動学科の同僚たちのサポートと励ましに、私たちは深く感謝している。とりわけ学科長のダイアナ・ビリモリア教授と、同僚のダイアン・バージェロン、スーザン・ケイス、コリン・コーエン、ハーロウ・コーエン、デイヴィッド・クーパーライダー、ロン・フライ、クリス・ラズロー、トレイシー・メッサー、ジョン・ポール・スティーヴンスの各教授にはお礼を申しあげたい。また、学科のマネジャーのライラ・ロビンソン、ＭＰＯＤプログラムの責任者パトリシア・ペティからのつねに変わらぬ前向きなサポートがなければ、私たちは円滑に活動することができなかっただろう。私たちの始めたコーチング研究グループはやがて意図的変革研究グループへと姿を変えたのだが、長年のあいだに組織行動学科の大勢の博士課程の学生、エミリー・アムデューラー、エステル・アーチボルド、アリム・ベヴァリッジ、ケヴィン・キャヴァナー、ガレス・クレイズ、ウダヤン・ダー、ダレン・グッド、アニタ・ハワード、ジェニファー・ナッシュ、アンジェラ・パッサレーリ、ブリジット・ラピサーダ、カイリー・ロックフォード、ティファニー・シュローダー・クリス、スコット・テイラー、ヌジョーク・トマス、マンディ・ヴァーリー、ドク・ウォーの面々が参加してくれた。当時博士課程の学生だったアニー・マッキーは研究グループの初期のメンバーで、私たちにとってはずっとインスピレーションの源であり、たびたびリチャードの共著者にもなった。複数のコーチング・グループのリーダーでもあり、ペンシルベニア大学大学院の最高人材育成責任者（ＣＬＯ）育成プログラムのリーダーでもある。ほかにも、個人のビジョン、ＥＱ、人間関係の質に関する研究をしてきた博士課程の学生、マノイ・バブー、ジョディ・バーグ、アマンダ・ブレイク、キャスリーン・ビュース、マスド・ホージャ、ローレン・ダイク、リンダ・ピッテンガー、ジョアン・クイン、ジョン・シャフナー各氏におおいに助けられた。

ウェザーヘッド経営大学院コーチング研究所（ＣＲＬ）の同僚、トニー・ジャック、アンジェラ・パッサレーリ、スコット・テイラー、カイリー・ロックフォードの各教授、ＣＲＬとそこでの研究を進めてくれている博士課程の学生、ガレス・クレイズ、ケヴィン・キャヴァナー、ウダヤン・ダー、ジェシ・ヒンツ、メルセデス・マクブライド-ウォーカー、マイ・チン、マンディ・ヴァーリー、マリア・ヴォルコヴァの各氏からは、新しいアイデアや研究、コーチングのよりよいメソッドによって刺激を受けている。ＣＲＬの組織会員にも、研究やコーチング分野での実践を進める際に私たちのパートナーとなってくれたことに恩義を感じている。フィフス・サード銀行とエリー・インシュアランスに特別な感謝の言葉を。ＣＲＬの設立メンバーとしての両社の最初のサポートは、取り組み全体の発射台の役割を果たしてくれた。また、クラウン機器、ディーラー・タイヤ、フォード、ルーブリゾール、モーエン（グローバル・プラミング・グループ）、JMスマッカー・カンパニー、サンディア国立研究所、ステリスを含む、過去と現在の組織会員にも感謝を述べたい。

ウェザーヘッド幹部教育プログラムに携わった献身的な同僚に感謝の意を表したい。企業にコーチングをもたらす挑戦のなかで長年のあいだ味方になってくれたチャック・ブラック、ジェニファー・カー、キム・ゴールズベリー、ミンディ・カナード、アパーナ・マルホトラ、シャーリーン・マクグルー、エリカ・マクファーソン、ローリ・ナイスワンダー、シャロン・ノリス、ジェニファー・オコーナー-ネスキー、リンディ・ルトコウスキー、ラニース・ワシントン、ローラ・ウェーバー・スミス、ミシェル・ウィルソン、そして私たちの新しい理事のクリス・クッシュ、元副学部長のデニス・ダグラスに。最後になったが、才能と熱意に溢れたウェザーヘッド幹部教育のコーチ要員の面々がいなければ、私たちがこうしてコーチングの仕事を続けることもできなかっただろう。彼らの不変の協力と尽力に感謝している。

本書に出てくる事例の大部分は、私たちが長年ケース・ウェスタン・リザーブ大学ウェザーヘッド経営大学院で学部生、院生、企業幹部向け教育プログラムに関わってきたなかから出てきたものである。ここで一人ひとりの名前を挙げることはできないが、生涯にわたる学びに対してオープンだった、過去と現在のすべての学生に深い感謝を伝えたい。教室のなかや外での会話を通して、みなさんは私たちが理論、モデル、探求、直感に磨きをかけるのを助けてくれた。私たちが教育者として、講演者として、ともに働く者として学び、成長し、変化するのを助けてくれた。

私たちがコーチングと調査の実施を進める際にサポートしてくれた同業者や友人は世界中にいる。2000年以降はバルセロナのESADEビジネススクールのホアン・マヌエル・バティスタ、マルク・コレア、ロブ・エマーリング、ラウラ・ギリェン、リカルド・セルラボスの各教授、当時博士課程の学生だったバサック・コンボイ、エイミー・レベルトン、レティシア・モステオ、ロイ・モワド、アラデ・シパーダス、フェラン・バレスコの各氏も力を貸してくれた。また、ヴェネツィア・カフォスカリ大学の同業者や友人、ファブリツィオ・ジェルリ、サーラ・ボネッソ、アンナ・コマーチョ、ラウラ・コルテラッツォの各教授も同様である。

本文や巻末の参考文献リストのいたるところに、共著者として対話を続けるなかで私たちの研究やアイデアを成長させてくれた同業者の名前が出てくる。私たちの学びを助けてくれるそうした人々、とりわけキャシー・クラム、ナンシー・ブレイズ、テリー・モルトビアの各氏、ハーバード大学医学大学院附属マクリーン病院のコーチング研究所創設者であるキャロル・コーフマン、マーガレット・ムーア、スーザン・デイヴィッドの各氏、一般の人々に向けて書くことをリチャードに教え、１９６９年以来の友人でアイデアやテストの共同作成者でもあるダニエル・ゴールマンにも感謝している。アニー・マッキーとフラン・ジョンストン、それにケアリー・チャーニス、ポピー・マクロード、ヴァネッサ・ドラスカット、ヘレン・リースにも。ハーバード・ビジネス・レビュー・プレスの編集チーム、とりわけ企画書を最初に読んだときから本書が形になることを信じてくれたジェフ・キーホーに心から感謝している。また、本書に思慮深い細心の注意を払い、私たちを励ましてくれたルーシー・マッコーリーにも感謝を。彼女の鋭いロジックと言葉の魔法のおかげで、私たちの思考は優雅に流れるような文章になった。

リチャードは、息子のマーク・スコットに感謝している。長年のあいだ注意散漫な父親に辛抱し、より良質で明瞭な文章スタイルを引きだしてくれた。また、寛大な寄付基金で講座を支えてくれたマイケル・ホーヴィッツ一家にも感謝している。私たちがコーチングに関しておこなってきたｆＭＲＩなどの研究のすべてに、このサポートがぜひとも必要だったのである。

そしてリチャードは誰よりもデイヴィッド・Ａ・コルブ教授に感謝を伝えたく思っている。コルブ教授は53年以上にわたって指導、助言、友情を差しだし、ともに働いてくれた。リチャードを宇宙工学から心理学の分野へ引きこみ、鼓舞したのもコルブ教授だったし、１９６７年からこんにちにいたるまでの調査研究の道を見つけることができたのも教授のおかげだった。コルブ教授はリチャードをハーバード大学の心理学の博士課程に送りこみ、のちにメンターや友人となったさまざまな人々、たとえばデイヴィッド・マクレランド教授、エドガー・シャイン教授、デイヴ・バールー、フィッツ・スティール、ボブ・ローゼンタール教授、ロバート・フリード・ベイルズ教授といった人々に紹介してくれた。本書やその背後にある研究が始まったのは、じつは1967年の春、他者を支援することに関する最初の実証的研究がおこなわれ、一冊の本ができあがったときだったのだが、本は出版されなかった。しかしそのときのアイデアと情熱は消えなかったのだ。

メルヴィンは、家族や親類、とりわけ母メアリーと、亡き父メルヴィン・シニアに感謝している。両親が思いやり、喜び、サポート、励ましに溢れた愛ある家庭を築いてくれたおかげで、メルヴィンはいつでも自信を持って夢を追うことができた。それから、31年一緒にいる妻のジェニファーにも。この愛すべきパートナーのおかげで、メルヴィンはよりよい人間になれたうえ、想像もしなかったほど充実したすばらしい人生を築くことができた。そして2人の息子、ライアンとエヴァンにも感謝を伝えたいと思っている。彼らのことはつねに誇らしく思っているし、また、2人が独自の人生を切りひらき、目を見張るような若者へと成長した姿には、畏怖と驚嘆の念を禁じえない。

エレンは家族に感謝している。家族がいればこそ、愛情深く意義ある方法で誰かを支援し、また支援されることの意味が、実体験として理解できた。それから、最初のコーチであり、無条件の愛情と自己犠牲の本当の意味を教えてくれた母親のメアリー・エレン・ブルックスと、亡き父親のトマス・ブルックスにも感謝を。夫のスコットにも感謝の意を伝えたい。エレンや周囲の人々に向けられた寛大さと思いやり、そしていいときにも悪いときにもつねに笑わせてくれる彼の能力に。子どもたち、モーリーンとトマスにも感謝している。彼らのおかげで地に足をつけていられるし、2人は好奇心旺盛で強靭な頭脳と愛情溢れるオープンな心で人生に喜びをもたらしてくれる。ほかにも、あらゆる形でサポートを与えてくれた親類や友人にありがとうと伝えたい。

最後に、メルヴィンとエレンからリチャードに感謝を。リチャードはインスピレーションを与えてくれる共著者、同僚であるのみならず、得がたいメンターで友人でもある。人々の変化を助ける人生がいかに意義深く喜びに満ちているか、生きた見本になってくれた。

リチャード・ボヤツィス
メルヴィン・スミス
エレン・ヴァン・オーステン

を調査したもの。もう1つは American Express/Kantar Futures, *Redefining the C-Suite: Business the Millennial Way,* 2017, で、アメリカ、イギリス、フランス、ドイツのミレニアル世代1363人を調査したもの。

## 9章

1 フェルナンデスアラオスは、あるポジションに最適な人材を見つけるプロセスと、才能を最大限に引きだすことについて、手広く書いている。彼の論文は以下で見られる。*Harvard Business Review* (C. Fernández-Aráoz, "21st-Century Talent Spotting," June 2014; C. Fernández-Aráoz, B. Groysberg, and N. Nohria "The Defi nitive Guide to Recruiting in Good Times and Bad," May 2009; C. Fernández-Aráoz, "Hiring without Firing," July–August 1999); 著書は以下のとおり。C. Fernández-Aráoz, *It's Not the How or the What but the Who: Succeed by Surrounding Yourself with the Best* (Boston: Harvard Business Review Press, 2014); C. Fernández-Aráoz, *Great People Decisions: Why They Matter So Much, Why They Are So Hard, and How You Can Master Them* (Hoboken, NJ: Wiley, 2007).

2 B. J. Avolio and S. T. Hannah, "Developmental Readiness: Accelerating Leader Development," *Consulting Psychology Journal: Practice and Research* 60 (2008). 331–347.

3 D. MacKie, "The Effects of Coachee Readiness and Core Self-Evaluations on Leadership Coaching Outcomes: A Controlled Trial," *Coaching: An International Journal of Theory, Research and Practice* 25, no. 2 (2015): 120–136; J. Franklin, "Change Readiness in Coaching: Potentiating Client Change," in *Evidence-Based Coaching,* 編集: M. J. Cavanagh, A. Grant, and T. Kemp (Queensland: AustralianAcademic Press, 2005), 193–200.

4 J. O. Prochaska and C. C. DiClemente, "Stages and Processes of Self-Change of Smoking: Toward an Integrative Model of Change," *Journal of Consulting and Clinical Psychology* 51 (1983): 390–395; J. O. Prochaska, C. C. DiClemente, and J. C. Norcross, "In Search of How People Change: Applications to the Addictive Behaviors," *American Psychologist* 47 (1992): 1102–1114.

5 Viktor Frankl, *Man's Search for Meaning: An Introduction to Logotherapy* (1946; rept. Boston: Beacon Press, 2006). 邦訳：ヴィクトール・E・フランクル著『夜と霧 新版』池田香代子訳、みすず書房、2002年。

*Small Group Research* 31, no. 3 (2000): 328–353.

9 F. Barrett, *Yes to the Mess: Surprising Leadership Lessons from Jazz* (Boston: Harvard Business Review Press, 2012).

10 Barrett, *Yes to the Mess* に言及あり。

11 R. Ballou 他, "Fellowship in Lifelong Learning: An Executive Development Program for Advanced Professionals," *Journal of Management Education* 23, no. 4 (1999): 338–354; H. Tajfel, "Social Identity and Intergroup Behavior," *Trends and Developments: Social Science Informs* 13, no. 2 (1974): 65–93.

12 Ballou他, "Fellowship in Lifelong Learning."

13 P. Parker 他, *Peer Coaching: Principles and Practice* (Stanford, CA: Stanford University Press, 2017); 以下も参照のこと。Parker, Kram, and Hall, "Exploring Risk Factors in Peer Coaching" ; Parker, Hall, and Kram, "Peer Coaching: A Relational Process."

14 L. Himelstein and S. Anderson Forest, "Breaking Through," *BusinessWeek,* February 17, 1997, pp. 64–70.

15 社内コーチのほうが外部コーチよりもはるかに大きく貢献できることを示すメタ分析がある。以下を参照のこと。R. Jones, S. Woods, and Y. Guillaume, "The Effectiveness of Workplace Coaching: A Meta-Analysis of Learning and Performance Outcomes from Coaching," *Journal of Occupational and Organizational Psychology* 89 (2015): 249 –277.

16 コーチ認定の能力評価モデルについては、以下のICFのサイトを参照のこと。https://coachfederation.org/core-competencies; CCEプログラムについては以下を参照のこと。https://careerdevelopmentmusings.wordpress.com/2016/09/06/ board-certified-coach-competencies-and-ceuonestop-com-courses-and-webinars-a-crosswalk/; WABCについては以下を参照のこと。http://www.wabccoaches.com/includes/popups/competencies.html. 何をもって有効な能力評価モデルとすべきかに関するより一般的な議論は、以下を参照のこと。R. Boyatzis, *The Competent Manager: A Model for Effective Performance* (New York: John Wiley & Sons, 1982); 資格認定の重要性に関する徹底した議論は、以下を参照のこと。J. Fallows, "The Case against Credentialism," *The Atlantic Monthly,* December 1985, 49–67.

17 2017年のクリス・ベアとの個人的な会話より。

18 W. Mahler, "Although Good Coaching Is Basic to Managerial Productivity, Most Organizations Have Difficulty Getting Their Managers to Be Effective Coaches," *Personnel Administration* 27, no. 1 (1964): 28–33.

19 T. E. Maltbia, "High-Impact Performance Coaching: Applying the Four C's Framework to Define, Monitor and Generate Results," *Choice Magazine* 11, no. 1 (2013): 27–32. 論文のこの部分は、メイガーとパイプの昔の著書を参考にしている (R. F. Mager and P. Pipe, *Analyzing Performance Problems,* 第2版 (Belmont, CA: David S. Lake Publishers, 1984).

20 J. J. Dhaling他. "Does Coaching Matter? A Multilevel Model Linking Managerial Coaching Skill and Frequency to Sales Goal Attainment," *Personnel Psychology* 69, no. 4 (2016): 863–894.

21 P. A. Heslin, D. Vandewalle, and G. P. Latham, "Keen to Help? Managers' Implicit Person Theories and Their Subsequent Employee Coaching," *Personnel Psychology* 59, no. 4 (2006): 871–902.

22 これらのコメントは、ミレニアル世代に関する一次データの調査2件から取ったものである。1つは Manpower's 2016 Millennial Careers: 2020 Vision, で、25の国のミレニアル世代1万9千人

22 アンドリュー・カーネギーの物語は以下より。L. M. Colan, "Coaching: Get It Right the First Time and Avoid Repetition," *Houston Business Journal*, October 12, 2007.

23 定義は *Merriam-Webster's Collegiate Dictionary,* 11版 (Springfield, MA: Merriam-Webster, Inc., 2009) より。

24 C. Rogers and F. J. Roethlisberger, "Barriers and Gateways to Communication," *Harvard Business Review,* November–December 1991.

25 R. Lee, The Values of Connection: *A Relational Approach to Ethics* (Santa Cruz, CA: Gestalt Press, 2004).

26 H. Reiss, *The Empathy Effect: Seven Neuroscience-Based Keys for Transforming the Way We Live, Love, Work, and Connect across Differences* (Boulder, CO: Sounds True, 2018).

27 同上。

28 出典: Adapted from H. Kimsey-House他, *Co-active Coaching: Changing Business, Transforming Lives* (Boston: Nicholas Brealey Publishing, 2011). 邦訳：ヘンリー・キムジーハウス、キャレン・キムジーハウス、フィル・サンダール、ローラ・ウィットワース共著『コーチング・バイブル（第4版）——人の潜在力を引きだす協働的コミュニケーション』CTIジャパン訳、東洋経済新報社、2020年。

## 8章

1 2017年11月2日～3日におこなわれたコーチング研究所（CRL）のミーティングで、ジェフ・ダーナーと個人的に交わした会話より。

2 引用は、2017年10月20日～21日にミネアポリスで開催されたAnnual Leading Edge Consortiumの第13回年次総会におけるパネル・ディスカッション「組織内のコーチング——こんにちの現実と将来の展望」での発言より。

3 コメントは「組織内のコーチング」より。

4 引用は、おもに1対1の関係に焦点を合わせたピアコーチングの良書である以下より。

P. Parker他, *Peer Coaching at Work: Principles and Practices* (Stanford, CA: Stanford Business Books, 2018), 2. この著者の初期の論文もいくつかお薦めしておく。P. Parker他, "A Relational Communication Approach to Peer Coaching," *Journal of Applied Behavioral Science* 51, no. 2 (2015): 231–252; P. Parker, K. E. Kram, and D. T. Hall, "Peer Coaching: An Untapped Resource for Development," *Organizational Dynamics* 43, no. 2 (2014): 122–129; P. Parker, D. T. Hall, and K. E. Kram, "Peer Coaching: A Relational Process for Accelerating Career Learning," *Academy of Management Learning and Education* 7, no. 4 (2008): 487–503; P. Parker, K. E. Kram, and D. T. Hall, "Exploring Risk Factors in Peer Coaching: A Multilevel Approach," *Journal of Applied Behavioral Science* 49, no. 3 (2012): 361–387.

5 Bill W. My First 40 Years: *An Autobiography by the Cofounder of Alcoholics Anonymous* (Center City, MN: Hazelden, 2000).

6 M. F. R. Kets de Vries, "Leadership Group Coaching in Action: The Zen of Creating High Performance Teams," *Academy of Management Executive* 19, no. 1 (2005): 61–76.

7 以下を参照のこと。M. Higgins and K. E. Kram, "Reconceptualizing Mentoring at Work: A Developmental Network Perspective," *Academy of Management Review* 26, no. 2 (2001): 264–288.

8 V. U. Druskat and D. C. Kayes, "Learning versus Performance in Short-Term Project Teams,"

9 R. E. Boyatzis and K. Rochford, *Relational Climate Survey* (2015); ケース・ウェスタン・リザーブ大学にて、著者より入手可能。

10 M. Khawaja, "The Mediating Role of Positive and Negative Emotional Attractors between Psychosocial Correlates of Doctor-Patient Relationship and Treatment of Type II Diabetes" (博士論文, Case Western Reserve University, 2011).

11 E. Van Oosten, M. McBride-Walker, and S. Taylor, "Investing in What Matters: The Impact of Emotional and Social Competency Development and Executive Coaching on Leader Outcomes," *Consulting Psychology Journal* (近刊); E. Van Oosten, "The Impact of Emotional Intelligence and Executive Coaching on Leader Effectiveness" (未刊行の博士論文, Case Western Reserve University, 2013).

12 L. M. Pittenger, "Emotional and Social Competencies and Perceptions of the Interpersonal Environment of an Organization as Related to the Engagement of IT Professionals," *Frontiers in Psychology* 6, article 623 (2015), https://doi.org/10.3389/fpsyg.2015.00623.

13 M. Babu, "Characteristics of Effectiveness Leadership among Community College Presidents" (未刊行の博士論文, Case Western Reserve University, 2016).

14 J. F. Quinn, "The Effect of Vision and Compassion upon Role Factors in Physician Leadership," *Frontiers in Psychology* 6, 記事番号 442 (2015), https://doi.org/10.3389/fpsyg.2015.00442.

15 L. Kendall, "A Theory of Micro-Level Dynamic Capabilities: How Technology Leaders Innovate with Human Connection" (未刊行の博士論文, Case Western Reserve University, 2016).

16 J. E. Neff, "Shared Vision and Family Firm Performance," *Frontiers in Psychology* 6, 記事番号 646 (2015), https://doi.org/10.3389/fpsyg.2015.00646; S. P. Miller, "Next-Generation Leadership Development in Family Businesses: The Critical Roles of Shared Vision and Family Climate," *Frontiers in Psychology* 6, 記事番号 1335 (2015), デジタルオブジェクト識別子: 10.3389/fpsyg.2014.01335; S. P. Miller, "Developing Next Generation Leadership Talent in Family Businesses: The Family Effect" (未刊行の博士論文, Case Western Reserve University, 2014).

17 K. Overbeke, D. Bilimoria, and T. Somers, "Shared Vision between Fathers and Daughters in Family Businesses: The Determining Factor That Transforms Daughters into Successors," *Frontiers in Psychology* 6, 記事番号 625 (2015), https://doi.org/10.3389/fpsyg.2015.00625.

18 E. G. Mahon, S. N. Taylor, and R. E. Boyatzis, "Antecedents of Organizational Engagement: Exploring Vision, Mood, and Perceived Organizational Support with Emotional Intelligence as a Moderator," *Frontiers in Psychology* 6, 記事番号 1322 (2015), デジタルオブジェクト識別子: 10.3389/fpsyg.2014.01322.

19 R. E. Boyatzis, K. Rochford, and K. Cavanagh, "The Role of Emotional and Social Intelligence Competencies in Engineer's Effectiveness and Engagement," *Career Development International* 22, no. 1 (2017): 70–86.

20 J. Gregory and P. Levy, "It's Not Me, It's You: A Multilevel Examination of Variables That Impact Employee Coaching Relationships," *Consulting Psychology Journal: Practice and Research* 63, no. 2 (2011): 67–88.

21 J. Boyce, J. Jackson, and L. Neal, "Building Successful Leadership Coaching Relationships: Examining Impact of Matching Criteria in Leadership Coaching Program," *Journal of Management Development* 29, no. 10 (2010): 914–931.

Validation of the State Hope Model," *Journal of Personality and Social Psychology* 70 (1996): 321–335.

18 K. Buse and D. Bilimoria, "Personal Vision: Enhancing Work Engagement and the Retention of Women in the Engineering Profession," *Frontiers in Psychology* 5, 記事番号 1400 (2014). デジタルオブジェクト識別子: doi.org/10.3389/fpsyg.2014.01400.

**7章**

1 ショーン・ハニガンは、会社がケース・ウェスタン・リザーブ大学とともに完成したリーダーシップ開発プログラムの参加者で、情動的および社会知性に関する360度評価を受けとった。こうした形の評価は、マルチ・レイター・フィードバックとも呼ばれ、一般にリーダーシップ開発やコーチングで使われる。調査対象者とやりとりのある人々が評価者になるよう依頼され、対象者とのエピソードに関するコメントを提出する。評価者にはマネジャー、部下、同僚、クライアント、顧客などが含まれる。

2 J. Dutton and E. Heaphy, "The Power of High-Quality Connections," in *Positive Organizational Scholarship: Foundations of a New Discipline,* 編集: K. S. Cameron, J. E. Dutton, and R. E. Quinn (San Francisco: Berrett-Koehler, 2003), 263–278; J. P. Stephens, E. Heaphy, and J. Dutton, "High-Quality Connections," in *The Oxford Handbook of Positive Organizational Scholarship,* 編集: K. Cameron and G. Spreitzer (New York: Oxford University Press, 2011), 385–399.

3 Dutton and Heaphy, "The Power of High-Quality Connections."

4 J. P. Stephens他, "Relationship Quality and Virtuousness: Emotional Carrying Capacity as a Source of Individual and Team Resilience," *Journal of Applied Behavioral Science* 49, no. 1 (2013): 13–41.

5 W. Murphy and K. Kram, *Strategic Relationships at Work* (New York: McGraw-Hill, 2014).

6 R. Boyatzis, "Intentional Change Theory from a Complexity Perspective," *Journal of Management Development* 25, no. 7 (2006): 607–623.

7 以下を参照のこと。R. E. Boyatzis, "Measuring the Impact of Quality of Relationships through the Positive Emotional Attractor," in *Toward a Positive Psychology of Relationships: New Directions in Theory and Research,* 編集: M. Warren and S. Donaldson (Santa Barbara, CA: Praeger Publishers, 2018), 193–209; E. Hatfield, J. T. Cacioppo, and R. L. Rapson, *Emotional Contagion: Studies in Emotion and Social Interaction* (New York: Cambridge University Press, 1993); J. K. Hazy and R. E. Boyatzis, "Emotional Contagion and Proto-organizing in Human Dynamics," *Frontiers in Psychology* 6, 記事番号 806 (June 12, 2015), http://dx.doi.org/10.3389/fpsyg.2015.00806; R. E. Boyatzis, K. Rochford, and S. N. Taylor, "The Role of the Positive Emotional Attractor as Vision and Shared Vision: Toward Effective Leadership, Relationships and Engagement," *Frontiers in Psychology* 6, article 670 (May 21, 2015), http://dx.doi.org/10.3389/fpsyg.2015.00670; H. A. Elfenbein, "The Many Faces of Emotional Contagion: An Affective Process Theory of Affective Linkage," *Organizational Psychology Review* 4, no. 4 (August 8, 2014): 336–392; N. A. Christakis and J. H. Fowler, *Connected: The Surprising Power of Our Social Networks and How They Shape Our Lives—How Your Friends' Friends' Friends Affect Everything You Feel, Think, and Do* (Boston: Little, Brown and Spark, 2011).

8 Boyatzis, "Measuring the Impact of Quality of Relationships," 編集: M. Warren and S. Donaldson.

9 以下の著書では達成への強いニーズをモチベーションの1つとして定義している。D. C. McClelland, *Human Motivation* (Glenview, IL: Scott Foresman and Co., 1985). 邦訳：デイビッド・C・マクレランド著『モチベーション――「達成・パワー・親和・回避」動機の理論と実際』梅津祐良、薗部明史、横山哲夫訳、生産性出版、2005年。

10 J. F. Brett and D. Vandewalle, "Goal Orientation and Goal Content as Predictors of Performance in a Training Program," Journal of Applied Psychology 84, no. 6 (1999): 863–887; D. A. Kolb and R. E. Boyatzis, "Goal-Setting and Self-Directed Behavior Change," *Human Relations* 23, no. 5 (1970): 439–457; E. A. Locke and G. P. Latham, *A Theory of Goal Setting and Task Performance* (Englewood Cliffs, NJ: Prentice-Hall, 1990); 邦訳：E・A・ロック、G・P・ラザム著『目標が人を動かす――効果的な意欲づけの技法』松井賚夫、角山剛訳、ダイヤモンド社、1984年; D. Vandewalle他, "The Influence of Goal Orientation and Self-Regulation Tactics on Sales Performance: A Longitudinal Field Test," *Journal of Applied Psychology* 84, no. 2 (1999): 249–259.

11 G. H. Seijts他, "Goal Setting and Goal Orientation: An Integration of Two Different Yet Related Literatures," *Academy of Management Journal* 47, no. 2 (2004): 227–239; R. E. Boyatzis and A. Howard, "When Goal Setting Helps and Hinders Sustained, Desired Change," in *Goal Setting and Goal Management in Coaching and Mentoring,* 編集: S. David, D. Clutterbuck, and D. Megginson (New York: Routledge, 2013), 211–228.

12 W. W. Seeley他, "Dissociable Intrinsic Connectivity Networks for Salience Processing and Executive Control," *Journal of Neuroscience* 27 (2007): 2349–2356; D. Ming他, "Examining Brain Structures Associated with the Motive to Achieve Success and the Motive to Avoid Failure: A Voxel-Based Morphometry Study," *Social Neuroscience* 11, no. 1 (2007): 38–48; より新しい研究では、ゴールを目指す内心の思考が、自分史やビジョンや目的の発展と同様に、共感ネットワークを活性化させることが示されている。以下を参照のこと。A. Elton and W. Gao, "Task-Positive Functional Connectivity of the Default Mode Network Transcends Task Domain," *Journal of Cognitive Neuroscience* 27, no. 12 (2015): 2369–2381.

13 E. T. Higgins, "Self-Discrepancy: A Theory Relating Self and Affect," *Psychological Review* 94, no. 3 (1987): 319–340; J. Brockner and E. T. Higgins, "Regulatory Focus Theory: Implications for the Study of Emotions at Work," *Annual Review of Psychology* 86, no. 1 (2001): 35–66.

14 A. Passarelli他, "Neuroimaging Reveals Link between Vision and Coaching for Intentional Change" (レビュー論文) (また、2014年8月14日フィラデルフィア開催の米国経営学会でも発表された); A. Howard, "Coaching to Vision versus Coaching to Improvement Needs: A Preliminary Investigation on the Differential Impacts of Fostering Positive and Negative Emotion during Real Time Executive Coaching Sessions," *Frontiers in Psychology* 6, 記事番号 455 (2015), デジタルオブジェクト識別子: 10.3389/fpsyg.2015.00455; Passarelli, "Vision-Based Coaching" ; R. E. Boyatzis, and A. Jack, "The Neuroscience of Coaching," *Consulting Psychology Journal* 70, no. 1 (2018): 11–27; A. Passarelli他, "Seeing the Big Picture: fMRI Reveals Neural Overlap between Coaching and Visual Attention" (レビュー論文); A. Jack他, "Visioning in the Brain: An fMRI Study of Inspirational Coaching and Mentoring," *Social Neuroscience* 8, no. 4 (2013): 369–384.

15 本書のこれまでの章で触れた研究は以下のとおり。Jack他, "Visioning in the Brain" ; Passarelli他, "Neuroimaging Reveals Link."

16 Boyatzis and Akrivou, "The Ideal Self."

17 希望に関する包括的な研究は、以下を参照のこと。C. R. Snyder et al., "Development and

生活動の種類については、ボヤツィスとゴールマンの Personal Sustainability Index（近刊）で算定されている。さらなる情報と数字については以下を参照のこと。R. E. Boyatzis他, "Thrive and Survive: Validation of the Personal Sustainability Index"（レビュー論文）

29 D. C. McClelland他, *The Drinking Man: Alcohol and Human Motivation* (New York: Free Press, 1972); R. E. Boyatzis, "Power Motivation Training: A New Treatment Modality," in *Work in Progress on Alcoholism: Annals of the New York Academy of Sciences,* 編集: F. Seixas and S. Eggleston (New York: Academy of Sciences, 1976), 273; H. Cutter, R. E. Boyatzis, and D. Clancy, "The Effectiveness of Power Motivation Training for Rehabilitating Alcoholics," *Journal of Studies on Alcohol* 38, no. 1 (1977): 131–141.

30 Personal Sustainability Index; Boyatzis他, "Thrive and Survive."

31 Boyatzis他, "Thrive and Survive."

## 6章

1 Diana Nyad interview with Sanjay Gupta, *CNN with Anderson Cooper,* September 2, 2013.

2 以下を参照のこと。R. Boyatzis and A. McKee, *Resonant Leadership: Renewing Yourself and Connecting with Others through Mindfulness, Hope, and Compassion* (Boston: Harvard Business School Press, 2005), chapters 4–5; 邦訳：リチャード・ボヤツィス、アニー・マッキー共著『実践EQ 人と組織を活かす鉄則――「共鳴」で高業績チームをつくる』田中健彦訳、日本経済新聞社、2006年、4～5章。また、以下でも論じられている。D. Goleman, R. E. Boyatzis, and A. McKee, *Primal Leadership: Realizing the Power of Emotional Intelligence* (Boston: Harvard Business School Press, 2002). 邦訳：ダニエル・ゴールマン、リチャード・ボヤツィス、アニー・マッキー共著『EQリーダーシップ――成功する人の「こころの知能指数」の活かし方』土屋京子訳、日本経済新聞出版、2002年。

3 個人のビジョンの内容に関する議論は、以下を参照のこと。R. E. Boyatzis and K. Akrivou, "The Ideal Self as the Driver of Intentional Change," *Journal of Management Development* 25, no. 7 (2006): 624–642; E. T. Higgins, "Self-Discrepancy: A Theory Relating Self and Affect," *Psychological Review* 94, no. 3 (1987): 319–340.

4 L. Carroll, *Alice's Adventures in Wonderland* (New York: Puffin Books, 2015), 80. Originally published in 1865. 邦訳：ルイス・キャロル著『不思議の国のアリス』河合祥一郎訳、KADOKAWA、2015年、他。

5 以下を参照のこと。A. M. Passarelli, "Vision-Based Coaching: Optimizing Resources for Leader Development," *Frontiers in Psychology* 6, 記事番号 412 (2015), デジタルオブジェクト識別子: 10.3389/fpsyg.2015.00412; より包括的な研究には以下の論文がある。A. M. Passarelli, "The Heart of Helping: Psychological and Physiological Effects of Contrasting Coaching Interactions" (未刊行の博士論文, Case Western Reserve University, 2014).

6 R. Boyatzis and D. Goleman, *Emotional and Social Competency Inventory* (Boston: The Hay Group, 2007).

7 R. E. Boyatzis and U. Dhar, "The Evolving Ideal Self," 未刊行の論文, Case Western Reserve University, Cleveland, OH, 2019; R. Kegan, *The Evolving Self: Problem and Process in Human Development* (Cambridge, MA: Harvard University Press, 1982).

8 R. E. Boyatzis and D. A. Kolb, "Performance, Learning, and Development as Modes of Growth and Adaptation throughout Our Lives and Careers," in *Career Frontiers: New Conceptions of Working Lives,* 編集: M. Peiperl他. (London: Oxford University Press, 1999), 76–98.

潰瘍にならないか――ストレスと上手につきあう方法』森平慶司訳、栗田昌裕監修、シュプリンガー・フェアラーク東京、1998年; S. C. Segerstom and G. E. Miller, "Psychological Stress and the Human Immune System: A Meta-Analytic Study of 30 Years of Inquiry," *Psychological Bulletin* 130, no. 4 (2004): 601–630; F. G. Asby, A. M. Isen, and A. U. Turken, "A Neuropsychological Theory of Positive Affect and Its Influence on Cognition," *Psychological Review* 106, no. 3 (1999): 529–550.

19 Dickerson and Kemeny, "Acute Stressors and Cortisol Responses" ; McEwen, "Protective and Damaging Effects of Stress Mediators" ; Sapolsky, *Why Zebras Don't Get Ulcers;* 邦訳：サポルスキー著『なぜシマウマは胃潰瘍にならないか』; Segerstom and Miller, "Psychological Stress and the Human Immune System" ; Asby, Isen, and Turken, "A Neuropsychological Theory of Positive Affect."

20 Baumeister, "The Nature and Structure of the Self" ; Baumeister他, "Bad Is Stronger Than Good."

21 しばしば誤ってアリストテレスやプラトン、ソクラテスの言葉とされるが、「中庸を知れ」は本当はクレオブロスの言葉である（Diogenes Laërtius, "Cleobulus," *Lives of the Eminent Philosophers,* vol. 1, 翻訳: R. D. Hicks [Cambridge, MA: Loeb Classical Library, 1925], chapter 6）。邦訳：ディオゲネス・ラエルティオス著『ギリシア哲学者列伝（上・中・下）』加来彰俊訳、岩波書店、1984年。

22 B. L. Fredrickson, "The Role of Positive Emotions in Positive Psychology: The Broaden-and-Build Theory of Positive Emotions," *American Psychologist* 56, no. 3 (2001): 218–226; B. L. Fredrickson, "The Broaden-and-Build Theory of Positive Emotions," *Philosophical Transactions of the Royal Society of London B: Biological Sciences* 359, no. 1449 (2004): 1367–1378; B. L. Fredrickson, "Updated Thinking on Positivity Ratios," *American Psychologist* 68, no. 9 (2013): 814–822.

23 J. M. Gottman他, *The Mathematics of Marriage: Dynamic Non-Linear Models* (Cambridge, MA: MIT Press, 2002).

24 PEAのコーチングとNEAのコーチングを、fMRIを用いて比較した研究は、ボヤツィスとジャックが以下の論文でレビューしている。"The Neuroscience of Coaching" ; Jack他, "Visioning in the Brain" ; 以下はパッサレーリによるレビュー論文である。"The Neuro-Emotional Basis of Developing Leaders" ; Passarelli他, "Neuroimaging Reveals Link."

25 N. I. Eisenberger and S. W. Cole, "Social Neuroscience and Health: Neurophysiological Mechanisms Linking Social Ties with Physical Health," *Nature Neuroscience* 15, no. 5 (2012): 669–674; N. I. Eisenberger and M. D. Lieberman, "Why Rejection Hurts: A Common Neural Alarm System for Physical and Social Pain," *Trends in Cognitive Science* 8, no. 7 (2004): 294–300.

26 R. E. Boyatzis, K. Rochford, and S. N. Taylor, "The Role of the Positive Emotional Attractor in Vision and Shared Vision: Toward Effective Leadership, Relationships, and Engagement," *Frontiers in Psychology* 6, 記事番号 670 (2015), デジタルオブジェクト識別子:10.3389/fpsyg.2015.00670; Fredrickson, "The Role of Positive Emotions" ; Gottman他, The Mathematics of Marriage.

27 L. Mosteo他, "Understanding Cognitive-Emotional Processing through a Coaching Process: The Influence of Coaching on Vision, Goal-Directed Energy, and Resilience," *Journal of Applied Behavioral Science* 52, no. 1 (2016): 64–96.

28 人が1週間のうちにストレスを感じながら過ごす時間と再生にかける時間の合計、ストレスや再

Mentalizing and General Reasoning," *NeuroImage* 54 (2010): 1589–1599; M. D. Fox他, "The Human Brain Is Intrinsically Organized into Dynamic, Anti-Correlated Functional Networks," *Proceedings of the National Academy of Sciences of the USA* 102, no. 27 (2005): 9673–9678; R. L. Buckner, J. R. Andrews-Hanna, and D. L. Schacter, "The Brain's Default Network," *Annals of the New York Academy of Sciences* 1124, no. 1 (2008): 1–38.アンソニー・ジャックはこれらのネットワークを従来の名称で呼ぶことに懸念を抱いている。誤解を招く恐れがあるからだ。たとえば、「デフォルト・モード・ネットワーク」は、もともとは、なんらかのタスクに従事しているときではなく、休んでいるときに使っていることを示すための呼称だった。ところが実際には、人が他者を理解するために意図してエンパシーを用いようとするときの脳の状態は、休んでいるときよりはるかに活動的なのである。また、「タスク・ポジティブ・ネットワーク」という呼称も誤解を招きやすい、とアンソニーは言う。このネットワークは、人が意図的に共感を用いるタスクに従事するときには抑制されるからだ。「問題解決ネットワーク」という呼称のほうが、行動志向のプロセスをより強く連想させる。

9 コーチングの文脈におけるより詳細な議論は、以下を参照のこと。R. E. Boyatzis and A. I. Jack, "The Neuroscience of Coaching," *Consulting Psychology Journal* 70, no. 1 (2018): 11–27.

10 R. Boyatzis, A. McKee, and D. Goleman, "Reawakening Your Passion for Work," *Harvard Business Review,* April 2002, 86–94.

11 最近の神経科学の研究や、そうした研究とコーチングとの関連についての詳細は、以下を参照のこと。Boyatzis and Jack, "The Neuroscience of Coaching."

12 J. E. Zull, *The Art of Changing the Brain: Enriching Teaching by Exploring the Biology of Learning* (Sterling, VA: Stylus, 2002).

13 経験学習理論については、多数の研究がコルブによって再検討されている。D. A. Kolb, *Experiential Learning Theory* (Englewood Cliffs, NJ: Prentice Hall, 2015).

14 2つのネットワークが倫理的リーダーシップにどう貢献しうるかについて興味のある向きは、以下の論説で詳細が読める。K. Rochford他, "Neural Roots of Ethical Leadership and the Development of Better Leaders: The Default Mode Network versus the Task Positive Network," *Journal of Business Ethics* 144, no. 4 (2016): 755–770.

15 こうした研究の最初の論文は以下のとおり。A. I. Jack他, "Visioning in the Brain: An fMRI Study of Inspirational Coaching and Mentoring," *Social Neuroscience* 8, no. 4 [2013]: 369–384; そして以下の論文でレビューされた。A. Passarelli, "Vision-Based Coaching: Optimizing Resources for Leader Development," *Frontiers in Psychology* 6 [2015], https://doi.org/10.3389/fpsyg.2015.00412; 以下も参照のこと。A. Passarelli他, "Neuroimaging Reveals Link between Vision and Coaching for Intentional Change" (レビュー論文); ブリティッシュコロンビア州バンクーバーにおける2015年8月8日のthe Annual Meeting of the Academy of Management（マネジメントに関する年次学会）でも発表された。

16 C. Camerer and D. Lovallo, "Overconfidence and Excess Entry: An Experimental Approach," *American Economic Review* 89, no. 1 (1999): 306–318.

17 Jack, Dawson, and Norr, "Seeing Human" ; Rochford他, "Neural Roots of Ethical Leadership."

18 S. S. Dickerson and M. E. Kemeny, "Acute Stressors and Cortisol Responses: A Theoretical Integration and Synthesis of Laboratory Research," *Psychological Bulletin* 130, no. 3 (2004): 355–391; B. S. McEwen, "Protective and Damaging Effects of Stress Mediators," *New England Journal of Medicine* 338 (1998): 171–179; R. M. Sapolsky, Why Zebras Don't Get Ulcers, 3版. (New York: Harper Collins, 2004); 邦訳：R・M・サポルスキー著『なぜシマウマは胃

2 R. E. Boyatzis, M. Smith, and N. Blaize, "Developing Sustainable Leaders through Coaching and Compassion," *Academy of Management Journal on Learning and Education* 5, no. 1 (2006): 8–24; R. E. Boyatzis, M. L. Smith, and A. J. Beveridge, "Coaching with Compassion: Inspiring Health, Well-Being, and Development in Organizations," *Journal of Applied Behavioral Science* 49, no. 2 (2012): 153–178.

3 R. E. Boyatzis, "When Pulling to the Negative Emotional Attractor Is Too Much or Not Enough to Inspire and Sustain Outstanding Leadership," in *The Fulfilling Workplace: The Organization's Role in Achieving Individual and Organizational Health,* 編集: R. Burke, C. Cooper, and G. Woods (London: Gower Publishing, 2013), 139–150.

4 この事例の導入部は、2012年にボストンで開催された米国コーチング研究所の年次総会で発表され、また、以下の論文中にも書かれている。R. E. Boyatzis他, "Developing Resonant Leaders through Emotional Intelligence, Vision and Coaching," *Organizational Dynamics* 42 (2013): 17–24.

5 再生は、当人が内面に矛盾を抱えていない、マインドフルな状態のときにのみサポートできる。これについては以下に挙げる私たちの以前の論文や著書に詳しい。 R. E. Boyatzis and A. McKee, *Resonant Leadership: Renewing Yourself and Connecting with Others through Mindfulness, Hope, and Compassion* (Boston: Harvard Business School Press, 2005) ; 邦訳：リチャード・ボヤツィス、アニー・マッキー共著『実践EQ 人と組織を活かす鉄則——「共鳴」で高業績チームをつくる』田中健彦訳、日本経済新聞社、2006年; A. McKee, R. E. Boyatzis, and F. Johnston, *Becoming a Resonant Leader* (Boston: Harvard Business School Press, 2008), 統合や一貫性は、個人の頭、体、そして体の健康と精神の健康のなかにあることを私たちは主張している。このため、個人のビジョンを発展させようとしている人に対してはたいていこれらの側面に関する質問をすることになる。統一された行動が取れるのは、1人の個人のすべての側面が同じ目的意識に従って進むときである。1人の側面がほかの側面とちがう方向へ動くと、注意力やエネルギーが（互いに対立することはないとしても）逸れてしまう。人が最も効果的、効率的に動けるのは、すべてが調和しているときである。さらなる詳細は以下を参照のこと。Boyatzis, Smith, and Blaize, "Developing Sustainable Leaders" ; Boyatzis and McKee, *Resonant Leadership;* 邦訳：『実践EQ』。

6 R. F. Baumeister, "The Nature and Structure of the Self: An Overview," in *The Self in Social Psychology,* 編集: R. F. Baumeister (Philadelphia: Psychology Press, 1999), 1–20; R. F. Baumeister他, "Bad Is Stronger Than Good," *Review of General Psychology* 5, no. 4 (2001): 323–370.

7 A. Howard, "Coaching to Vision Versus Coaching to Improvement Needs: A Preliminary Investigation on the Differential Impacts of Fostering Positive and Negative Emotion during Real-Time Executive Coaching Sessions," *Frontiers in Psychology* 6, 記事番号 455 (2015): https://doi.org/10.3389/fpsyg.2015.00455; R. E. Boyatzis and A. Howard, "When Goal Setting Helps and Hinders Sustained, Desired Change," in *Goal Setting and Goal Management in Coaching and Mentoring,* 編集: S. David, D. Clutterbuck, and D. Megginson (Abington, UK: Taylor and Francis, 2013), 211–228.

8 A. I. Jack他, "fMRI Reveals Reciprocal Inhibition between Social and Physical Cognitive Domains," *NeuroImage,* 66C (2012): 385–401; A. I. Jack, A. J. Dawson, and M. Norr, "Seeing Human: Distinct and Overlapping Neural Signatures Associated with Two Forms of Dehumanization," *NeuroImage* 79, no. 1 (2013): 313–328; A. I. Jack他, "Why Do You Believe in God? Relationships between Religious Belief, Analytic Thinking, Mentalizing and Moral Concern," PLOSONE (2016); M. E. Raichle, "Two Views of Brain Function" *Trends in Cognitive Sciences* 14 (2010): 180–190; F. Van Overwalle, "A Dissociation between Social

16 R. Boyatzis and A. McKee, *Resonant Leadership: Renewing Yourself and Connecting with Others through Mindfulness, Hope, and Compassion* (Boston: Harvard Business School Press, 2005). 邦訳: リチャード・ボヤツィス、アニー・マッキー共著『実践EQ 人と組織を活かす鉄則――「共鳴」で高業績チームをつくる』田中健彦訳、日本経済新聞社、2006年。

17 J. LeDoux, *The Emotional Brain: The Mysterious Underpinnings of Emotional Life* (New York: Touchstone Books, Simon & Shuster, 1996); 邦訳：ジョセフ・ルドゥー著『エモーショナル・ブレイン――情動の脳科学』松本元、川村光毅、他訳、東京大学出版会、2003年; J. LeDoux, *Synaptic Self: How Our Brains Become Who We Are* (New York: Viking, 2002); 邦訳:ジョゼフ・ルドゥー著『シナプスが人格をつくる――脳細胞から自己の総体へ』谷垣暁美訳、森憲作監修、みすず書房、2004年。

18 B. Libet 他, "Subjective Referral of the Timing for a Conscious Sensory Experience," *Brain* 102, no. 1 (1979): 193–224.

19 *American Psychologist* 58, no. 1 (2003) は、宗教性、精神性、およびそれらがもたらす健康上の利益に関する論文の集成である。

20 マネジャーのユーモアと優秀さについて。F. Sala, "Relationship between Executives' Spontaneous Use of Humor and Effective Leadership" (未刊行の博士論文, Boston University, 1996); F. Sala, "Laughing All the Way to the Bank," *Harvard Business Review* (September 2003).ユーモアの癒し効果について。C. M. Greene他, "Evaluation of a Laughter-Based Exercise Program on Health and Self-efficacy for Exercise," *The Gerontologist* 57, no. 6 (2016): 1051–1061; J. H. Han, K. M Park, and H. Park, "Effects of Laughter Therapy on Depression and Sleep among Patients at Long-Term Care Hospitals," *Korean Journal of Adult Nursing* 29, no. 5 (2017): 560–568; H. Ko and C. Youn, "Effects of Laughter Therapy on Depression, Cognition and Sleep among the Community-Dwelling Elderly," *Geriatrics and Gerontology International* 11 (2011): 267–274.

21 G. N. Bratman他, "Nature Experience Reduces Rumination and Subgenual Prefrontal Cortex Activation," *Proceedings of the National Academy of Sciences,* 112, no. 28 (2015): 8567–8572; G. N. Bratman 他, "The Benefits of Nature Experience: Improved Affect and Cognition," *Landscape and Urban Planning* 138 (2015): 41–50.

22 K. C. Rochford, "Relational Climate in the Work Place: Dimensions, Measurement and Validation" (未刊行の資格論文, Case Western Reserve University, 2016); K. C. Rochford, "Intentionality in Workplace Relationships: The Role of Relational Self Efficacy (未刊行の博士論文, Case Western Reserve University, 2016); R. E. Boyatzis, "Measuring the Impact of Quality of Relationships through the Positive Emotional Attractor," in *Positive Psychology of Relationships,* 編集: S. Donaldson and M. Rao (Santa Barbara, CA: Praeger Publishers, 2018), 193–209; R. E. Boyatzis, K. Rochford, and S. N. Taylor, "The Role of the Positive Emotional Attractor as Vision and Shared Vision: Toward Effective Leadership, Relationships and Engagement," *Frontiers in Psychology* 6, article 670 (May 21, 2015), http://dx.doi.org/10.3389/fpsyg.2015.00670.

**5章**

1 蛇愛好家や、ペットとして蛇を飼っている人々には申し訳ない。蛇をけなしたいわけではなく、目新しいものや感情が関わるものに蛇が楽しみを見いだしていることを示す科学的なエビデンスはないと指摘したかっただけである。一方、象や犬、猫、イルカなどの哺乳類と、チンパンジーや人間などの霊長類にはそのエビデンスがある。

Intelligence and Its Measurement," *Frontiers in Psychology* 9, 記事番号 1438 (2018): https://doi.org/10.3389/fpsyg.2018.01438; J. M. Batista-Foguet他, "Why Multisource Assessment and Feedback Has Been Erroneously Analyzed and How It Should Be," *Frontiers in Psychology* 9, 記事番号 2646 (2019): https://doi.org/10.3389/fpsyg.2018.02646; R. E. Boyatzis, "Commentary of Ackley (2016): Updates on the ESCI as the Behavioral Level of Emotional Intelligence," *Consulting Psychology Journal: Practice and Research* 68, no. 4 (2017): 287–293; R. E. Boyatzis, J. Gaskin, and H. Wei, "Emotional and Social Intelligence and Behavior," in *Handbook of Intelligence: Evolutionary, Theory, Historical Perspective, and Current Concepts,* 編集: D. Princiotta, S. Goldstein, and J. Naglieri (New York: Spring Press, 2014), 243–262. ESCIの使用についてさらなる情報が必要な場合の連絡先は以下のとおり。http://www.haygroup.com/leadershipandtalentondemand/ourproducts/item_details.aspx?itemid=58&type=2; Priscilla De San Juan Olle (Priscilla.Olle@KornFerry.com, at 617-927-5018).

10 R. F. Baumeister他, "Bad Is Stronger Than Good," *Review of General Psychology* 5, no. 4 (2001): 323–370.

11 M. Khawaja, "The Mediating Role of Positive and Negative Emotional Attractors between Psychosocial Correlates of Doctor-Patient Relationship and Treatment of Type II Diabetes" (ケース・ウェスタン・リザーブ大学の博士論文, 2011).

12 J. Groopman, *The Anatomy of Hope* (New York: Random House, 2000); 邦訳:ジェローム・グループマン著『病を癒す希望の力――医療現場で見えてきた「希望」の驚くべき治癒力』菅靖彦、田中淳一訳、草思社、2012年; Atul Gawande, Being Mortal (London: Picador, 2016); 邦訳:アトゥール・ガワンデ著『死すべき定め――死にゆく人に何ができるか』原井宏明訳、みすず書房、2016年。

13 神経メカニズムに表れるPEAの影響とNEAの影響の相違をfMRIを用いて示した研究は2つある。A.I. Jack他, "Visioning in the Brain: An fMRI Study of Inspirational Coaching and Mentoring," *Social Neuroscience* 8, no. 4 (2013): 369–384 (以下にてレビュー。A. Passarelli, "The Neuro-Emotional Basis of Developing Leaders through Personal Vision," *Frontiers in Psychology* 6, 記事番号 1335 [2015]: デジタルオブジェクト識別子: 10.3389/fpsyg.2014.01335); A. Passarelli他, "Neuroimaging Reveals Link Between Vision and Coaching for Intentional Change," (レビュー論文) (カナダ・ブリティッシュコロンビア州バンクーバーにおける2015年のthe Annual Meeting of the Academy of Management（マネジメントに関する年次学会）でも発表された).

14 ストレスに関する最良の研究書は以下のとおり。R. Sapolsky, *Why Zebras Don't Get Ulcers,* 3版 (New York: Harper Collins, 2004); 邦訳：R・M・サポルスキー著『なぜシマウマは胃潰瘍にならないか――ストレスと上手につきあう方法』森平慶司訳、栗田昌裕監修、シュプリンガー・フェアラーク東京、1998年;他の関連文献や考察は以下で見られる。S. C. Segerstrom and G. E. Miller, "Psychological Stress and the Human Immune System: A Meta-Analytic Study of 30 Years of Inquiry," *Psychological Bulletin* 130, no. 4 (2004): 601–630; S. S Dickerson and M. E. Kemeny, "Acute Stressors and Cortisol Responses: A Theoretical Integration and Synthesis of Laboratory Research," *Psychological Bulletin* 130 (2004): 355–391; R. E. Boyatzis, M. L. Smith, and N. Blaize, "Sustaining Leadership Effectiveness through Coaching and Compassion: It's Not What You Think," *Academy of Management Learning and Education* 5 (2006): 8–24.

15 E. Friedmann他, "Animal Companions and One-Year Survival of Patients after Discharge from a Coronary Care Unit," *Public Health Reports* 95, no. 4 (1980): 307; J. P. Polheber and R. L. Matchock, "The Presence of a Dog Attenuates Cortisol and Heart Rate in the Trier Social Stress Test Compared to Human Friends," *Journal of Behavioral Medicine* 37, no. 5 (2014): 860–867.

履修過程の調整が可能になった（上記「成果評価に関する初期の研究」で挙げた文献を参照のこと）。「非従来型の学生」とは、21歳を超えた女子学生や、マイノリティの人々に貼られたラベルだった。ジョージ・H・ブッシュ大統領は1989年に行政命令を発し、連邦政府の補助金を求める大学はすべて成果評価を用いて学生が実際に何を学んだか提示するよう要請した。それより10年早く、すべてのビジネス・プログラムの水準を認定するグループ、the American Association of Collegiate Schools of Business（米国ビジネス・スクール連盟、略称AACSB、後にthe Association of Academic and Collegiate Schools of Businessへと名称を変える）は、最初と2回めの認証評価を、図書館の蔵書数や博士課程のある学部の数ではなく、設立時に表明された目的にもとづいておこなうべきかどうかの調査を始めていた。前者は当時のおもな評価基準であり、インプット指標と呼ばれた、進展のプロセスに投入する資源のことである。学生が何を学んだかに関するエビデンスはアウトプット指標と呼ばれた。これは焦点の大きな変化であり、管理者は教授陣よりも学生に目を向けるよう求められた。教授陣がシラバスでカバーしていると主張する内容を示すだけでは不十分で、学生が何を学んでいるか、そして学んだ内容は講座終了後も維持できているかどうかを問わなければならなかった。これが、学生に焦点を合わせた正しい問いだった。

3 セルフ・コントロールは、言い換えればEQであり、以下の書籍に詳しい。D. Goleman, R. E. Boyatzis, and A. McKee in P*rimal Leadership: Realizing the Power of Emotional Intelligence* (Boston: Harvard Business School Press, 2002). 邦訳：ダニエル・ゴールマン、リチャード・ボヤツィス、アニー・マッキー共著『EQリーダーシップ——成功する人の「こころの知能指数」の活かし方』土屋京子訳、日本経済新聞出版、2002年。支援の効果を予測できることは多数の研究によって示されている。以下を参照のこと。R. E. Boyatzis, "Core Competencies in Coaching Others to Overcome Dysfunctional Behavior," in *Emotional Intelligence and Work Performance,* 編集: V. Druskat, G. Mount, and F. Sala (Mahwah, NJ: Erlbaum, 2005), 81–95; and R. E. Boyatzis, "Emotional Intelligence," in *Sage Encyclopedia of Educational Research, Measurement, and Evaluation,* 編集: Bruce Frey (Thousand Oaks, CA: Sage Publications, 2018), 579–580.

4 Edgar H. Schein, Helping: *How to Offer, Give, and Receive Help* (San Francisco: Berrett-Koehler, 2009). 邦訳：エドガー・H・シャイン著『人を助けるとはどういうことか——本当の協力関係をつくる7つの原則』金井真弓訳、金井壽宏監訳、英治出版、2009年。

5 D. De La Cruz, "What Kids Wish Their Teachers Knew," *New York Times,* August 31, 2016; K. Schwartz, *I Wish My Teacher Knew: How One Question Can Change Everything for Our Kids* (Boston: Da Capo Lifelong Books, 2016).

6 D. Goleman, Focus: T*he Hidden Driver of Excellence* (New York: Harper Books, 2015). 邦訳：ダニエル・ゴールマン著『FOCUS——集中力』土屋京子訳、日本経済新聞出版、2017年。

7 R. E. Boyatzis, K. Rochford, and K. Cavanagh, "The Role of Emotional and Social Intelligence Competencies in Engineer's Effectiveness and Engagement," *Career Development International* 22, no. 1 (2017): 70–86.

8 支援の際、共感を示そうとすることで支援者側に脅威（NEA）が湧きおこる可能性がある。他者の感情を想像する（「相手の靴を履いてみる」）ことによって支援者が傷つくこともあるのだ。A. E. K. Buffone他, "Don't Walk in Her Shoes! Different Forms of Perspective Taking Effect Stress Physiology," *Journal of Experimental Social Psychology* 72 (September 2017): 161–168.

9 360度評価では、上司、同僚、部下、できればクライアントや配偶者、パートナーからも情報を集める。アプローチやテストの内容、ESCI（感情、社会知性の一覧表）について理解を深めたい場合には、以下を参照のこと。R. E. Boyatzis, "The Behavioral Level of Emotional

4 (2017): 315; C. W. Coultas and E. Salas, "Identity Construction in Coaching: Schemas, Information Processing, and Goal Commitment," *Consulting Psychology Journal: Practice and Research* 67, no. 4 (2015): 298; R. T. Y. Hui and C. Sue Chan, "Variations in Coaching Style and Their Impact on Subordinates' Work Outcomes," *Journal of Organizational Behavior* 39, no 5 (2018): 663–679; C. Kauffman and W. H. Hodgetts, "Model Agility: Coaching Effectiveness and Four Perspectives on a Case Study," *Consulting Psychology Journal: Practice and Research* 68 (2016): 157–176; G. Bozer and B-K. Joo, "The Effects of Coachee Characteristics and Coaching Relationships on Feedback Receptivity and Self-Awareness in Executive Coaching," *International Leadership Journal* 7, no. 3 (2015): 36–58; G. Bozer, B-K. Joo, and J. C. Santora, "Executive Coaching: Does Coach-Coachee Matching Based on Similarity Really Matter?" *Consulting Psychology Journal: Practice and Research* 67, no. 3 (2015): 218–233.

16 Kauffman and Hodgetts, "Model Agility."

17 ここで参考文献として言及される研究を参照のこと。Goleman, Boyatzis, and McKee, *Primal Leadership*, 105–108. 邦訳：『EQリーダーシップ』。

18 R. E. Boyatzis他, "Coaching Can Work, but Doesn't Always," *People Management*, March 11, 2004.

**4章**

1 教育現場での重点の推移は非常に根の深い問題で、これについてはジョン・デューイが1920年代にすでに書いているのだが (J. Dewey, *Experience and Education,* Kappa Delta Pi [1938] 邦訳：ジョン・デューイ著『経験と教育』市村尚久訳、講談社、2004年)、それでも学習者中心の教育は「葉っぱを吸いすぎた連中」による実験のようなものと見なされることがしばしばあった（その「連中」とは医療上の必要もないのに精神作用のある物質を使用している者たちだとほのめかす、侮辱的で間違った言説である）。何十年ものあいだ、多くの人々によって、モンテッソーリ教育は子どもに合わせ、子どもを甘やかすものであると見なされてきた。しかし実際にモンテッソーリの教師たちがおこなっていたのは、それぞれの子どもの自然な好奇心やエネルギーを学習に役立てようとする教育だった。

2 成果評価に関する初期の研究: R. Albanese他, "Outcome Measurement and Management Education: An Academy of Management Task Force Report" (the Annual Academy of Management Meeting（マネジメントに関する年次学会）でのプレゼンテーション, San Francisco, 1990); A. W. Astin, *What Matters in College? Four Critical Years* (San Francisco: Jossey-Bass, 1993); T. W. Banta 編, *Making a Difference: Outcomes of a Decade of Assessment in Higher Education* (San Francisco: Jossey-Bass, 1993); M. Mentkowski 他, "Understanding Abilities, Learning and Development through College Outcome Studies: What Can We Expect from Higher Education Assessment?" (the Annual Meeting of the American Educational Research Association（米国教育研究協会の年次学会）で発表された論文, Chicago, 1991); M. Mentkowski他, *Learning That Lasts: Integrating Learning, Development, and Performance in College and Beyond* (San Francisco: Jossey-Bass, 2000); E. T. Pascarella and P. T. Terenzini, *How College Affects Students: Findings and Insights from Twenty Years of Research* (San Francisco: Jossey-Bass, 1991).

教育におけるアウトプット指標としての学習: 教育においては、学ぶことはアウトプットと見なされる。しかし教育は、そのプロセスについて教師（あるいは校長）が生徒や親よりも多くを知る、専門家によるシステムとされてきたため、生徒が何を学ぶかよりも、教師が教える内容に焦点を合わせることが多かった。高等教育における成果評価が本格的に始まったのは1970年代前半で、そのおかげで大学での実験や、当時のいわゆる「非従来型の学生」に合わせた

Theory," in *The Professional Coach's Desk Reference,* 編　集: P. Brownell, S. English, and J. Sabatine [New York: Springer, 2017]）.

5 R. E. Boyatzis and K. Akrivou, "The Ideal Self as the Driver of Intentional Change," *Journal of Management Development* 25, no. 7 (2006): 624–642.

6 Dewitt Jones, Celebrate *What's Right with the World* (video), Star Thrower Distributions, 2010.

7 S. N. Taylor, "Redefining Leader Self-Awareness by Integrating the Second Component of Self-Awareness," *Journal of Leadership Studies* 3, no. 4 (2010): 57–68; S. N. Taylor, "Student Self-Assessment and Multisource Feedback Assessment: Exploring Benefits, Limitations, and Remedies," *Journal of Management Education* 38, no. 3 (2014): 359–383.

8 もうひとつのアプローチについては、以下を参照のこと。M. Goldsmith, "Try Feedforward Instead of Feedback," *Leader to Leader* 25 (Summer 2002): 11–14.

9 M. Maltz, *Psycho-Cybernetics* (New York: Simon and Schuster, 1960). 邦訳：マクスウェル・マルツ著『自分を動かす――あなたを成功型人間に変える（改訂版）』小圷弘・訳、知道出版、2016年。

10 S. Covey, *The Seven Habits of Highly Effective People* (New York: Simon and Schuster, 1989). 邦訳：スティーブン・R・コヴィー著『完訳 7つの習慣――人格主義の回復』フランクリン・コヴィー・ジャパン訳、キングベアー出版、2013年。

11 M. Gladwell, Outliers: *The Story of Success* (New York: Little, Brown and Company, 2008). 邦訳：マルコム・グラッドウェル著『天才!――成功する人々の法則』勝間和代・訳、講談社、2009年。

12 P. Lally 他, "How Are Habits Formed: Modelling Habit Formation in the Real World," *European Journal of Social Psychology* 40 (2010): 998–1009.

13 以下を参照のこと。D. Goleman, *Emotional Intelligence* (New York: Bantam Books, 1995) 邦訳：ダニエル・ゴールマン著『EQ――こころの知能指数』土屋京子訳、講談社、1996年; D. Goleman, *Working with Emotional Intelligence* (New York: Bantam Books, 1998) 邦訳：ダニエル・ゴールマン著『ビジネスEQ――感情コンピテンスを仕事に生かす』梅津祐良訳、東洋経済新報社、2000年; R. Boyatzis and D. Goleman, *Emotional and Social Competency Inventory* (2007), コーン・フェリー社によって世界中に広められた; D. Goleman, R. E. Boyatzis, and A. McKee, *Primal Leadership: Realizing the Power of Emotional Intelligence* (Boston: Harvard Business School Press, 2002). 邦訳：ダニエル・ゴールマン、リチャード・ボヤツィス、アニー・マッキー共著『EQリーダーシップ――成功する人の「こころの知能指数」の活かし方』土屋京子訳、日本経済新聞出版、2002年; R. E. Boyatzis, "The Behavioral Level of Emotional Intelligence and Its Measurement," *Frontiers in Psychology* 9, article 1438 (August 13, 2018), デジタルオブジェクト識別子:10.3389/fpsyg.2018.01438; D. Goleman and R. E. Boyatzis, "Social Intelligence and the Biology of Leadership," *Harvard Business Review,* September, 2008, pp. 74–81.

14 D. Dunning, "On Identifying Human Capital: Flawed Knowledge Leads to Faulty Judgments of Expertise by Individuals and Groups," *Advances in Group Processes* 32 (2015): 149–176; また、以下も参照のこと。D. Goleman, *Vital Lies, Simple Truths: The Psychology of Self-Deception* (New York: Simon and Schuster, 1985).

15 コーチングの方式を評価した研究は以下を参照のこと。E. de Haan and V. O. Nilsson, "Evaluating Coaching Behavior in Managers, Consultants, and Coaches: A Model, Questionnaire, and Initial Findings," *Consulting Psychology Journal: Practice and Research* 69, no.

Program," *Innovating in Professional Education: Steps on a Journey from Teaching to Learning* (San Francisco: Jossey-Bass, 1995), 167–202; L. Mosteo他, "Understanding Cognitive-Emotional Processing through a Coaching Process: The Influence of Coaching on Vision, Goal-Directed Energy, and Resilience," *Journal of Applied Behavioral Science* 52, no. 1 (2016): 64–96; D. C. Leonard, "The Impact of Learning Goals on Emotional, Social, and Cognitive Intelligence Competency Development," *Journal of Management Development* 27, no. 1 (2008): 109–128; K. Rhee, "The Beat and Rhythm of Competency Development over Two Years," *Journal of Management Development* 12, no. 1 (2008): 146–160; J. V. Wheeler, "The Impact of Social Environments on Emotional, Social, and Cognitive Competency Development," *Journal of Management Development* 27, no. 1 (2008): 129–145.

6 詳しい研究結果は以下を参照のこと。R. E. Boyatzis, "Leadership Development from a Complexity Perspective," *Consulting Psychology Journal: Practice and Research* 60, no. 4 (2008): 298–313.

7 コーチや心理療法士の自己開示に懐疑的な向きもあるが、タチアナ・バッキロワは「コーチの自己」の重要性について書いている。( "The Self of the Coach: Conceptualization, Issues, and Opportunities for Practitioner Development," *Consulting Psychology Journal: Practice and Research* 68, no. 2 [2016]: 143–156). 長年のあいだに、ほかにも多くの研究者たちが、コーチされる側の成長に役立つ適切な自己開示の価値について書いている。例えば、以下の書籍を参照のこと。S. M. Jourard, *Self-Disclosure: An Experimental Analysis of the Transparent Self* (Ann Arbor, MI: Wiley-Interscience, 1971).

8 心理レベル、行動レベルの現象については以下を参照のこと。E. Hatfield, J. T. Cacioppo, and R. L. Rapson, *Emotional Contagion: Studies in Emotion and Social Interaction* (New York: Cambridge University Press, 1993); もっと最近の研究には以下がある。H. A. Elfenbein, "The Many Faces of Emotional Contagion: An Affective Process Theory of Affective Linkage," *Organizational Psychology Review* 4, no. 4, (2014): 326–362.

## 3章

1 以下を参照のこと。Ron Ashkenas, "Change Management Needs to Change," *Harvard Business Review,* April 2013.

2 M. T. Brown, MD, and J. K. Bussell, MD, "Medication Adherence: WHO Cares?" *Mayo Clinic Proceedings* 86, no. 4 (April 2011): 304–314.

3 メルヴィンのコーチは、〈ウェザーヘッド・エグゼクティブ・エデュケーション〉のコーチング要員、メグ・シールバックだった。

4 「意図的変革理論」は1960年代後半に提唱されはじめた。リチャード・ボヤツィスがデイヴィッド・コルボと協力し、次いでMITの教授(のちにケース・ウェスタン・リザーブ大学教授)が加わった。初期のころには「自発的な行動変革」と呼ばれ、後にヘルピングに関する一連の研究として結実し、大きな影響を生んだ(以下を参照のこと。D. A. Kolb and R. E. Boyatzis, "On the Dynamics of the Helping Relationship," *Journal of Applied Behavioral Science* 6, no. 3 [1970]: 267–290; and D. A. Kolb and R. E. Boyatzis, "Goal Setting and Self-Directed Behavior Change," *Human Relations* 23, no. 5 [1970]: 439–457)。1990年代後半には、この理論はICTとしてまとめられ、人間が構築したシステム内で起こる持続的な望ましい変化は、多くのレベルにおいて相似形を取ることが明らかになった。この研究では有意な不連続を明示し、非線形力学と複雑性理論を用いて改訂版の理論を説明した(以下を参照のこと。R. E. Boyatzis, "Intentional Change Theory from a Complexity Perspective," *Journal of Management Development* 25, no. 7 [2006]: 607–623; R. E. Boyatzis, "Coaching with Intentional Change

*Journal: Practice and Research* 68, no. 3 (2016): 189 –207; T. Bachkirova and S. Borrington, "Old Wine in New Bottles: Exploring Pragmatism as a Philosophical Framework for the Discipline of Coaching," *Academy of Management Learning and Education* (2018); W. J. G. Evers, A. Brouwers, and W. Tomic, "A Quasi-Experimental Study on Management Coaching Effectiveness," *Consulting Psychology Journal: Practice and Research* 58 (2006): 174 –182; E. de Haan 他, "Executive Coaching Outcome Research: The Contribution of Common Factors Such as Relationship, Personality Match, and Self-Efficacy," *Consulting Psychology Journal: Practice and Research* 65 (2013): 40–57; A. M. Grant, "*Workplace, Executive and Life Coaching: An Annotated Bibliography from the Behavioural Science and Business Literature*" (Sydney, Australia: University of Sydney Coaching Psychology Unit, 2011); T. Theeboom, B. Beersma, and E. M. Van Vianen, "Does Coaching Work? A Meta-Analysis on the Effects of Coaching on Individual Level Outcomes in an Organizational Context," *Journal of Positive Psychology* 9, no. 1 (September 2013): 1–18; G. A. Sforzo 他, "Compendium of the Health and Wellness Coaching Literature," *Journal of Lifestyle Medicine* 12, no. 6 (2018); R. Jones, S. Woods, and Y. Guillaume, "The Effectiveness of Workplace Coaching: A Meta-Analysis of Learning and Performance Outcomes from Coaching," *Journal of Occupational and Organizational Psychology* 89 (2015): 249–277.

5 これらの結果研究の詳細は以下の論文のなかで見られる。R. E. Boyatzis and K. V. Cavanagh, "Leading Change: Developing Emotional, Social, and Cognitive Competencies in Managers during an MBA Program," in *Emotional Intelligence in Education: Integrating Research into Practice,* 編集: K. V. Keefer, J. D. A. Parker, and D. H. Saklofske (New York: Springer, 2018), 403–426; E. Amdurer 他, "Longitudinal Impact of Emotional, Social and Cognitive Intelligence Competencies on Career and Life Satisfaction and Career Success," *Frontiers in Psychology* 5, article 1447 (2014), デジタルオブジェクト識別子: 10.3389/fpsyg.2014.01447; R. E. Boyatzis, A. Passarelli, and H. Wei, "Developing Emotional, Social, and Cognitive Competencies in MBA Programs: A Twenty-Five Year Perspective," in *Leader Interpersonal and Influence Skills: The Soft Skills of Leadership,* 編集: R. Riggio and S. Tan (London: Routledge, 2013): 311–330; A. Passarelli, R. E. Boyatzis and H. Wei, "Assessing Leader Development: Lessons from a Historical Review of MBA Outcomes," *Journal of Management Education* 42, no. 1 (2018): 55–79; R. E. Boyatzis, T. Lingham, and A. Passarelli, "Inspiring the Development of Emotional, Social, and Cognitive Intelligence Competencies in Managers," in *Self-Management and Leadership Development,* 編集: M. Rothstein and R. Burke (Cheltenham, UK: Edward Elgar Publishers, 2010), 62–90; R. E. Boyatzis and A. Saatcioglu, "A Twenty-Year View of Trying to Develop Emotional, Social and Cognitive Intelligence Competencies in Graduate Management Education," *Journal of Management Development* 27, no. 3 (2008): 92–108; R. E. Boyatzis, E. C. Stubbs, and S. N. Taylor, "Learning Cognitive and Emotional Intelligence Competencies through Graduate Management Education," *Academy of Management Journal on Learning and Education* 1, no. 2 (2002): 150–162; R. Ballou 他, "Fellowship in Lifelong Learning: An Executive Development Program for Advanced Professionals," *Journal of Management Education* 23, no. 4 (1999): 338–354; R. E. Boyatzis 他, "Competencies Can Be Developed but Not in the Way We Thought," *Capability* 2, no. 2 (1996): 25–41; R. E. Boyatzis, "Consequences and Rejuvenation of Competency-Based Human Resource and Organization Development," in *Research in Organizational Change and Development,* vol. 9, 編集: R. W. Woodman and W. A. Pasmore (Greenwich, CT: JAI Press, 1996), 101–122; R. E. Boyatzis and A. Renio, "The Impact of an MBA Program on Managerial Abilities," *Journal of Management Development* 8, no. 5 (1989): 66–77; R. E. Boyatzis他, "Will It Make a Difference? Assessing a Value-Based, Outcome Oriented, Competency Based Professional

# 原注

## 1章

1 D. De La Cruz, "What Kids Wish Their Teachers Knew," *New York Times*, August 31, 2016; K. Schwartz, *I Wish My Teacher Knew: How One Question Can Change Everything for Our Kids* (Boston: Da Capo Lifelong Books, 2016).

2 De La Cruz, "What Kids Wish Their Teachers Knew."

## 2章

1 コーチングの定義と発展について、さらに知りたい場合には以下を参照のこと。M. Smith, E. Van Oosten, and R. E. Boyatzis, "Coaching for Sustained Desired Change," in *Research in Organization Development and Change*, vol. 17, 編集: R. W. Woodman, W. A. Pasmore, and A. B. Shani (Bingley, UK: Emerald Group Publishing, 2009), 145–174. コーチングの定義に関する論文には、ほかにも以下のようなものがある。V. V. Vandaveer他, "A Practice Analysis of Coaching Psychology: Toward a Foundational Competency Model," *Consulting Psychology Journal: Practice and Research* 68 (2016): 118–142; R. R. Kilburg, "The Development of Human Expertise: Toward a Model for the 21st-Century Practice of Coaching, Consulting, and General Applied Psychology," *Consulting Psychology Journal: Practice and Research* 6 (2016): 177–187; R. R. Kilburg, "Toward a Conceptual Understanding and Definition of Executive Coaching," *Consulting Psychology Journal: Practice and Research* 48, no. 2 (1996): 134–144; D. B. Peterson, "Executive Coaching: A Critical Review and Recommendations for Advancing the Practice," in *APA Handbook of Industrial and Organizational Psychology*, vol. 2, *Selecting and Developing Members of the Organization* (Washington, DC: American Psychological Association, 2010), 527–566.

2 *ICF Definition of Coaching*, 2018; 以下のサイトより引用。https://coachfederation.org/about.

3 *Growth of professional coaching/surveys of coaching:* A. M. Liljenstrand and D. M. Nebeker, "Coaching Services: A Look at Coaches, Clients and Practices," *Consulting Psychology Journal* 60, no. 1 (2008): 57–77; *ICF Global Coaching Study: Executive Summary*, International Coaching Federation, 2012; 以下のサイトより引用。http://www.coachfederation.org/coachingstudy2012; *2013 ICF Organizational Coaching Study*, 2013; 以下のサイトより引用。http://coachfederation.org/orgstudy; Sherpa Coaching, *The Tenth Annual Executive Coaching Survey* (Cincinnati, OH: Sherpa Coaching, 2015). Coaching contexts: R. E. Boyatzis, M. L. Smith, and A. J. Beveridge, "Coaching with Compassion: Inspiring Health, Well-Being, and Development in Organizations," *Journal of Applied Behavioral Science* 49, no. 2 (2013): 153–178.

4 コーチングそのものの結果研究――セラピー、授業、カウンセリングその他の支援は含まない――では、コーチを受けた側にポジティブな影響が見られた。とりわけ満足感、自覚できる変化、コーチとの関係において影響が顕著だった。以下を参照のこと。A. Athanasopoulou and S. Dopson, "A Systematic Review of Executive Coaching Outcomes: Is It the Journey or the Destination That Matters the Most?" *Leadership Quarterly*, 29, no. 1 (2018): 70–88; A. M. Grant, "What Can Sydney Tell Us about Coaching? Research with Implications for Practice from Down Under," *Consulting Psychology Journal: Practice and Research* 68 (2016): 105–117; E. de Haan他, "A Large Scale Study of Executive and Workplace Coaching: The Relative Contributions of Relationship, Personality Match, and Self-Efficacy," *Consulting Psychology*

## [著者]

### リチャード・ボヤツィス（Richard Boyatzis）

ケース・ウェスタン・リザーブ大学ウェザーヘッド経営大学院組織行動学、心理学、認知科学教授。MIT卒業後、1973年ハーバード大学で博士号取得（社会心理学）。国際的なESADEビジネススクールの非常勤教授でもある。2012年と2014年にHRマガジン誌で「最も影響力のある国際的思想家」第9位にランクされた。主な著書は『EQリーダーシップ』（日本経済新聞出版）、『実践EQ 人と組織を活かす鉄則』（日本経済新聞）など。

### メルヴィン・L・スミス（Melvin L. Smith）

ケース・ウェスタン・リザーブ大学ウェザーヘッド経営大学院組織行動学教授およびエグゼクティブ教育部門のディレクター（エレン・ヴァン・オーステンと共同）。現在、GSAECの理事長も務める。カナダ、ドバイ、インド、ニュージーランド、スコットランド、スペイン、トリニダードのエグゼクティブとの協働に加え、米国の数多くの組織に対して定期的に研修・教育サービスを提供している。

### エレン・ヴァン・オーステン（Ellen Van Oosten）

ケース・ウェスタン・リザーブ大学ウェザーヘッド経営大学院組織行動学の准教授。2014年にリチャード・ボヤツィス、メルヴィン・スミスとともに設立したコーチング・リサーチ・ラボのディレクターでもあり、コーチング分野の研究を推進している。

## [監訳者]

**和田圭介（わだ・けいすけ）**

合同会社 Unlock 共同創業者
ウェザーヘッド経営大学院認定コーチ

東京大学卒業後、KDDI ㈱に入社、2014 年より同社のアジャイル変革を推進。アジャイルを日本組織全体へ広げるため、2019 年、KDDI と米国 Scrum Inc. の合弁会社として、Scrum Inc. Japan 創業。以降、上場企業を中心に、アジャイル手法、スクラムによる組織変革を支援してきた。本著の著者らに感化され、組織のひとりひとりの自己実現の支援を目的とし、コーチングの普及活動をおこなう合同会社 Unlock を設立。スクラムとコーチングの普及を通じて、ひとりひとりの幸福と組織のイノベーションが両立する社会の実現を目指している。

**内山遼子（うちやま・りょうこ）**

合同会社 Unlock 共同創業者

慶應義塾大学卒業後、㈱リクルートに入社。最年少（当時）でマネジャーに任用され、多くのメンバー育成に携わる。その後㈱グロービスに参画し、幅広い顧客に対して次世代リーダーの育成や自律型組織への変革を支援するとともに、自組織のマネジメントに従事。現在は Scrum Inc. Japan にてアジャイルコーチとして大企業を中心に組織変革に伴走し、現場から経営陣まで組織全体にコーチングを実施。同時に、合同会社 Unlock を設立し、本著で紹介する考え方を基にして開発した体系的なコーチング研修とエグゼクティブ・コーチングを提供。人や組織の可能性を最大限に引きだすことを人生のミッションとしている。

## [訳者]

**高山真由美（たかやま・まゆみ）**

東京生まれ。翻訳者。訳書にポール・タフ『成功する子 失敗する子』『私たちは子どもに何ができるのか』、ジェニファー・ペトリリエリ『デュアルキャリア・カップル』( 以上、英治出版 )、フィリッパ・ペリー『子どもとの関係が変わる　自分の親に読んでほしかった本』( 日経 BP) など。

● 英治出版からのお知らせ

本書に関するご意見・ご感想をE-mail(editor@eijipress.co.jp)で受け付けています。
また、英治出版ではメールマガジン、Webメディア、SNSで新刊情報や書籍に関する記事、イベント情報などを配信しております。ぜひ一度、アクセスしてみてください。

メールマガジン：会員登録はホームページにて
Webメディア「英治出版オンライン」：eijionline.com
X / Facebook / Instagram：eijipress

# 成長を支援するということ

## 深いつながりを築き、「ありたい姿」から変化を生むコーチングの原則


| | |
|---|---|
| 発行日 | 2024年 4月 24日 第1版 第1刷<br>2024年 5月 30日 第1版 第2刷 |
| 著者 | リチャード・ボヤツィス、メルヴィン・L・スミス、エレン・ヴァン・オーステン |
| 監訳者 | 和田圭介（わだ・けいすけ）、内山遼子（うちやま・りょうこ） |
| 訳者 | 高山真由美（たかやま・まゆみ） |
| 発行人 | 高野達成 |
| 発行 | 英治出版株式会社<br>〒150-0022東京都渋谷区恵比寿南1-9-12 ピトレスクビル4F<br>電話 03-5773-0193 FAX 03-5773-0194<br>www.eijipress.co.jp |
| プロデューサー | 桑江リリー |
| スタッフ | 原田英治 藤竹賢一郎 山下智也 鈴木美穂 下田理<br>田中三枝 平野貴裕 上村悠也 石﨑優木 渡邉吏佐子<br>中西さおり 関紀子 齋藤さくら 荒金真美 廣畑達也 |
| 印刷・製本 | 中央精版印刷株式会社 |
| 装丁 | HOLON |
| 校正 | 株式会社聚珍社 |




ISBN978-4-86276-338-9 C0034 Printed in Japan